物链芯工程与央链全球系列图书

链改

区块链 中国思维

朱幼平
陈雷
何超 刘䶮
毛智邦 李韶亮 著

中信出版集团 | 北京

图书在版编目（CIP）数据

链改：区块链中国思维 / 朱幼平等著 . -- 北京：
中信出版社，2021.10
（物链芯工程与央链全球系列图书）
ISBN 978-7-5217-3426-3

I. ①链… II. ①朱… III. ①区块链技术−研究−中
国　IV. ① F713.361.3

中国版本图书馆 CIP 数据核字（2021）第 159236 号

链改：区块链中国思维
（物链芯工程与央链全球系列图书）

著者：　　　朱幼平　陈雷　何超　刘鲆　毛智邦　李韶亮
出版发行：　中信出版集团股份有限公司
　　　　　　（北京市朝阳区惠新东街甲 4 号富盛大厦 2 座　邮编　100029）
承印者：　　宝蕾元仁浩（天津）印刷有限公司

开本：787mm×1092mm　1/16　　　印张：25.5　　　　　字数：326 千字
版次：2021 年 10 月第 1 版　　　　印次：2021 年 10 月第 1 次印刷
书号：ISBN 978-7-5217-3426-3
定价：79.00 元

把区块链作为核心技术自主创新的重要突破口，加快推动区块链技术和产业创新发展。

——习近平（中共中央政治局 2019 年 10 月 24 日就区块链技术发展现状和趋势

进行第十八次集体学习时）

目　录

第3章 / 061
链改逻辑金字塔

第4章 / 105
数字经济2.0

第5章 / 133
链改推进无形资产市场化

第6章 / 143
链企业与治理

第7章 / 159
数字货币

第8章 / 183
金融区块链与DeFi

第12章 / 311
政务区块链与"一网通办"

第13章 / 333
地区区块链与智慧城市

第14章 / 349
国际区块链与多极化

序　言

放在我面前的这本三十余万字的《链改：区块链中国思维》，信息海量，干货满满，可与经典媲美。

《链改：区块链中国思维》一书从区块链技术及逻辑演进、链改逻辑的理论遵循到对区块链逻辑扬弃的守正创新以及对链改含义、特征与功能的诠释，从数字经济百年财富空间到企业资产特别是无形资产巨大增值的链改实现，从链改一般性理论到金融、数字人民币（e-CNY）、新基建、ICT（信息与通信技术）、政务、智慧城市、"一带一路"、国家金融经济安全以及房地产、医药、农业、能源、汽车、旅游、交通、教育、供应链、社会服务诸多应用背后的逻辑（千业可用，万企可改）……包罗万象、蔚为大观！这是作者八年呕心沥血研究成果的集中呈现，是继《链改：区块链中国方案》出版后又一部关于区块链的重要专著。

"链改"的概念已提出很长时间，主要是指用区块链等数字技术或数学重新定义的互信、共识、协作、激励、分享改造世界。央链全球（YAB）、物链芯工程技术研究（TCC）院联合中国通信工业协会区块链专委会（CCIAPCB）及各行业协会倡导的链改行动也开展了很长时间，影响力很大，链改项目也在如火如荼地实施，链改已逐步成为社会各界的共识。尤其是企业链改通过区块链技术和逻辑对企业商业模式、组织形式、市场运营等全方位重塑，能有效解决企业治理难、融资难、卖货难等问题，从而激发企业活力，促进企业资产特别是无形资产大幅升值。而关于链改的理论和方法论的探索，大多散见在各个会议论坛的发言里，散见在各个媒体的报道里，散见在各个链改行动和项目开展的过程中。遗憾的是，一方面，什么是链改，怎样干链改，众说纷纭，莫衷一是；另一方面，对链改内涵深度挖掘不够，以至流于概念，无法落地，甚至有些人将链改等同于发币。令人欣慰的是，这部著作的问世，集大成并适时弥补了这个空白。

近年来，区块链概念很热，特别是2019年10月24日习近平总书记关于区块链专题讲话后，区块链首次纳入"新基建"，并作为国家"十四五"规划发展七个数字经济重点产业领域之一，已成为中央、地方、企业、社会各界的广泛关注点。但是，不可否认区块链之所以热，还跟境外发币、炒币的巨大财富效应有关。随着我国"扬链禁币"政策的实施，特别是最近对比特币的挖矿和交易行为的打压，这本书倡导的适合中国国情的链改（不发币）尤为重要。各界倡导设立"10·24"区块链中国日和建议国家尽快起草《中华人民共和国区块链产业促进法》也势在必行。

作者认为，从农业化、工业化到数字化，经济社会结构大转型正在进行，数字经济大发展是不以人的意志为转移的大趋势。未来已来，顺之者昌，逆之者亡。而链改正是实现数字经济百年财富新模式的有效手段。相比互联网只解决信息层、消费端、先富面问题，区块链逻辑更高级，可望解决更重要的价值层、生产端、共富面问题。链改有着这样远大的目标和宏伟的蓝图。这本书同时探索了符合中国时下国情且能够落地的链改三支箭：NFT（非同质化通证）中国化、消费积分和证股同权。这样，链改从理论到实践，从远景到实操，实现了逻辑闭环。

这本书是关于财富逻辑的，而实现中国梦正需要这样接地气的财富逻辑！相信你读后必然收获多多。

是为序。

吴忠泽

著名数字经济专家

第十一届全国人大教科文卫委员会委员

科技部原副部长

2021年9月

前　言

当走在田间地头，看到农民兄弟"锄禾日当午，汗滴禾下土"（那不是诗和远方中的轻松浪漫，而是"面朝黄土背朝天"的辛苦劳作）时，你是不是有一种冲动，想要喊一嗓子，告诉农民兄弟们，在山的那一边，有一个叫"工厂"的新事物。翻过那座山，在那里，一个月的工作收入抵得上农民一年的收成。而现在，我们看到了山的那一边有一个叫"区块链"的新事物，我们也有这样的冲动，想要喊一嗓子，告诉工人兄弟们，只要大家翻过那座山，数字化一天的效率胜过工业化一年。那座山，就是每个人头脑里的认知之山，而我们，就是想要喊一嗓子的人！

一、什么是链改

我们是在2018年3月24日北京大学经济学院讨论会上提出"链改"概念的。当时我们认为，区块链改造企业可以替代绩效考核，甚至可以替代股改。我们在北京大学经济学院的观点随后通过新浪微博进行了实名发布，因为新浪微博与中国版权保护中心签订了协议，凡是在新浪微博发表文章，作者自动获得版权。

一方面，在互联网、大数据、人工智能、区块链等数字技术中，只有区块链跟货币、金融、经济、社会结合得最为紧密，区块链更多是经济学而不是技术；另一方面，传统经济学逻辑应对金融危机的作用不大，需要新的思路。我们看到区块链逻辑已现巨大威力，它具有强大潜力，是改变经济社会的深层范式。区块链逻辑应该能够为传统经济学打开一扇门，有解决金融危机、实现经济复苏的办法。于是，我们打算将余生的学术探索奉献给区块链逻辑，并给这个区块链逻辑起名为"区块链经济学"。

什么是区块链？区块链是安全可信计算、高效价值网络与分布自治社区。什么是链改？链改是用区块链等数字技术或数学重新定义的互信、共识、协作、激励、分享改造世界。链改包括链改逻辑和链改行动。从区块链的可信计算、价值网络、自治社区三大属性，升级到链改的互信、共识、协作、激励、分享五大动力的过程中，我们有扬弃有创新，未来还会不断发展完善。

简单来说，链改就是用数学把这个世界重新写一遍。我们有时把区块链逻辑简单地当成链改逻辑。后来，我们发现区块链是有缺陷的：第一，区块链技术还不成熟，在不断发展，特别是区块链应用还在不断试错，在动态演化中；第二，区块链在实践中确实还有许多不合规的负能量；第三，区块链需要与互联网、大数据、人工智能等数字技术融合在一起，发挥作用。我们对链改采用了宽泛的技术定义——包括区块链在内但不局限于区块链的数字技术或数学，就是考虑到区块链虽然是天才般的创设，但十分不成熟，还在不断发展。链改源于区块链，但进行了升级，是升级版的区块链。

为什么我们用链改而不是"网改"？因为互联网可以虚构，是中心化的，只解决了信息效率问题，而区块链是防人为作恶的，是可信的，是分布式的，并且解决了价值效率问题。换句话说，区块链是可信互联网、价值互联网。一般来说，价值效率比信息效率更重要，区块链的价值是互联网的十倍。

区块链不仅是生产力，还是生产关系，是"数字经济2.0"的"新基建"的基建。新基建是建立在新一代信息技术ABCDIS5G上的，其中，A是人工智能，B是区块链，C是云计算，D是大数据，I是物联网，S是卫星网（含北斗），5G是第五代移动通信技术。在这些新技术中，除了区块链，其他都是生产力。比特币安全稳定运行十余年，足以证明区块链是靠谱的。

为此，我们为区块链经济学找到了更确切的研究对象，我们定义区块链经济学就是研究链改的学问。当然，我们的学术水平还是很有限的，但真心希望能够创立一门新的学问，抛砖引玉，不断改进和完善区块链经济学，从而丰富经济学和指导经济社会实践。

二、链改逻辑体系是在反复推敲打磨中形成的

回溯到2013年，我们开始关注比特币。因为我们是研究宏观经济的，数字化形态的货币（如比特币）就自然进入视线。不过，当时我们也认为比特币只是技术极客们的游戏，能否成气候难说。

2015年，《华尔街日报》称区块链是人类500年来最大的金融科技创新。同年，《经济学人》杂志封面称区块链是信用机器。受到这样的启示，我们对区块链开始重视起来，并真正潜心研究。

我们的研究心得大体分为三个阶段。

一是2016—2017年，我们主要理解比特币和区块链，得出区块链是安全可信计算、高效价值网络和分布自治社区的概念。

二是2018—2019年，我们主要挖掘区块链技术和应用深层逻辑，打通链改是用区块链等数字技术或数学重新定义的互信、共识、协作、激励、分享改造企业和各类组织的逻辑。

三是2020年至今，我们主要观察链改逻辑是否接地气，是否能够实操。我们还探索了几个扩展难题，包括定义"记账通证"与赋予其金融属性的"加密资产"的区别、企业链改的价值主要源于提升企业无形资产、合规的"通证兑股票"链改实施落地、"数字经济2.0"时代的财富空间、未来企业价值增值过程模型、适合链改的组织及项目类型等。

至此，我们提出的链改从概念、理论、方法论到实操应用，就基本有了体系。

我们把主要观点的形成过程梳理如下。

1. 链改提出前

2016年6月20日，我们第一次针对区块链发文《P2P的重点在于创新信用中介模式》，我们在该文中将区块链定义为"信用中介"。之后，我们连续发表了《区块链催生数字货币革命》（2016年9月12日）、《积极拥抱数字资产时代的到来》（2016年11月21日）、《用区块链技术创造一个更加可信高效的世界》（2016年12月12日）、《数字创意产业发展要有新路径》（2016年12月26日）、《第二代互联网+的价值功能及其对经济社会的影响》（2017年5月31日）、《构建现代化经济体系或用区块链逻辑可弯道超车》（2018年2月11日）、《从各国数字货币监管政策比较中，我们兴许能悟到点什么》（2018年2月22日）、《区块链杀手级应用在我国恐怕还需要两三年的试错期》（2018年3月10日）、《谈谈区块链七大业务板块的今生来世》（2018年3月17日）等多篇文章，这些为我们之后的区块链逻辑及链改逻辑奠定了坚实的基础。

2017年9月2日，我们发文《ICO是馅饼还是陷阱，再一次考验监管层智慧》，指出ICO（首次代币发行）已到泡沫期，风险很大。我们在"9·4"禁令发布前两天提示ICO风险，这可能是唯一提示ICO风险的文章。

2. 链改及区块链经济学提出中

2018年1月21日，我们发文《比特币行情暴跌并不会影响区块链逻辑初心》。这是一个标志，我们经过一段时间的理性思考，最终确认"区块链改造世界的逻辑是对的"，因而建立了"链改"信仰。

这是很不容易的，因为当时我们面临着双重压力：一方面，监管政策明确，人们"谈币色变"，甚至"谈链色变"，区块链学术创新需要勇气；另一方面，比特币行情暴跌，很多人都在热议比特币会不会归零。

区块链经济学就是在《比特币行情暴跌并不会影响区块链逻辑初心》文中提出来的。文中指出："架构在区块链之上的比特币，以及后来的区块链2.0版本的智能合约，是个完整的逻辑构思。这个区块链逻辑颠覆了货币金融学，颠覆了社会契约论，颠覆了组织学，颠覆了经济哲学。区块链逻辑与其说是一场技术革命，不如说是一个经济思想，是一场超越技术的认知革命。它重塑了传统经济学，我们把它命名为区块链经济学。"

这篇文章还给区块链经济学做了更为详细的解释：

最初，市场原教旨主义者认为比特币是哈耶克意义上的自由货币。哈耶克在其最后一本书《货币的非国家化》中认为，既然在一般商品和服务市场上，自由竞争最有效率，那为什么不能在货币领域引入自由竞争？他提出了一个革命性建议：废除中央银行制度，允许私人发行货币，并自由竞争，人们在这个竞争过程中会发现最好的货币。

我们的观点是，由于交易成本存在，中心化组织是不可能消亡的，主权货币也不可能消亡，比特币与主权货币是共存共荣的关系，比特币不可能取代主权货币。

随着2 100万枚比特币的挖出，如果比特币没有人出手，它就会成为收藏品。将来，行情会稳步上升并趋于稳定。比特币有一个很好的归宿，就是替代金本位、美元本位，从而进入比特币本位。相信比特币以其资质一定会成为受各国主权货币喜爱的锚。这在目前比特币行情波动情况下是很难理解的，但其已成为token（通证）的锚。届时，比特币世界里写的是 in blockchain we trust（我们相信区块链），以替代美元上写的 in god we trust（我们相信上帝）。

区块链最炫的应用是，区块链逻辑试图用技术手段解决货币滥发和金融空转这两个至今无法解决的痛点。这个逻辑在理论上是成立的，如果监管能跟上，那么这个逻辑在实践中也是成立的。

比特币当前行情跟互联网2000年时的行情很相似。因为互联网是以2000年为分水岭的，之前是概念泡沫，2000年是底部，之后是靠谱应用。这就是新生事物的Gartner曲线（技术成熟度曲线）规律。互联网发展历程完美走完Gartner曲线。那么，作为新生事物的区块链，也会按照Gartner曲线规律运行。这就意味着，2018年是区块链概念破灭见底的分水岭，之后区块链会朝着靠谱应用重新从底部上行。

区块链逻辑颠覆了经济哲学。这个世界无须信任，所以不需要信用。真善美，首先是"真"。区块链经济哲学告诉我们，"真"是可用技术来实现的，不管人心多么坏。建立在区块链技术上的应用，如金融、数字资产、万物互联、医疗、教育、文化、安全、政务、公共等，都遵从真实可信的逻辑，这不正是符合党的十九大所提倡的发展质量经济的要求吗？

区块链逻辑并没有错，问题是监管没有跟上。如果监管问题解决了，那么我们相信，区块链及后面的比特币等都会正常起来。区块链逻辑或区块链经济学，会成为21世纪一个伟大的思想！

2018年3月24日，我们又一次在北京大学经济学院讨论会上做了题为"区块链行业七个业务板块的现状与趋势"的报告，提出了"区块链改变了一个模型，从原来的虚构网变成可信网，从原来的信息网变成价值网"以及"区块链改造世界的逻辑是对的，链圈已形成多板块业务生态"的观点。

之后，我们聚焦"区块链改造企业"问题。2018年4月1日，我们在华北电力大学大数据应用论坛上，做了题为"区块链在电力大数据系统里的应用"的发言，讲到区块链改造了企业的会计体系、企业的对外合同、企业的组织模式、企业的融资模式（token对接合规金融，后来我们用"通证兑股权"方式实现逻辑闭环）。

2018年4月17日，我们接受《财经界》记者采访，题目是"我国区块链下一步应如何发展"，谈到"分布式账本、智能合约、虚拟组织、融资模式等方式改造了企业的运营模式"。2018年7月3日，我们在上海交通大学总裁班培训课上，进一步扩充了区块链改造企业的七个工具，即分布式账本、矿工共识、信用机器、智能合约、通证激励、ITO（数字通证公开发行）融资、虚拟组织DAO（分布式自治组织）。

3. 链改提出后

2018年4月11日至2018年10月12日，我们写了《区块链经济学笔记》（1～20）共20篇文章，里边大量有价值的观点，是形成链改逻辑的重要思想元素。

2018年6月11日至2018年9月24日，我们在北京电视台青年频道《解码区块链》节目中，做了六期发言嘉宾。

围绕链改逻辑探索，为丰富区块链经济学，我们之后又提出了很多有价值的学术观点，比如2020年4月22日在央视财经频道的发言"新基建是数字时代致富的高速数据路"，2020年10月23日在《华夏时报》产业区块链峰会上的发言"区块链将颠覆和改变传统金融业底层逻辑"，等等。

另外，我们的涉外学术活动和观点也有成果。2018年10月19日，我们参加由亚洲区块链学会在香港万豪酒店主办的"亚洲数字经济高峰论坛"并做主旨发言，提出了区块链改造世界的信用机制、激励机制、组织机制。2018年12月16日，我们参加由亚洲区块链产业研究院在新加坡旧国会大厦召开的"全球数字经济论坛"并做主旨发言，提出"区块链改造世界的逻辑是对的"。2019年1月29日，我们去日本东京参加由TEAMZ①主办的一个区块链论坛，做"跨链如何引领区块链的下一个发展"的主旨演讲。

三、理论创新要经受住各方面的检验

1. 创新理论需要勇气

我们是在2018年年初国家政策监管最严厉的时期提出"链改"概念的。当时，大家"谈币色变"，甚至"谈链色变"。诚然，链改讲共识，政策法规是大共识，是最根本的共识，我们必须严格遵守。

当时，比特币行情也是最低迷的时候，从2017年12月17日的每枚19 821.9美元跌到了2018年12月17日每枚3 155.2美元。舆论界在广泛讨论，比特币只是一串没有价值背书的数字代码，会不会归零。实际上，在我们写书时（2021年3月），比特币行情已突破

---

① TEAMZ，总部位于日本东京的一家区块链解决方案公司，致力于为全球创新项目提供战略和成果。

每枚6万美元了，但大家还在讨论比特币是否会归零的问题。

我们在2018年的那个时候提出"链改"，并坚定认为"区块链改造世界的逻辑是对的"，不仅要明白纷杂表象背后的深层逻辑，还需要极大的理论勇气。2019年10月24日下午，中共中央政治局就区块链技术发展现状和趋势进行集体学习，习近平总书记在主持学习时强调，我们要把区块链作为核心技术自主创新的重要突破口，明确主攻方向，加大投入力度，着力攻克一批关键核心技术，加快推动区块链技术和产业创新发展（以下简称"10·24"讲话）。回过头来看，我们当初的论断是完全正确的。我们相信，未来将会更有力地证明这个论断的正确性。

我们的链改思想脱胎于比特币背后的区块链逻辑。区块链带来的不仅是技术革命，更多的是认知革命。区块链为我们打开了一扇门，一扇可以窥视未来数字时代财富构造之门。如果我们的脑袋停留在工业时代甚至农业时代，那么我们很难理解数字经济时代的财富增值逻辑。

目前，区块链逻辑也没有走出逻辑试错阶段，没有闭环，还没有杀手级应用出现，甚至在区块链已往的实践中出现了很多用代币非法集资的现象。

有人提出，真正意义上的现代货币英镑，以及世界上第一只股票东印度公司股票，都是有原罪的。可现在大家都离不开货币和证券，货币和证券是现代经济的血液。

比特币有缺陷，但它后边的区块链有很大的合理性，而且已经显露出了排山倒海的巨大能量。比特币等加密币能不能跟货币、股票一样呢？我们认为，这是可能的，但必须要改造。我们需要做的是，挖掘其合理的成分，寻找合规的路径。链改就是吸收区块链逻辑精华，从而形成其逻辑体系的。

很多人认为，我们是体制内的，为什么还敢于发声？我们的底气就是相信这个逻辑。人类经济社会发展必然会走上这条路。我们的坚守迎来了习近平总书记英明远见的"10·24"讲话，迎来了时下越来越兴旺的链改业务发展。无论将来会迎来什么样的考验，我们都会鼓足勇气，砥砺前行。

链改逻辑可能需要十年、二十年甚至五十年才能被人们认知、接纳和重视。我们相信这一天会到来！

2. 创新理论必须经得起各方考验

链改理论的难度在于，一要准确把握政策，二要创新。政策讲到的固然要谈，政策没提到的也要大谈特谈。有新主意很容易，但要有符合未来方向、有见地且接地气的新主意就非常难。这不仅需要勇气，也需要勤奋钻研。

社科创新看似简单，实际跟小品一样，十分吃功力！链改也一样，我们提出链改只是开了个头，希望抛砖引玉，引出更多大咖更深的学问。

这是一个数字化的全新时代，我们称之为"数字时代"。这个时代十分渴望有新的理论指导。

我们虽然最早提出了链改概念，也在不同场合发布了大量文章和进行了讲演，但并没有急着出书，原因是这个领域很新，很多逻辑都在探索中，还不成熟，需要反复捶打。我们需要相对成熟一点的东西出来，需要管用的期限长一点，需要能够给大家实实在在的参考价值……直到本书出版，我们还一直在探索。

2019年10月24日，习近平总书记关于区块链发表了讲话，按照讲话精神，2021年两会提出的《中华人民共和国国民经济和社会发展第十四个五年规划和2035年远景目标纲要》，对区块链有了具体安排，我们能够有所遵循。即便如此，习近平总书记讲话和"十四五"规划也只是总的纲要线条，要落实到行动，我们还有大量理论和实践问题要解决。

困难的是如何正确把握链与币的关系。我国"9·4"禁令明确规定禁止ICO，禁止开办代币交易所，也不允许给代币（包括境外代币）提供金融、宣传等支持。我国打击比特币挖矿和交易行为。公民炒币不仅有市场风险，还有维权风险。

我国实行的是"扬链禁币"政策。区块链是记账技术，是价值互联网。用区块链记账功能来单纯记数，做"无币区块链"，会使区块链的威力大打折扣，是超级"降维"的做法。我们既要丢弃非法代币，又要发挥区块链的强大功能，怎么办？

我们提出"记账通证"概念。记账通证是技术范畴，是区块链技术不可或缺的组成部分。只有当通证被赋予金融属性和资产属性时，它才是货币、证券、商品。没有特别说明，我们所讲的通证都是记账通证。这样，我们保留了区块链的记账功能，又与比特币等代币严格区别，这就是合规链改。

一方面为了符合监管政策，另一方面为了让链改实现其更大的功能与价值，我们设计了三条适合中国国情的链改之路：NFT中国化、消费积分和证股同权。

从境外引入NFT，并结合我国文化产品和资产交易合规机制，对有文化属性的企业进行链改，就是NFT中国化或NFT链改。

消费积分则是记账通证在消费领域里的应用，践行"消费者也是投资者"理念，实现记账通证的激励功能。

另外，为了放大记账通证的激励功能，企业一方面发行记账通证，另一方面谋求股改上市。企业在上市后用通证兑股票，用链改干股改，走证股同权之路。这样，企业资产市场化得以实现，各方得到激励，活力也就有了。这个办法是本书的一个重要内容。

所幸我们提出的链改观点，逐渐被业内接受，并成为行业共识。虽然我们写了大量文章，也在演讲、培训、研讨等各种不同场合发表很多观点，但至今还没有成书。我们认为，现在到了对链改逻辑进行系统梳理成书的时候了。

我们提出链改还要经得住学术界的评论。实际上，自2018年以来，学界还有很多类似的声音，包括三点钟社区"ALL IN"（徐小平）、"SB共识也是共识"（李笑来）、"通证经济"（孟岩）、"票改"（杨东）、"产业区块链"（于佳宁）、"数权"（清华X-Lab）、"互链网"（蔡维德）、"链组织"（王紫上）等各种提法，甚至关于链改的著述也有几部。中国通信工业协会区块链专委会联合央链全球、物链芯工程技术研究院于2018年8月5日推出了"链改行动"，与十多家国家级区块链行业组织共同成立了"链改行动全国联席会议"，发布了链改试验区、链改项目组、链改技术队、链改基金池、链改生态圈等具体实施方案和相关操作条例。三年来，多个地方政府及产业园区、实体经济企业、区块链技术公司、投资机构、生态服务机构全面积极参与并产生案例成果。河北平泉市政府多次将"链改生命材料"写入政府工作报告中，海南省将链改写入出台的区块链政策文件中。大家都在积极探索，百花齐放、百家争鸣是一件大好事！

我们提出链改，不是全盘否定链币圈，而是希望促进链币圈走赋能实体经济之路；也不是号召大家炒币，而是挖掘链币有价值的部分，落地应用，实实在在创造财富。

四、我们为什么坚守链改阵地

产能过剩、房地产泡沫、杠杆高企、资本无序扩张、组织低效……工业时代晚期已困难重重，危机四伏；新冠疫情暴发，世界经济雪上加霜。人类经济社会发展只能走数字化转型之路。

数字经济1.0版本的互联网经济，只推动了消费端、需求端，而推不动生产端、供给端，为什么？对于新一代数字技术（如大数据、人工智能、5G等），我们明知道这是方向，为什么也推不动？

要解决以上问题，我们需要从数字经济2.0版本的区块链经济，以及链改逻辑和路径中寻找答案。实际上，在数字经济时代，有科创、文创、土地、金融、IP（知识产权）、社会服务等海量财富机会与空间。数字经济时代也是无形资产大爆炸的时代。链改作为无形资产增值的高效治理工具，是未来的可选方案，大有用武之地！

面对百年未有之大变局，链改肩负着数字经济转型与繁荣的重任，肩负着人类经济社会结构大转型的使命！我们坚信它将不辱使命！

五、本书章节安排

第一章重点介绍区块链起源及演进，总结其优劣，为后边的区块链逻辑、链改逻辑打好基础。

第二章主要讲链改是习近平总书记"10·24"讲话精神的具体化，响应了中国特色社会主义理论要求，符合"十四五"规划和2035年目标纲要安排。

第三章是链改逻辑的核心内容，包括通证定义、区块链逻辑、链改逻辑、中国特色合规链改道路以及相关论点。

第四章的主要论点是，链改是数字经济2.0的基础，相比于互联网，链改在解决后工业时代三大痛点问题与数字时代八大机会问题方面优势明显。

第五章的主要论点是，链改的价值来自实现资产特别是无形资产的市场化增值。

第六章主要提出，企业如何通过链改来治理，以及企业如何通过"通证兑股票"来实现合规链改。

第七章介绍数字人民币的发行机制，以及数字人民币对改善金融经济效率和推进人民币国际化都有很大价值。

第八章提出，链改是用代码信用增强权威信用。与此同时，金融通过链改转型升级，要从DeFi（分布式金融）等创新中吸收营养。

第九章的主要论点是，区块链是新基建ABCDIS5G的基建。

第十章介绍从消费互联网到生产区块链的转变趋势及商业逻辑改变，以及工业互联网发展前景。

第十一章提出，产业区块链通过溯源、协作等提升品质价值，千业可用。

第十二章提出，区块链政务是真正的电子政务，区块链可在"一网通办"、监管沙盒、财会法务等方面发挥作用。

第十三章比较各地区块链政策，提出链改可让智慧城市成为信用城市，从而激发地区经济发展新模式。

第十四章提出，区块链分布式逻辑与人类命运共同体多极化是一致的观点，区块链可在"一带一路"建设等方面发挥积极作用。

第十五章未雨绸缪，防止美国断币、断网威胁，保卫国家金融经济安全。

本书是关于链改逻辑的，试图为链改行动提供理论参考，适合企业、政府、社会组织、学者，以及想有所改变和拥抱数字时代的朋友们阅读。

由于水平有限，加上这是个新领域，很多观点争议性较强，不免有很多纰漏甚至错误。诚心希望以本书为契机，各路大咖不吝赐教，不断完善，则善莫大焉！

最后特别需要申明的是，本书只是作者的学术观点，不代表政策意见和投资建议！

第1章

区块链的启示

先有比特币的概念，后有区块链的概念。区块链是支撑比特币的底层技术。区块链有技术属性，是安全可信计算；有金融属性，是高效价值网络；有组织属性，是分布自治社区。区块链具有强大的治理功能，能够赋能实体经济，推动经济社会发展。

自2008年年底中本聪发明比特币以来，全球区块链行业或链币圈经过十余年发展，2020年区块链的支出规模已达到40亿美元，从业者约3亿人，加密资产接近2万亿美元。

互联网是混乱的、无序的，而区块链是有治理的、有序的。区块链是熵减，是推动世界从混乱到治理的武器。未来区块链将无处不在，可能在手机里，也可能在电脑里，还可能在家里或办公室里。

比特币、以太币、Libra（天秤币，现在是Diem）、DeFi等"自货币""自金融"性质的加密资产，虽然是区块链的一大类应用，但还不成熟，甚至有很多负能量。

世界各国都对区块链技术持支持态度，但对比特币等数字资产，各国政策存在很多不一致。我国一直采取"扬链禁币"政策。我国"9·4"禁令明确规定，发行代币、做代币交易所以及为代币提供代理、金融和宣传支持都是不允许的。我国打击比特币挖矿和交易行为，对公民炒币，虽没有明令禁止，但不提倡、不鼓励，参与者需自担风险。但是，我国十分青睐区块链技术，认为它功能强大，并且是经济社会发展的核心技术。

链圈的技术极客和币圈的炒币玩家，为链改逻辑提供了原始的思想元素，为链改行动提供了十余年真金白银的试错经验。链改就是在批判和吸收区块链技术及应用基础上不断形成和完善的。链改必须坚持"守正创新"的正确方向。

第1节
中本聪的初心及区块链技术的由来

一、中本聪为什么发明比特币

故事还是要从中本聪创设比特币讲起。

2008年10月31日，中本聪第一次向全世界发布了《比特币：一种点对点式的电子现金系统》，这篇论文描述了一种被他称为比特币的加密币及算法。

中本聪为什么发明比特币？他想创造一种加密币，一种能够代替美元的世界货币，以解决美联储因货币超发而带来的全球通货膨胀和金融危机问题。

2009年1月3日，中本聪按照其论文思想，设计并发布了比特币软件系统。同时，中本聪作为第一个记账"矿工"，挖矿并获得了首次50枚比特币奖励，同时记录了比特币创世"区块"，即0号区块。

　　为了消除货币超发，中本聪对标美元，设计了总量 2 100 万枚比特币永不增发的通缩模型。挖矿奖励每四年减半，从50枚、25枚、12.5枚、6.25枚……直到2140年全部挖完。

　　作为对比，我们可以看看美元超发的历史。如果从美国联邦储备制度和联邦储备券诞生的1913年开始算起，截至2020年，美元已经有107年的历史。历史长河的洗礼，奠定了美元信用的根基。但是，在2020年之前的100多年中，美元发行量只占美元发行总量的79%，而2020年一年的美元发行量就占到了21%。也就是说，仅2020年一年美国就超发了26.6%的美元。2021年，美国总统拜登上台伊始，就让国会通过了1.9万亿美元的债务，并且还在筹划4万亿美元的基础设施计划，继续扩张货币。

　　在2008年华尔街金融危机后，以美元超发政策为牵引，全球量化宽松，导致世界经济三大泡沫：美国股市、中国房市和全球债市。2008年前，全球经济货币产值基本同步增长，而2020年币产比（单位货币所带来的国内生产总值）高达155%，全球货币超发亦十分严重（见图1-1）。

二、区块链是分布式的

　　中本聪必须为比特币打造一个支撑技术。他在集成前人密码学等技术基础上，创设了后来我们称之为区块链的新技术，并以此作为支撑比特币的底层协议。

　　中本聪说："我们需要的是一种基于密码证明而非信任的电子支付系统。"

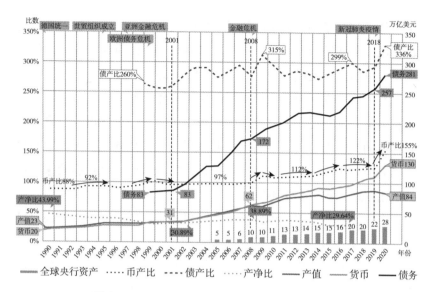

图1-1 1990—2020年世界经济量化宽松情况

事实上，在中本聪之前，工程师们经过了加密币多年试错，都没有成功。原因是，之前的技术路线无法在解决双花问题上做到逻辑闭环。

什么是双花问题？举例来说，你有100美元，你转让给了张三，你还可以转让给李四，同样的100美元你能花两次或多次。传统互联网技术都是中心化的，软件系统密码掌握在中心化机构手里，在技术逻辑上就有人为恶意篡改的可能，做不到绝对不双花。

防双花实质上就是防止恶意篡改数据。为了在技术上做到逻辑闭环或自洽，中本聪采用的是分布式技术模式。区块链通过链式区块记账、非对称加密、矿工挖矿共识、分布式存储传输、智能合约等一系列技术组合，实现用分布式技术防伪、防篡改。在数量众多且互相不认识的矿工的集体共识见证下，没有任何一己之念可以左右矿工意志和更改数据。如果你将100美元转给了张三，那么在矿工集体共识见证下，这100美元的数据就没有了，你也就没有钱再转李四，从而防双花。而只有绝对做到防伪、防篡改，这才是绝对的安全可信，才能成功为比特币等加密币提供支撑。

有人讲，支付宝、微信支付等用了多年，并没有什么问题。但试想一下，阿里巴巴、腾讯如果不讲信用，分分钟就可通过系统密码将你的钱转走。我们不能把14亿人的财富命门建立在一家中心化的私人公司手里。虽然现在这家公司的信用很好，但我们能保证它的信用永远好吗？显然不能。

在推出比特币之后不到两年时间里，中本聪逐渐淡出并将项目移交给比特币社区的其他矿工成员。从2010年12月13日起，他就消失了，从此再没出现。十余年，不断有人冒称中本聪，但都没有确切证据加以证实。

三、加密币的逻辑

我们认为，区块链是信用机器，创造了代码信用。比特币等加密币通过试错，形成了效率逻辑、共识逻辑、市场逻辑、杠杆逻辑，比金本位及为金本位背书的纸币逻辑更高级，有人称之为货币革命。无论怎样，我们都不得不承认，比特币以及之后的稳定币，为全球央行数字货币（CBDC，含我国数字人民币）的设计和运行提供了十余年试错经验和有价值的参考。

1. 效率逻辑

加密币的第一个逻辑是效率逻辑。

事实上，从物物交换到金本位，再到纸币，这些货币革命都使货币效率得到了巨大提高。而在区块链上发行的加密币，以及各国中央银行正在研制的数字货币，会进一步提高货币效率。货币效率的提高，使得经济系统效率更高。这就意味着，单位劳动对应的价值更高，创造的财富更多。人类文明和社会进步就是这样发展起来的。

工业时代的货币金融太繁杂，加密币集商品、货币、证券等价值物于一身，并具有商品、货币、证券的全部功能属性，具有激励力和分享力，简约而高效。数字形式的加密币比纸币还要方便、快捷、节约，这一点支付宝、微信支付能证明。

经济效率积累了财富，提高了社会文明程度，人类因此过上更美好的生活。加密币效率的提高是一种不以人的意志为转移的趋势。面对趋势，我们只能顺势而为。

2. 共识逻辑

比特币等加密币除了遵循以上一般货币革命的效率逻辑外，还有着独特的去中介的分布共识逻辑，直接用数字技术达成公平、公正、公开。

实际上，所谓价值或价格，本质是人对事物的评价或定价。

纸币背后是黄金。但黄金之所以有价值，也是共识定价的结果。所谓金本位，实际就是黄金成为共识中介。我们之所以用纸币替代黄金，是因为纸币比黄金方便太多，但因为无法让纸币有价这个观念被市场广泛达成共识，所以我们要将黄金作为共识中介，同时用法律保障纸币的法偿性。而有了区块链技术，我们就能一步到位轻松达成数字货币广泛的市场共识。

实际上，纸币有很大的弊端。例如，美元1971年与黄金脱钩，这时，美元的价值实际上是由美联储决定的。换句话说，美联储想印多少就印多少，"绿纸"失去了共识支撑。我们在教科书中学到，"纸币是黄金的价值符号"，我们一直就没有理解这句话的意思。我们现在才发现，不是自己理解不了，而是教科书完全不接地气！

比特币价值或价格是直接由市场共识定价决定的，中本聪说了不算。一方面，比特币更简单、直接，不用找黄金那样的中介做价值背书，直接丢掉黄金这个共识中介省事、安全、高效。另一方面也是最重要的，有了区块链，我们就有了安全、可信、防篡改的价值网络，可以直接有高效率的分布式市场共识，客观、公正、公平、公开。比特币的分布式共识定价逻辑更加高级。

说到共识，政策法规也是共识。我们说法币有法偿性，就是说法币是有共识支撑基础的。共识的前提是信用，共识还是长期市场积累的结果。美元是国际货币，而美联储经常失信于全世界，这里的逻辑就不闭环。比特币出来后，可以发挥"鲶鱼效应"，促动国际货币体系多极化再平衡。

政策法规共识在操作上往往不好处理。区块链出现后，Code is law（代码即法则）！用数字化办法编辑共识，不失为一个好办法。

3. 市场逻辑

数字货币遵从的是自由发行的市场逻辑。通过市场的充分竞争，市场自行试错和过滤，实现价值真正的均衡。政策和权威机构的干预会扭曲市场，形成资源错配，导致价值不均衡。

美国号称最自由的经济体之一。虽然美元的需求是由市场决定的，但其供给是由美联储掌控的，并不是自由竞争的。美国是半市场经济的。

比特币等加密币最大的缺点是价格波动太大，不适合做一般等价物，但黄金的价格波动也很大。初期加密币品种太少、时间积累不够、参与面少，经过剧烈波动和时间沉淀，比特币等加密币的价格最终会稳定下来。

4. 杠杆逻辑

中本聪通过比特币激励区块链记账矿工。有激励才有动力，经济发展和社会进步的源泉是激励。比特币等加密币是基于区块链技术的共识定价基础上的"数字杠杆"，是简单、高效、可靠的激励工具。

比特币开启了新时代，这是一个跨越百年数字财富的新时代，能量爆棚。因此，在概念试错期间，比特币具有逆天的高杠杆倍数。高收益对应高风险，但总体收益大于风险。经观察，在境外加密币参与者中，只有10%可以实现逆袭。这个机会在农业时代、工业时代、互联网时代都不会有，只有在区块链时代才有，甚至只有在概念试错阶段的区块链时代才有。互联网只是少数"数字英雄"的财富盛宴，加密币不仅是致富机器，还是人人有机会逆袭的财富机器。区块链一旦过了概念试错阶段，就会转向利润平均化阶段，就不再有这样的高倍数杠杆。比特币还在概念试错阶段，其高杠杆风险溢价使参与者每年都有大把机会。

加密币是通过市场竞争来实现供求均衡的。市场有自我修复的强大能力。

总之，比特币是数字货币的原型概念，具有很大的启示意义，它不仅遵循之前纸币替代黄金的效率逻辑，具有"去中介"的分布式共识逻辑，还遵循货币非国家化的完全意义的市场逻辑，而且放大了激励的数字杠杆。拥有这种强大逻辑，吸收加密币强大逻辑精华的未来数字货币，必然是趋势和方向。

四、中本聪是有格局的

关于中本聪消失有各种说法。无论真相如何，我们都更愿意相信，中本聪给世人留下了他改造世界的理念和方法，退隐山林，让世人沿着他开创的道路继续前行。

中本聪不仅是加密软件高手，也是经济学大师。他提出的比特币、区块链解决方案，抓住了金融经济和数字技术两个领域的要害，他在跨领域的两个顶级专业的高度无人能及。有人认为，他的成就不可能是一个人完成的。

更难能可贵的是，中本聪有心怀天下的大格局。中本聪的大格局体现在以下几个方面。

一是分布式思想。中本聪首先把比特币的决策权让渡给了社区矿工。为了维护自身的利益，一般过去的系统的口令都是由设计它的工程师控制的。而比特币区块链的增删改决定权在矿工手中，中本聪本人也只是矿工的一分子，是无法独自更改区块链中的比特币数据的。这个分布式思想是超越自我的。中本聪创导的比特币及区块链技术思维，为什么在全世界流行？为什么十余年不衰反而越来越旺？这不仅是一种技术，更多的是一种格局。

二是开源。中本聪为了进一步纯粹其分布式思想，把比特币区块链源代码开源。这个开源的意思是，他不仅放弃区块链上比特币数据增删改控制权，而且源代码开源，他没有也不可能留"后门"，全世界工程师都可以验证他的每一行代码。后来，开源成为链币圈行业的行规，成为公链的基本条件。中本聪的这个举措是伟大的，为后来区块链的升级版开发节约了巨大的试错研制和智力投入成本，也为整个数字技术研发树立了标杆。研究表明，经济从开源中受益：2018年，欧盟至少有26万名贡献者，占计算机编程领域人员的8%，他们总共贡献了3 000万行代码，相当于16 000个开发人员全职工作的代码量；同年，开源软件的经济影响为650亿～950亿欧元。

三是胸襟。据说中本聪有98万枚比特币，比灰度公司的60多万枚要多很多。但到目前为止，他没有动用任何一枚比特币（如果他动用其中的比特币，那就证明他出现了）。这也说明中本聪发明比特币不是为了贪图财富，不是想"割韭菜"，而是为了改造世界，为世界留下一个新的治理方式，帮助人们走出通货膨胀和经济萎靡的困境。

中本聪发明的比特币，虽然因各种情况暂时没能替代美元，但作为一种加密资产，基本上是成功了。这种成功，一半来自区块链技术，另一半来自中本聪的格局。有人曾提议为中本聪颁发诺贝尔经济学奖。比特币区块链在没有创始人的情况下，稳健运行了十多年，黑客改不了，作为发明人的中本聪也改不了，这创造了软件史上的奇迹。比特币区块链实现了绝对防恶意篡改数据，牢不可破，不管各国如何严厉监管，不管多少黑客黑它，它依旧顽强地存在着，并且继续存在着。比特币价格屡创新高，也让人们对比特币区块链体系从可信到崇拜，再到信仰。

第2节
什么是区块链技术

我们先不说比特币等加密资产会如何演变，是否能修成正果，单就支撑它的区块链技术，已成为世界各国青睐的香饽饽。

比特币区块链是创始区块链，是包括链式区块记账、矿工挖矿共识、分布式点对点存储传输、非对称加密等技术的组合。

一、链式区块记账

所谓区块链，简单讲就是"区块+链"（见图1-2）。

块高度：390610	块高度：390609	块高度：390608
头哈希：00000000002c8...ae5	头哈希：00000000003f2...f1d	头哈希：00000000005e1...e25
父哈希：00000000003f2...f1d Merkle根：c8572f19112...456d 时间戳：2015-12-28 14:40:13 难度：93448670796.32380676 Nonce：1779633802	父哈希：00000000005e1...e25 Merkle根：c59e2d8242...ef1c 时间戳：2015-12-28 14:30:02 难度：93448670796.32380676 Nonce：4005489007	父哈希：000000000079f...e4d Merkle根：2e11abce579...e12a 时间戳：2015-12-28 14:28:13 难度：93448670796.32380676 Nonce：2181060612
区块主体 此区块中的所有交易信息	区块主体 此区块中的所有交易信息	区块主体 此区块中的所有交易信息

图1-2 "区块+链"式记账

中本聪于2009年1月3日发布区块链系统，在系统运行开头的第一个十分钟，数据记录或记账成一个区块或账页，即创始区块，也叫0号区块，区块高度为0。这个0号区块里可能记录着"中本聪哈希碰撞挖矿成功，奖励50枚比特币"等类似数据。

在0号区块后第二个十分钟，数据记录的区块是1号区块，区块高度是1。这个区块可能记录着"中本聪挖了另一个矿，获取50枚比特币奖励，同时给某人转交了10枚比特币"等类似数据……如此类推。

按照中本聪的设置，每隔十分钟新增一个区块。从0号区块直到现在，12年过去了，目前比特币区块高度已经达到60多万个。60多万个区块合在一起就是总账本或全账本。

每个区块分为区块体和区块头两个部分。区块体记录的是每十分钟内比特币区块链系统里的新数据。区块头是摘要部分，主要是哈希值和时间戳。

每个区块根据相同的哈希算法，从十分钟数据记录中提取一个哈希值，记录在区块头上，并把它作为这一区块的名字。除0号区块外，从1号区块开始，每个区块头里都有上一个区块的哈希值，即"父哈希"，本区块的哈希值是"头哈希"。每个区块都打上时间戳，也记录在区块头上。这样，上一个区块的父哈希和本区块的头哈希，就形成一条按时间顺序紧密连接的数据记录链条，即区块链。

哈希算法很简单，数据都是二进制。在一组数据里按某种方法，比如取偶数位，取出一个固定长度（比特币数据哈希值取32位，不够位数用0补齐），这个固定长度就是哈希值。

二、矿工挖矿共识

既然链式区块数据记录模式解决了，那么谁来记账？中本聪为此设计了"哈希碰撞"模式来让矿工竞争，以争夺记账权。

每隔十分钟就需要出一个区块，每个区块需要有一个哈希值作为名字。争夺新区块记账的矿工（含老矿工），只知道哈希值是32位，不知道哈希计算公式，也不知道具体数值。如何求得新区块的哈希值呢？只能靠一个个地试错，把长度为32位的哈希值都去试一遍，总有一个哈希值是符合要求的，这种"愚算"的方法就叫哈希碰撞。有人把哈希碰撞形容成打麻将，不知道哪张牌来哪张牌不来，但总有一张牌能胡。

如果哪个矿工的哈希值撞对了，系统就会提示他算对了。于是，他就将哈希值在网上广播，之前的记账矿工如果验算他提交的哈希值是对的，就发送确认。当超过51%的矿工确认后，这个矿工就获得这一区块的数据打包记账权，同时会得到50枚比特币的奖励（按每四年减半，目前是奖励6.25枚）。这种哈希碰撞也叫"工作量证明"（PoW）。

矿工除了挖矿，还有一项任务，就是参与51%共识，对矿工打包数据记账权进行确认。矿工参与共识是有报酬的，报酬叫"Gas

Fee"（矿工费）。待所有比特币挖完后，矿工就没有挖币奖励，只有矿工费。

目前，比特币矿工有500多万名，而拥有从2009年1月3日0号区块到现在60多万区块全部数据（比特币总账本数据）的是全节点矿工，有接近1万名。

三、分布式点对点存储传输

比特币数据记录在矿工机器设备里。因为记录数据的区块是通过父哈希和头哈希链接的，数据可以分布式存储在世界上的任何设备中，不需要中心化服务器来存储，也不需要用IP（网际互联协议）地址或TCP/IP（网络通信协议）来约束数据寻址、传输和调用。记账矿工分布在全世界各个地方，矿工之间是点对点通信的。

一般而言，数据存储和传输有中心化、多中心及分布式三种方式（见图1-3）。不同于互联网的中心化数据存储和广播式数据传输方式，区块链是分布式数据存储和点对点数据传输方式。

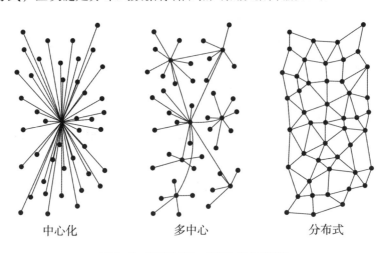

中心化　　　　　多中心　　　　　分布式

图1-3　数据存储、传输对比示意图

区块链又分为公链和联盟链（我们认为，常说的私链实际上不是区块链），联盟链允许中心化和多中心存在，只有公链才是多中心或分布式的。

四、非对称加密

矿工记账或记数需要密码。这里需要解决公共记数和私人钱包记数防泄露的问题。众多矿工维护一条比特币区块链，大家要参与公链上比特币数据的增删改操作，需要一把"公钥"，而每个人自己存放比特币数据"钱包"需要"私钥"。私钥能够打开公钥，但公钥不能打开私钥，这就是非对称加密。

比特币采用椭圆非对称加密算法。大家知道，椭圆上的任何一点，与两个椭圆圆心的距离和是一个常数。如果我们把一个圆心固定，那么另一个圆心与椭圆上的点便构成非对称关系。也就是，知道椭圆上的任意一点能推算出唯一的另一个圆心，反过来，知道另一个圆心，却推不出椭圆上满足要求的固定一点（解有无穷多个）。我们可以把另一个圆心做成公钥，把椭圆上的点做成私钥。公钥只有唯一一个，并可通过椭圆上无穷多个私钥来自动求到。反过来，知道公钥或自己的私钥是不能求到其他私钥的，因为椭圆上的点有无穷多个。这样既保障了每个人的钱包安全，又能用公钥参与公链数据的增删改操作。

非对称加密是比特币等数字资产的核心技术。正因为如此，我们往往将比特币等数字资产叫作加密币或加密资产。

今年是2021年，2021这个数字就藏着一种非对称加密RSA算法。2021=43×47，43和47是素数，因此2021有了一个特殊的称谓：半素数。所谓半素数，就是两个素数之积。这样，半素数与它的两个素数因子就能够用来做非对称加密。加密用一个素数因子，比如

43；解密用另一个素数因子，比如47。虽然加密和解密不用相同的数，但密钥能够唯一求到。解密方只要知道半素数，就能求到解密数，RSA密码算法因此成立。这跟椭圆非对称加密算法有异曲同工之妙。当然，2021这一数字太小，一般会用大得多的半素数做加密、解密密钥。

第3节
区块链1.0、2.0、3.X逐渐成熟

区块链经过了十余年试错发展，经过了比特币区块链1.0、以太坊区块链2.0和赋能实体区块链3.X几个阶段（见图1-4）。

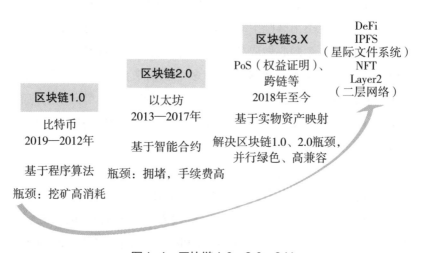

图1-4　区块链1.0、2.0、3.X

一、区块链1.0（2009—2012年）

支撑比特币的区块链是创始公链，是区块链1.0。

比特币逐渐走红后，业内出现了挖矿、炒币、交易所等各类币圈行业。其中，挖矿后来演化成许多细分行业。比特币需要挖矿，有人就制造了专门的矿机，于是卖矿机就成了一个专门的细分行业；挖矿后来从单机挖矿发展为细分矿池行业，大家参与矿池挖矿，无论是否挖到比特币，都按算力贡献分配所得；也有人把很多矿机放在一起做成一个矿场挖矿。

矿工有了比特币，就有了比特币交易变现的需求。最初，矿工通过OTC（场外交易市场）一对一交易，后来因为需求量大，有人就做起了交易所。于是，交易比特币及其他数字资产的交易所就兴盛起来。交易所里有法币交易、币币交易、杠杆交易等。

二、区块链2.0（2013—2017年）

后来，有一个1994年出生的俄罗斯裔加拿大籍小伙，名叫维塔利克·布特林（Vitalik Buterin）。他想，比特币区块链确实不错，那我们能不能做一条更底层的区块链，在这条链上可以很方便地发行像比特币那样的数字货币呢？由此，他在2013—2014年创立了以太坊。

以太坊是一条公链，通过其专用平台币以太币在2014年通过ICO众筹得以发展。

2016年年初，以太坊开始得到市场的认可与追捧。2016—2017年，很多项目方通过以太坊ERC20[①]半个小时就把代币发行了出来。

---

① ERC20（Ethereum Request for Comments 20）是一个合约接口标准，任何基于ERC20标准的通证都能立即兼容以太坊钱包，同时支持共享和交换。

于是，区块链行业除了挖矿、炒币、交易所，还衍生出公链、项目、媒体等细分行业。从以太坊开始，市场出现了许多专门做公链的项目，包括后来的DApp（分布式应用）、各种场景解决方案；也有专门做发币项目的企业，主要进行ICO，编故事发代币；还有帮助项目方做生态的自媒体，以及帮助项目方做资金管理的投资者；等等。如果说比特币是自货币，那么以太坊就扩展成为自金融。

自以太坊创立以来，市场就有了链圈、币圈的说法。有人发明了一副扑克牌，把链币圈大咖印到扑克牌上，中本聪是大猫，维塔利克是小猫。以太坊让很多币圈项目发财了，因此币圈人士都称维塔利克为"V神"。

但是，一下子冒出几万个ICO项目，多数都是涉嫌非法集资、诈骗、传销、洗钱等"割韭菜""空气币"项目。2017年9月4日，我国中央银行牵头的七部委紧急出台了著名的"9·4"禁令。我们认为，"9·4"禁令是十分及时果断的，不然局面会失控。

不过，从技术角度来看，以太坊是一个开源的有智能合约功能的公共区块链平台，通过其专用平台币以太币提供分布式的以太虚拟机（Ethereum Virtual Machine）来处理点对点合约。

以太坊提出了智能合约的概念，把区块链技术推上了一个新台阶。所谓智能合约，是指约定一些条件，当满足这些条件时，协议就自动执行。

以太坊还有一个很有价值的创设，就是把区块链社区做成了分布式自治组织。有了公链、数字资产、交易所、钱包等，通过智能合约，矿工共同参与公链社区治理，共享成果。

业内公认以太坊是区块链2.0。也就是在区块链2.0时期，我们开始认识到，各国虽然对比特币等数字资产的地位与性质争议很大，但都认为其背后的支撑技术（区块链）有很大的价值。业内开始出现公链、联盟链、私链等概念。我国也有了"扬链禁币"的政策基调，并一直执行到现在。

值得提及的是，与以太坊同时期但走不同路线的IBM（国际商业机器公司）区块链团队正在消失，这再次证明IBM的超级账本Fabric是不值得学习的链技术。中国99%自称有区块链技术的科技公司是学习Fabric并将其作为底层架构的，这不能不说是一件很尴尬的事。

三、区块链3.X（2018年至今）

2018年是特殊的一年。这一年，大家意识到区块链除了发币外，还有其他用途。业内开始对其进行讨论和尝试，并用区块链逻辑改造企业和经济社会组织，从而赋能实体经济。

因为要拥抱实体经济，要将区块链技术商用，业内发现原来用于发币的区块链技术的性能远远不够，集中体现在TPS（每秒系统处理业务笔数）指标上。比特币区块链TPS只有7～8笔，以太坊TPS也只有20～30笔，而实际应用系统最高每秒处理60多万笔业务（如淘宝"双十一"）。显然，此时的区块链是带不动的。因此，区块链技术开始寻找新的出路，这就开启了区块链3.X时代。为了落地应用，区块链必须克服安全可信有余、效率扩展性不足的障碍。

为什么叫区块链3.X呢？因为目前还在试错过程中，还未定型，没有一项明显处于领导地位的技术，并且出现了百花齐放的格局（以以太坊2.0、IPFS、跨链、量子计算等为代表）。以太坊2.0的上线开启了Layer2路线图，其中的OP-Rollup（乐观卷叠）、ZK-Rollup（零知卷叠）技术帮助以太坊实现TPS 2 000多笔，使其成为最大资产规模的跨链。Cosmos[1]、波卡等一批跨链公链快速发展。

---

[1] Cosmos是一个区块链生态系统，可以相互扩展和操作。

区块链3.X的改进有五个方向。

一是通过改变共识机制提高效能，主要从PoW改为PoS或DPoS（委托权益证明），比如EOS（商用分布式设计区块链操作系统）、以太坊2.0等。原来PoW效率低不说，而且矿机太耗电，没有意义，有些煤电矿机还会增加碳排放压力。而PoS是投票共识，效率高而且没有白耗电的缺点。

二是跨链，将主链上的工作量分担给其他链，比如比特币的闪电网络、以太坊的Layer2、Cosmos的插拔、波卡的中继链等。

三是另起炉灶，比如脸书使用Move①算法，我国数字人民币不预设技术路线，等等。

四是大规模探索应用，比如时下正火的DeFi、IPFS、NFT、元宇宙（Metaverse）等。

五是区块链与其他数字技术结合，做新基建ABCDIS5G。区块链与这些技术是融合的、互补的，共同支撑数字经济2.0。

区块链1.0和比特币是创始链币，区块链2.0是一键发币，目前百花齐放的区块链3.X是一键发链。通过PoS共识算法以及分片、分层、跨链等设计，区块链技术已经克服了安全可信计算与TPS太低的障碍，已经有了十多年的充分试错经验，能够被大规模商用，这为链改时代的到来创造了条件。

最近量子计算出现，似乎让很多人产生了担忧，他们担心区块链的安全可靠性。中国科学技术大学潘建伟研究团队与中科院上海微系统所、国家并行计算机工程技术研究中心合作，成功研制出量子计算原型机"九章"，其处理特定问题的速度比目前最快的超级计算机快一百万亿倍，同时也等效地比谷歌2019年发布的53比特量子计算原型机"悬铃木"快一百亿倍。这一成果使我国成功实现

---

① Move，由脸书开发设计的智能合约语言。

了量子计算研究的第一个里程碑——量子计算优越性，其相关论文在国际学术期刊《科学》上发表。

在位于安徽合肥的中科院量子信息与量子科技创新研究院，这台最新研制成功的量子计算原型机几乎占据了半个实验室，包含上千个部件。经过二十多年研究攻关，科研团队通过在量子光源、量子干涉、单光子探测器等领域的自主创新，成功构建了76个光子100个模式的高斯玻色取样量子计算原型机"九章"。

有人担心，如果把量子用于区块链公钥寻找私钥，那么密钥被破解的概率会大增，区块链就不安全了。或者，如果用量子计算机挖矿，那么估计也没有哪个矿机能比得过。

量子计算出来后，密码学的根基有可能被颠覆，区块链必须研发出抗量子密码的技术。但是，大家无须担心，量子破解还在实验阶段，而且抗量子密码技术的研究也在途中。我们不能用未来的矛来攻击时下的盾。

第4节
区块链技术的基础架构

总体而言，区块链的基础架构可分为七个层面，从底层向上依次为加密层、数据层、网络层、共识层、激励层、合约层、应用层（见图1-5）。每层分别完成一项核心功能，并运用一些技术来保证整个区块链系统的正常运作，各层之间互相配合，互相支撑，建立了一个分布式的信任机制，这也是区块链的魅力所在。

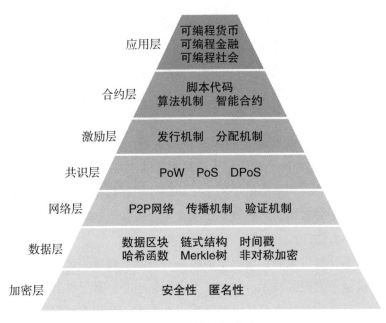

图1-5　区块链基础架构

1. 加密层

加密层是区块链技术的基石，为整个区块链系统的安全性、匿名性提供保证。

2. 数据层

数据层包含底层数据区块以及基础数据、基本算法等。数据层主要描述区块链技术的物理形式，是区块链上从创世区块起始的链式结构。每个区块包含区块上的随机数、时间戳、公私钥数据等，是整个区块链技术中最底层的数据结构。

3. 网络层

网络层包括分布式组网机制、数据传播机制和数据验证机制等。网络层的主要目的是实现区块链网络中节点之间的信息交流。网络层主要通过P2P（点对点）技术实现分布式网络的机制，网络层包括P2P组网机制、数据传播机制和数据验证机制，因此区块链本质上是P2P网络，具备自动组网的机制。节点之间通过维护一个共同的区块链结构来保持通信，每一个节点既接收信息，也产生信息。

4. 共识层

共识层主要包含共识算法以及共识机制，负责点对点模式的有效识别认证。共识层能让高度分散的节点在分布式的区块链网络中针对区块数据的有效性高效地达成共识，是区块链的核心技术之一，也是区块链社群的治理机制。区块链中比较常用的共识机制主要有PoW、PoS和DPoS三种。

数据层、网络层、共识层是构建区块链技术的必要元素，也是核心层，缺少任何一层都不能称之为真正意义上的区块链技术。

5. 激励层

激励层主要包括经济激励的发行机制和分配机制。激励层的主要功能是提供一定的激励措施，鼓励节点参与区块链的安全验证工作。

激励机制在公链中是必需的。在联盟链中，所有节点都是经过组织认证的节点，不需要额外的激励，这些节点会自发维护整个系统的安全和稳定。

在公链中，节点不需要进行认证，可以随时加入、退出网络。记账则需要消耗CPU（中央处理器）、存储、带宽等资源，所以需要一定的激励机制来确保矿工在记账的过程中有收益，并以此来保证整个区块链系统朝着良性循环的方向发展。

6. 合约层

合约层主要包括各种脚本代码、算法机制及智能合约。合约层是区块链可编程的基础，负责规定交易方式和流程细节。区块链可以理解为分布式不可篡改的账本。程序代码也是数据，可以存到账本里。智能合约是存储在区块链中的一段不可篡改的程序，可以自动执行一些预先定义好的规则和条款，并响应收到的信息。在合约发布之后，其运行和维护就交给全网的矿工去达成共识，这是区块链"去信任"的基础。

7. 应用层

应用层负责实现生活中的各类应用场景，包含各种案例。例如，搭建在以太坊、EOS上的各类区块链技术应用（部署在应用层上）在现实生活场景中落地，丰富了整个区块链的生态，而未来的可编程金融和可编程社会也会搭建在应用层上。

激励层、合约层和应用层不是每个区块链应用的必要因素，一些区块链应用并不包含此三层结构。

区块链以分布式的方式构建，参与各方可以在不披露底层数据和底层数据加密（混淆）形态的前提下共建模型，不需要数据在本地区域之外移动，从而实现隐私保护和数据安全。

需要提出的是，区块链标准化是区块链技术发展的基石。在区块链技术从小规模应用探索到大规模应用实践的这个过程中，标准制定至关重要。从目前技术发展路径来看，区块链、物联网、人工智能、安全等多个技术需要相互融合，才能发挥更大效能。

第5节
区块链技术的特点

区块链技术最大的特点就是分布式。除此之外，它还有防篡改、开放性、透明性、隐私性、互信性和自治性等特点。

1. 分布式

区块链使用分布式账本存储，不存在中心化的系统或管理机构，任意节点的权利和义务都是均等的。系统中的数据块由整个系统中的合法节点来共同维护，不依赖额外的第三方管理机构或应用系统。

2. 防篡改

信息经过各节点的验证并添加至区块链后，就会永久地存储起来，并在全网安全地传播和同步。除非我们能够同时控制系统中超过51%的节点，否则单个节点对数据库的修改是无效的，因此区块链的数据稳定性和可靠性极高。

3. 开放性

系统是开放的，除了交易各方的私有信息被加密外，区块链的数据对所有人公开，任何人都可以通过公开接口查询区块链数据和开发相关应用，因此整个系统信息高度透明。

4. 透明性

合法节点和参与者可以通过公开的接口查询区块链数据乃至开发相关应用。

5. 隐私性

通过加密技术和账户管理体系，用户的身份信息或其他隐私信息可以得到较好的保护。

6. 互信性

基于协商一致的共识机制，系统中的所有节点能够安全地交换数据；基于公平规则和公开数据建立的信任体系摆脱了单纯的对特定节点、实体或"人"的信任，构成了既自制又合作的信任基础。由于节点之间的交换遵循固定的算法，其数据交互是无须信任的（区块链中的程序规则会自行判断活动是否有效），交易对手无须通过公开身份的方式让对方产生信任，这对信用的累积非常有帮助。

7. 自治性

借助区块链数据的共识、信任机制，区块链上部署的智能合约可不受干扰地自主执行，避免了传统合约在履约过程中不受控、难执行的问题。

第6节
区块链大规模应用的时间窗口

一、境外链币圈行业

经过十余年试错发展，目前链币圈已形成包括公链［平行链、侧链、跨链、智能合约、节点DEX（分布式交易所）］与应用（分布式商业、DeFi、IPFS、存证溯源、NFT、供应链金融）的庞大产业体系（见图1-6）。

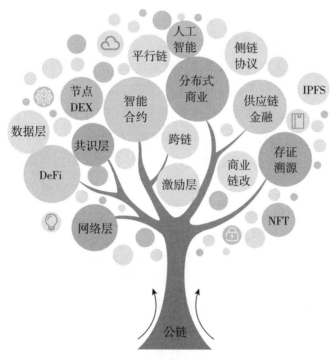

图1-6　区块链已形成庞大的产业生态

目前，加密资产用户数量已达到1亿多人，初具规模，但相对于全球46亿多互联网用户、76亿人口来说，还有很大空间。

有关资料显示，全球区块链市场规模预计将从2020年的30亿美元扩大到2025年的297亿美元，这意味着未来五年间，市场的复合年增长率（CAGR）将达到67.3%。区块链与IT（信息技术）支出比为1∶100，区块链有很大发展空间。金融、支付和数据服务是最大应用。

区块链在2021年的发展态势积极且值得期待。在《福布斯》全球2 000强企业中，至少有25%的企业将区块链技术作为大规模数字信任体系的实现基础。据高德纳咨询公司的调查，超过40%的受访企业表示，至少拥有一个处于试点运行阶段的区块链项目。预计将有30%的区块链项目投入实际生产，将有90%的区块链项目在2021年内迎来重大转型甚至被彻底取代。

加密币原生资产和公链也逐渐成熟。银行与金融部门进一步主导区块链市场，为消费者提供非银行贷款、基于加密币的银行业务以及DeFi服务替代方案。DeFi借助DEX、借贷、AMM（自动做市商）等各类服务，在链上锁定了超过300亿美元的加密资产。Libra更名为Diem，计划于2021年推出与美元挂钩的稳定币。波卡主网上线，区块链拓展性技术深入发展，价值互联网时代或Web 3.0时代可能提前到来。全球向加密资产提供服务的银行已超过30家，Paypal（贝宝）、VISA（维萨）等支付巨头参与，让加密资产支付日益方便。北美首个、全球第二个比特币ETF（交易型开放式指数基金）在加拿大多伦多证交所开启交易。新加坡星展银行推出加密币交易平台。特斯拉首席执行官埃隆·马斯克高调进入加密币市场，已被美国证交会调查——调查其是否涉嫌利用个人在社交媒体的影响力操纵狗狗币等加密资产。Coinbase（加密币交易平台）获准上市，必然会大大提振行业景气度。比尔·盖茨宣布，盖茨基金会目前正在研发自己的加密币，并且宣称这种加密币的交易费用超低。IPFS、NFT、元宇宙等新概念业态风生水起。

根据国际清算银行的最新报告，全球约80%的国家正在从事央行数字货币的研究、实验与开发，10%的国家已上线试点，美国、日本、欧洲等国家和地区从观望转向积极研究。全球各国中央银行纷纷探索推出自己的数字货币，这一进程将在2021年进一步加快。

数字货币将逐渐在各行各业交易中普及，通证随之变得越来越重要，这将带动区块链产业向更高层次发展。

2020年是加密资产市场蓬勃发展的一年。2021年，加密资产有望继续保持红火的态势。新冠疫情下，万业待兴，投资者迫切需要新的安全资产，加密资产就成为关注焦点。加密资产具有天然的分布式属性，基本不受政府政策等外部因素影响。以比特币为代表，比特币证明了"数字黄金的重大价值"。2020年，新秩序常态、社交隔离要求以及无现金交易的普及，促进了加密币的推广。

美国国家安全委员会发布《关键与新兴技术国家战略》报告，将催生区块链和加密币的分布式账本技术列入重点关注的关键和新兴技术之一。国际区块链标准的制定也在2020年有了长足发展，ITU（国际电信联盟）、ISO（国际标准组织）、IEEE（电子和电子工程协会）在2020年正式发布相关标准22项。国际清算银行、国际货币基金组织、G7集团（七国集团）也在快速开展央行数字货币联合研究，推动国际合作并建立标准。2021年6月9日，萨尔瓦多共和国通过一项法案，将比特币作为法币。

各国监管政策基调是监督引导，逐步规范。各国对区块链技术都是积极支持的，区别在于对加密币的态度。与特朗普政府不同，拜登政府的加密币政策总体倾向于积极。

预计未来全球央行数字货币研究测试会升温，但短期推出寥寥；境外机构进场配置加密资产的进度加快；加密银行会成为热点；DeFi会再度兴起；跨链会有大的发展；Layer2会成为应用标配；联盟链会涌现；大机构进场，杀手级应用会出现。

目前，境外链币圈行业最大的问题是除了炒币外缺乏杀手级应用，或者说应用的实际价值不明显。已有的比特币、以太币等加密币，如果作为支付或跨境支付使用，那么由于受各国外汇管制政策限制，实际难以发挥作用。各国虽然在研发央行数字货币，但还没有将其正式推出，更遑论效果。各个公链都在推DApp，但日活数据很不理想。摩根大通的数字货币摩根币也只是作为内部结算使用，IBM超级账本试图做跨银行结算也以失败告终。

二、从BTC到BTC/AI

目前，链币圈包括公链（blockchain，简写为B）、通证（token，简写为T）、社区（community，简写为C）。从2008年至今，链币圈玩家多是在加密币上做封闭式游戏，通过不断扩容，形成击鼓传花式"割韭菜"的空气币模型，最终难以为继。不说ICO、STO（证券型通证发行），也不说交易即挖矿、交易所公开发行，就算目前火爆的DeFi，如果不能赋能实体经济，创造新价值，就不能做到逻辑闭环，加密币最终会归零。

有人争辩说，这个游戏改变了财富分配，缩小了贫富差距。这个说法十分牵强，很不靠谱！如果把整个链币圈放在经济社会大系统里，我们就会发现，链币圈虽然有区块链的数字技术含量，但对整个经济发展和社会进步的贡献是零，甚至是负的。这也是迄今为止，比特币归零的说法仍然不时出现的主要原因。

区块链要想走出链币圈封闭圈子，修成正果，就必须开放，引入新的动能，必须赋能实体经济，创造新价值。

我们提出从BTC到BTC/AI模型，认为链币圈BTC必须引入AI，即赋能实体的应用（application，简写为A）和传统投资（investment，简写为I），让链币圈的价值逻辑闭环。最近，境外区块链在技术IPFS、金融DeFi、文化NFT等方面有杀手级应用出现的迹象，Coinbase在纳斯达克上市，灰度公司和马斯克大举进入币圈，我们提出的从BTC到BTC/AI模型正在变成现实（见图1-7）。

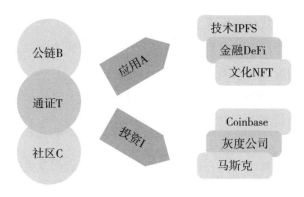

图1-7　从BTC到BTC/AI模型

三、链币圈目前正处于Gartner曲线的底部

任何新生事物的发展都会符合Gartner曲线规律。Gartner曲线是由美国高德纳咨询公司提出的。

自1995年开始，高德纳咨询公司根据其专业分析预测与推论各种新科技的成熟演变速度及要达到成熟所需的时间，并将这一过程分成五个阶段。

一是技术萌芽期：随着媒体大肆报道和非理性渲染，产品的知名度被打开，这时科技的缺点、问题出现，失败的案例多于成功的案例，比如.com（通用域名公司）在1998—2000年的非理性疯狂飙升期。

二是期望膨胀期：早期公众的过分关注演绎了一系列成功的故事，同时也有众多失败的例子。对于失败，有些公司采取了补救措施，而大部分无动于衷。

三是泡沫破裂低谷期：存活下来的科技经过了多方扎实有重点的试验，人们对新科技的适用范围及局限有了客观且实际的了解，成功的经营模式逐渐形成。

四是稳步爬升恢复期：新科技诞生，在市面上受到主要媒体与业界高度的注意，比如因特网、万维网。

五是生产成熟期：新科技产生的利益与潜力被市场接受，实质支援此经营模式的工具、方法论经过数代的演进，进入了非常成熟的阶段。

互联网发展恰好符合 Gartner 曲线规律。互联网从发明后，经过前期的概念炒作，于 2000 年达到顶点。那个时候，.com、Homepage（网站主页）、电子商务等概念如日中天，不需要业绩的一个网页就能卖数千万美元。后来，一个证券分析师指出，亚马逊电子商务逻辑有严重漏洞，本来电子商务是节约仓储的，但他发现亚马逊不光没有节约仓储，反而增加了网络成本。接着，.com 市场行情暴跌，互联网行业于 2000 年 4 月进入冬天。

也正是在这个时候，对互联网有信仰者，如马云、马化腾等，开始对互联网长线靠谱业务进行布局。互联网泡沫破灭后，马云当时有段著名的讲演：今天很黑暗，明天更黑暗，很多人死在了明天的晚上，太阳是后天早晨才出来的。BAT[①]就是在这个时候布局的，最终笑到了最后，并取得了巨大成功。

太阳底下没有新鲜事。符合互联网路径的 Gartner 曲线规律，一定符合区块链发展路径。好在有互联网验证，区块链不用试错，只要坚持信仰，照着 Gartner 曲线去谋篇布局就好。

按照高德纳咨询公司 2019 年发布的区块链 Gartner 曲线（见图 1-8），我们看到，经过概念泡沫破灭，区块链行业正在大差不差地验证这个规律。

---

① BAT，B 指百度，A 指阿里巴巴，T 指腾讯。

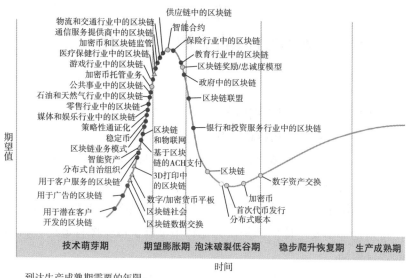

图1-8　区块链与Gartner曲线

时下区块链正在谷底，正是行业进入大规模应用的时间窗口。在此期间，企业适合规划和布局区块链长线靠谱应用项目，单纯玩炒币概念可以休矣。

从长远来看，加密资产比重仍然很小。2018年，全球加密资产只有2 000多亿美元，即使在2021年3月已超过3万亿美元，也无法与货币、商品、债务、房地产、证券、黄金等传统法币资产规模相比。而传统法币资产如果都能转化为加密币资产，那么将会是海量规模。这就是区块链与加密币的未来。

未来已来，区块链绝不只是风口，而是趋势。孙中山先生当年曾说："天下大势，浩浩汤汤，顺之者昌，逆之者亡。"

第7节
对比特币的认知需要深化

比特币只是一串数字代码，为什么在市场上能卖出每枚数万美元的高价？支撑比特币价格的基础究竟是什么？

一些人认为，比特币没有价值支撑，是泡沫，类似于郁金香泡沫，最终会归零。

股神沃伦·巴菲特说比特币是老鼠药，经济学家郎咸平说白送比特币他都不要。他们都是认为比特币没有价值支撑且最终会归零的意见领袖。

2018年，在纽约共识大会上，美联储股东圣路易斯银行主席布拉德认为，比特币是私人货币，是个游戏，娱乐一阵子就完了。他说现在全世界的货币太多、太乱了，人们倾向于简单。然而，事实是加密币又发行了几万种。

另一个有代表性的意见领袖是"末日博士"（纽约大学斯特恩商学院经济学教授鲁里埃尔·罗比尼），他提出了加密币与区块链的"七宗罪"。

一是区块链是被过度炒作的技术，是骗局和泡沫的根源。

二是加密币不是货币，是不可扩展的，加密币永远不会成为追求经济和金融稳定的工具。

三是到目前为止，比特币唯一真正的用途是为非法活动提供便利，稳定币是最大的骗局。

四是加密币没有安全保障，去中心化只存在于神话中。

五是区块链网络不是互联网，将来也不会成为互联网，至今没有出现杀手级应用。

六是存在大量的市场操纵行为。

七是加密挖矿消耗能源，是一种环境灾害。

也有人开始不看好比特币，后期转变了认知。最有代表性的是摩根大通的首席执行官杰米·戴蒙，他在2017年说比特币是骗局，在2018年说要再看看，在2019年推出了内部结算加密数字货币摩根币。著名投资人瑞·达利欧于2017年9月19日说比特币是泡沫，于2021年1月28日说比特币是一个神奇的发明。2020年年底，新加坡星展银行推出数字货币交易平台，而之前它是持反对意见的。这种认知转变者不在少数。

当然，更多的是比特币的支持者、拥趸者。

科学家张首晟曾说，区块链的价值是互联网的十倍。数字经济之父唐·塔普斯科特提出"区块链革命"，较早洞见了比特币底层技术可以改变货币、商业和世界。但比特币、区块链是用颠覆的革命方式改造世界，还是用我们提出的增强货币、金融、组织等链改方式改造世界，值得探讨。

《经济学人》2021年1月9日刊英文版专门对比特币暴涨提出了独到的见解：最初，比特币被寄予颠覆全球货币体系的众望，如今，它的成功与否取决于其能否在现有的金融体系中找到一个更加平衡的角色。《经济学人》曾将区块链称为信用机器。

从一个维度来讲，比特币正好践行了著名经济学家、诺贝尔经济学奖获得者哈耶克《货币的非国家化》的理论。从另一个维度来讲，比特币是完成从物物交换、金本位、纸币到数字货币的货币革命。2010年7月，中本聪与BM① 讨论的时候，说了一句流传至今的话："如果你不相信，不明白，那么我也没有时间说服你。"

而在市场上，比特币能够以每枚数万美元的价格成交。如果从

---

① BM，真名Daniel Larimer（丹尼尔·拉里默），因其在Github（代码托管平台）上的用户名为Bytemaster，因此在币圈被人称为BM。

比特币有价（10 000枚换25美元比萨饼券）算起，到现在，比特币已经有了2 000多万倍的涨幅，这是人类有史以来财富增长的最大倍数，没有之一。相比之下，我国过去二十多年房地产价格上涨，造就了无数亿万富翁，已经是前无古人，但实际上也就上涨了六七十倍。

比特币发展十多年，其理念正在世界各地落地应用。特别是经历了2017年的"9·4"禁令，比特币价格还能不断突破前期高点，屡创新高。比特币具有高倍数的财富增值效应。如此，用郁金香泡沫来简单形容比特币，显然是大谬误也！

当然，我们也确实看到，在数字货币试错过程中，出现了大量非法集资、诈骗、传销、洗钱等案例，而有明显社会贡献的杀手级应用没有出现。我们也不能简单抄已有链币圈模式作业，必须要有扬弃思维，取其精华，去其糟粕，更重要的是创新和升华，形成成熟的链改理论。

第 2 章

链改理论遵循

链改逻辑以习近平总书记"10·24"讲话为指引，是"10·24"讲话精神的具体化。链改逻辑与中央倡导的新发展理念、质量经济、人民中心、共同富裕、网络安全、国家治理体系和治理能力现代化、人类命运共同体等理念是一致的。链改逻辑既符合"十四五"规划中关于区块链和数字经济的安排，也符合工信部和中央网信办区块链"指导意见"的主张。

第1节
"10·24"讲话精神解读

　　2019年10月24日，中央政治局召开第十八次集体学习区块链会议，习近平总书记发表重要讲话，这就是著名的"10·24"讲话。从此，区块链作为核心技术和产业创新发展，成为国家战略。"10·24"讲话博大精深，高看50年，是区块链行业的理论指示灯，也是实干发令枪。

"10·24"讲话为链改理论提供了政策指导，所以我们需要深刻领会"10·24"讲话精髓。

习近平总书记在主持学习时强调，区块链技术的集成应用在新的技术革新和产业变革中起着重要作用。我们要把区块链作为核心技术自主创新的重要突破口，明确主攻方向，加大投入力度，着力攻克一批关键核心技术，加快推动区块链技术和产业创新发展。

其中，重点有两个。一个是核心技术自主创新。习近平总书记指出区块链也是"卡脖子"技术，我国区块链专利在世界上遥遥领先，但有专利无原创。我们必须将区块链技术作为自主创新、主攻方向、重要突破口，要加大投入，将其掌握在自己手中。另一个是产业创新发展。区块链最终要落实到用上，要有杀手级应用。区块链已经试错了十多年，到了大规模应用的时间窗口。

目前，全球主要国家都在加快布局区块链技术。我国在区块链领域拥有良好基础，要加快推动区块链技术和产业创新发展，积极推进区块链和经济社会融合发展。

习近平总书记谈到了区块链技术在数字金融、物联网、智能制造、供应链管理、数字资产交易等多个领域的应用，明确提出要加快发展、融合发展。一方面，区块链适应我国与西方发达国家从跟跑、并跑到领跑形势，我国要利用在区块链领域并不落后这一基础，加快发展；另一方面，鉴于经济社会从工业向数字、从互联网向区块链转型这一形势，我国克服经济下行压力和社会叠加矛盾需要区块链发挥作用，需要融合发展。

其中提到的区块链在数字金融、数字资产交易的应用显然是指境外。事实上，由于比特币、DeFi、Filcoin（文件币）、NFT等行情火爆，我们不能不密切关注它们，看看其是否有为我所用的合理成分，否则就跟不上镜外区块链的快速发展步伐，势必会让我们本来与世界同步的良好基础丢掉，"起个大早，赶个晚集"！

习近平总书记强调，要强化基础研究，提升原始创新能力，努力让我国在区块链这个新兴领域走在理论最前沿、占据创新制高点、取得产业新优势；要推动协同攻关，加快推进核心技术突破，为区块链应用发展提供安全可控的技术支撑；要加强区块链标准化研究，提升国际话语权和规则制定权；要加快产业发展，发挥好市场优势，进一步打通创新链、应用链、价值链；要构建区块链产业生态，加快区块链和人工智能、大数据、物联网等前沿信息技术的深度融合，推动集成创新和融合应用；要加强人才队伍建设，建立完善人才培养体系，打造多种形式的高层次人才培养平台，培育一批领军人物和高水平创新团队。

习近平总书记一共提出了六项要求，这也是六个短板：基础研究、技术攻关、标准制定、应用推进、生态集成、人才建设。

第一，新兴领域的基础理论研究要最前沿、技术创新要制高点、产业应用要新优势。因为区块链是新事物，换道超车而且要领跑是非常高的要求。高要求来自高眼光、高底气，是高期待、高重视。可见，区块链在习近平总书记心目中有极高的位置。

第二，重点提到区块链技术的安全可控。联系到美国挑起中美贸易战，美国拥有断网（互联网）、断币（美元支付结算）制裁别国的能力，一旦美国断网、断币，将对我国金融、经济、社会发展造成严重威胁。断网、断币的破坏力比贸易战要大得多。虽然这跟贸易战一样，属于"杀敌一千，自损八百"，但美国还自鸣得意，干得不亦乐乎，我们不得不防。如果我国区块链发展起来，那么自主可控就是安全保障，我国也就能够彻底解除这种威胁。中国人民银行推出数字人民币就是践行这一思想的落地应用之一。

第三，强调了区块链标准。有一种说法是三流企业做产品，二流企业做平台，一流企业做标准，可见掌握了标准就掌握了国际话语权和规则制定权，就赢得了发展主动权。当年我国提出的TD-SCDMA（时分同步码分多址），在与欧洲、美国各自提出的3G（第三代移动通信技术）标准竞争中，成为全球三个标准之一，后来在5G中成为唯一标准。这也是我国5G领跑全世界的基础之一。区块链也一定是这样的。

第四，提出产业应用的创新链、应用链、价值链，这正是区块链最擅长的几个领域。区块链本就是创新，支持科技创新也很拿手。区块链必须拥抱产业应用，赋能实体经济，这是它的使命，也是最大的战场。区块链本就是价值互联网，天生就是应用于金融领域的。习近平总书记还专门谈到我国市场的优势，中国市场规模巨大，有全产业链，这可以为区块链提供最广的应用场景。

第五，提到了区块链和人工智能、大数据、物联网等前沿信息技术的深度融合。ABCDIS5G是新一代信息技术，区块链与这些技术是集成和融合的关系。只有将这些技术深度融合，区块链才能发挥更大作用。国家发改委明确新基建范围，并首次将区块链包含其中，这是具体落实措施之一。同时，习近平总书记还提到了区块链项目中最为关键的构建区块链产业生态问题。

第六，强调了人才队伍建设，特别提到了领军人物和高水平创新团队建设，这是所有创新驱动战略的一致人才规划。我国目前在数字技术领域缺乏500万工程师，常规大学教育根本不够。而区块链又是高端的新数字技术，人才更稀缺。高德纳咨询公司分析，未来5年中国缺75万区块链人才，必须加强人才培养。人社部新增的9个职业中有两个区块链职业——区块链工程技术人员和区块链应用操作员，目前都有职业标准问世，并且国家在积极推进培养工作。国家教材委员会将区块链数字经济写入大中小学教材，已有大学开设区块链专业。

习近平总书记指出，要抓住区块链技术融合、功能拓展、产业细分的契机，发挥区块链在促进数据共享、优化业务流程、降低运营成本、提升协同效率、建设可信体系等方面的作用。

对于区块链的价值及各领域呈现，简单说就是共享、优化、节约、效率、可信。

一是帮助金融领域，解决金融赋能实体经济难题，包括中小企业融资难、银行风控难、部门监管难等问题。区块链擅长做供应链金融，能帮助中小企业解决融资难问题。区块链有防篡改等安全可信功能，可帮助银行解决风控难问题。另外，区块链"沙盒"可解决部门监管难问题。

二是帮助产业领域，促进企业数字经济模式的创新问题，实现营商环境的便捷高效、公平竞争、稳定透明，推进供给侧结构性改革，实现各行业供需有效对接。在数字经济时代，所有企业的经营模式都可以通过区块链逻辑重新做一遍。区块链是便捷高效、公平竞争、稳定透明的平台，能够帮助企业改善营商环境。区块链擅长从供给端入手进行供应链管理，可有效推进供给侧结构性改革，打通供需对接。区块链可推动工业化向数字经济转型，实现新旧动能持续转换。区块链可打击假冒伪劣、坑蒙拐骗、盗版侵权、贪污腐败等行为，实现资产特别是无形资产市场化，达成经济高质量发展目的。

三是帮助民生领域，促进教育、就业、养老、精准脱贫、医疗健康、商品防伪、食品安全、公益、社会救助等公共服务的智能、便捷、优质发展。区块链有安全可信计算、智能合约和方便、快捷、节约等特点，能够在公共领域发挥重要作用。例如，区块链可以通过溯源保障食品、药品安全，通过去中介、可存证功能解决扶贫款截流、救助物资冒领等问题，通过创新商业模式解决教育、就业、养老等社会难题。在最近的医疗健康领域，区块链呈现多点爆发态势，也证明区块链在医疗健康领域有强大的合作潜力。

四是帮助智慧城市，提升城市管理的智能化、精准化水平。其中，信息基础设施是新基建的重点内容。区块链可以建设信用城市，将城市金融与实体链接，将城市从依赖房地产的经济模式转变为数字经济驱动发展模式。智慧交通可采用"北斗＋区块链"模式，实现城市交通出行的可溯源、智能化、精准化管理。例如，健康码采用"北斗＋区块链"模式，我们在疫情防控时就不用大规模封城、封路、封小区，这样也不会太影响经济运行。能源领域更容易与区块链结合。例如，电网本身就是分布式系统，与区块链分布式高度契合。我国已承诺碳达峰和碳中和时间表，新能源是未来刚需。比如风电、太阳能、充电桩等新能源，都具有天生的分布式特性，都是区块链理想的应用场景。

五是帮助生产要素，解决信息、资金、人才、征信等生产要素在城市间、区域内的互联互通与有序高效流动。中央文件中提到，数据也是生产要素。要实现互联互通与有序高效流动，我们需要区块链的安全可信计算、智能合约等加持。

六是帮助电子政务，实现"最多跑一次"的便民服务。有个专有名词叫"一网通办"，口号是"让数据多跑路，让群众少跑腿"。区块链要实现的是数据共享，因为只有共享，业务才能协同。过去"条块分割"，数据不能跨部门、跨地区共享，容易形成"数据烟囱"，这也不能怪部门、地区不愿意贡献数据，因为涉及责任问题。比如，我们在A医院拍的片子，B医院不认，因为B医院无法采信其他医院的片子，出了事情谁负责？我们只好在B医院重拍片子。片子如果在区块链上跑，就能被采信，从而节约医药资源。我国行政精简不下来，而且政府部门"门难进、脸难看、事难办"，效率是个大问题。在互联网时代，电子政务不太成功，关键是数据无法共享。有了区块链加持，数据共享就能有效实现，业务协同就能有效开展。北京区块链发展三年行动计划，对区块链加持政务数据有十分专业、详细的描述。可以说，有了区块链，才有真正的电子政务。

习近平总书记强调，要加强对区块链技术的引导和规范，加强对区块链安全风险的研究和分析，密切跟踪发展动态，积极探索发展规律；要探索建立适应区块链技术机制的安全保障体系，引导和推动区块链开发者、平台运营者加强行业自律、落实安全责任；要把依法治网落实到区块链管理中，推动区块链安全有序发展。

需要提出的是，密切跟踪发展动态，积极探索发展规律，是学界应有的任务。而在"10·24"讲话之前，"谈币色变"甚至"谈链色变"的问题很严重，跟踪研究境外STO、加密币市场等一度成为禁区，有些人甚至还把正常的学术活动归为涉嫌给ICO站台。

习近平总书记指出，相关部门及其负责领导同志要注意区块链技术发展现状和趋势，提高运用和管理区块链技术能力，使区块链技术在建设网络强国、发展数字经济、助力经济社会发展等方面发挥更大作用。

在"10·24"讲话后，全国上下形成学习区块链知识热潮。确实，区块链有一定的知识门槛，而"10·24"讲话的内容也有一定的深度，我们必须要学习。学完后，关键是落实。我们要看到行动，看到实效。

2021年1月27日，网信江苏发布《习近平自述："我"的互联网思维》文章，重温"10·24"讲话内容，特别是习近平总书记谈到区块链也有"卡脖子"问题，耐人寻味。

第2节
链改价值观

链改逻辑与新发展理念、质量经济、人民中心、共同富裕、网络安全、国家治理体系和治理能力现代化、人类命运共同体等新时代中国特色社会主义思想中的主流价值观相符合。

一、新发展理念

新发展理念就是创新、协调、绿色、开放、共享的发展理念。创新发展注重的是解决发展动力问题；协调发展注重的是解决发展不平衡问题；绿色发展注重的是解决人与自然和谐问题；开放发展注重的是解决发展内外联动问题；共享发展注重的是解决社会公平正义问题。链改价值观符合新发展理念。

第一，区块链技术及其应用能解决很多经济社会发展难题，其本身就属于技术创新、商业模式创新，是价值创造，是发展动力。同时，通过ABCDIS5G等新一代信息技术及应用的集成，在赋能实体经济、增强金融体系信用、完善共享电子政务、创新公益服务模式等方面用力，促进数字化转型和数字经济2.0发展，是目前最有活力的创新发展动力之一。

第二，区块链讲协作、智能等是为了使经济得到更协调的发展，这也是新发现理念下协调的一部分。链改不仅是数字化的供给侧结构性改革，还是共同致富的财富机器，也是有效克服产能过剩、劳资对立等矛盾的利器，更是克服不平衡矛盾的协调发展神器。

第三，以区块链为新基建的数字经济2.0是非接触经济。目前新冠疫情肆虐，包括区块链在内的非接触特点的数字经济全面快速发展。非接触经济低碳、无污染，是典型的绿色经济。区块链是治理逻辑，能够在环境保护和可持续发展中发挥重要作用。最近一两百年，为了发展工业，人们对环境破坏严重，地球许多动植物都灭绝了。随着工业化的开启，人类不断释放二氧化碳，导致地球气温升高，破坏了生态平衡。我国承诺2030年碳达峰和2060年碳中和，用区块链做碳排放交易平台可以协助实现这个目标。

第四，区块链自诞生之日起就属于国际化业务。网络无国界，区块链特别适合具有国际化特点的业务类型。区块链的分布式、可信网络、开放性金融、社区生态等鲜明的开放特征，可以有效促进对外对内开放。

第五，区块链具有共享特点，符合共享发展要求。用区块链支撑的共享经济，比用大数据支撑的更靠谱。共享单车如果用区块链技术，可能就不会发生项目"跑路"事件。如果企业使用区块链，资本无序扩张、泄露隐私项目事件就不会出现。区块链激励与分享还有普惠性质。

二、质量经济

质量经济首先是信用经济。区块链是信用机器，倡导陌生人互信模式。区块链通过确权、溯源、存证，保障真数、真物、真钱、真人，能够有效打击假冒伪劣、坑蒙拐骗、盗版侵权、贪污腐败等，从而建设信用经济和信用社会。

区块链通过防伪、防篡改的真实数据解决信息不对称问题，把传统简单批量的工业化生产线改造升级为按需供应、个性化定制的智能化供应链，提高生产供应质量和效率。

从更大范围来讲，区块链可以通过提升实体企业、金融、城市、政府乃至整个国家的信用水平，建设诚信社会。

以区块链为基础的数字经济具有方便、快速、节约、安全、智能、绿色、开放、普惠、共享等特征，这些都是质量经济思想的本质要求。

三、人民中心

坚持以人民为中心，就是坚持人民主体地位，全心全意为人民服务，依靠人民创造历史伟业，不断实现人民对美好生活的向往。区块链共识、激励、分享是符合人民中心思想观的，是用数字化手段贯彻和实现以人民为中心的发展思想。共识体现了人民民主决策，激励体现了依靠人民，分享体现了人民对美好生活的向往。

区块链行业在诞生之初就出现了严重的德不配位问题。区块链的"割韭菜"项目，显然是与人民中心思想背道而驰的，也违背了区块链的逻辑初心，是害群之马。坑害人民群众的项目必须被彻底清除。

四、共同富裕

自2008年金融危机以来，西方国家贫富差距越来越大，富裕阶层的财富不仅没有受损，反而在危机中逆势增长。新冠疫情肆虐，富裕阶层的财富增长反而更加迅速，这也是西方发达国家社会矛盾不断恶化的根源之一。

我国坚持共同富裕道路，在疫情期间不忘脱贫致富。2020年，全面脱贫收官，我国步入小康社会。由于疫情控制得好，我国在世界范围内率先实现经济正增长。

区块链具有普惠、共享特点，是人人有机会致富的财富机器。同时，区块链在扶贫、慈善、救助、社会公益等方面，有其独特功能，能够发挥有效作用。

五、网络安全

网络安全就是国家安全，可信计算是网络安全的基础。区块链是安全可信计算，对接网络安全国家战略，能够在保障国家金融经济安全方面发挥独特作用。

六、国家治理体系和治理能力现代化

全面深化改革的总目标是完善和发展中国特色社会主义制度，推进国家治理体系和治理能力现代化。区块链是强力数字治理逻辑。区块链治理是符合国家治理体系和治理能力现代化思想观的。区块链有安全可信计算、高效价值网络、分布自治社区特点，为企业、金融、产业、城市、政府等提供了方便高效的治理手段，能够全面系统推进国家治理体系和治理能力现代化。我们用区块链做新基建、数字人民币、企业链改、"一网通办"、监管沙盒，都是在完善和提高国家的治理体系和治理能力。

七、人类命运共同体

人类只有一个地球，各国共处一个世界。人类命运共同体旨在追求本国利益时兼顾他国合理关切，在谋求本国发展中促进各国共同发展，其全球价值观包含相互依存的国际权力观、共同利益观、可持续发展观和全球治理观。人类是利益共同体，更是命运共同体。

区块链具备的价值元素特别适合国际组织形态的治理，与人类命运共同体的共识、共治、共享及多极化价值理念高度一致，是推进人类命运共同体发展的数字化手段。

人类命运共同体首先要互信和共识，要秉承开放、协作和创新精神，探索智能化手段，守护安全底线，寻求有效治理方案，设计好激励与利益共赢分享模式。

在数字经济时代，我们可以用区块链技术逻辑来开展"一带一路"等对外合作，推进人类命运共同体往前发展。

"一带一路"经济带上70多个国家和地区互信、共识、共治、共享，是数字化人类命运共同体的典型应用场景。数字人民币助力人民币国际化，参与国际货币金融体系多极化再平衡，体现了我国维护世界经济稳定的大国担当和责任，也是数字化人类命运共同体的典型应用场景。

第3节
"十四五"规划解读

区块链是数字经济的基石。在政务领域，区块链能充分发挥数据共享、业务协同、确权确责等优势。区块链助力供应链金融释放新活力，为中小企业拓宽融资渠道。区块链技术也将促进数字经济高质量发展。区块链有利于赋能实体经济、优化社会治理和提升国际竞争力。

2021年两会通过的《中华人民共和国国民经济和社会发展第十四个五年规划和2035年远景目标纲要》中提到"培育壮大人工智能、大数据、区块链、云计算、网络安全等新兴数字产业"，区块链被列入数字经济重点产业。

"十四五"规划中提出，"推动智能合约、共识算法、加密算法、分布式系统等区块链技术创新，以联盟链为重点发展区块链服务平台和金融科技、供应链管理、政务服务等领域应用方案，完善监管机制"。这段文字虽然不长，却包含了链币圈行业十余年试错出来的能够为我所用的精华部分，是一个体系。

"十四五"规划制定的区块链业务是一个"互字形"体系框架（见图2-1）。

图2-1 "十四五"规划区块链的"互字形"框架

从技术方面来讲，智能合约、共识算法、加密算法、分布式系统等，确实是区块链技术的核心内容，而且有了一定的成熟度。我国必须要在这些核心技术方面有建树，要有自主可控的能力，需要有实力的企业和人才。区块链技术虽然讲究开源，但因为技术复杂度很高，在深度开发方面，还有巨大的空间。

从平台方面来讲，我国把联盟链作为主攻方向，是充分考虑了我国国情以及让技术落地应用产生价值的情况的。联盟链既能够规避公链的很多技术短板，又能发挥区块链的技术特长，从而解决许多实际问题。而公链擅长发行加密币，目前我国在这个领域的时机还不成熟，政策不允许。近年来，我国已有不少联盟链开始投入应用，有的已取得不错的成绩。

从行业应用来讲，"十四五"规划了两个重点业务，一是供应链，二是金融科技。区块链虽然用处广泛，但是因为其具有多方协作特点，有溯源、存证等功能，所以还是最擅长解决供应链这类问题（能够提升产品服务品质，提高协作效率）。实际上，无论企业提供什么产品服务，都需要供应链管理，从这个角度来看，区块链千业可用。而"十四五"规划优先解决各行各业的供应链难题，可以说抓住了要害。我国也在重点推进金融科技这一领域。近年来，金融科技聚焦于数字化，包括大数据、人工智能、云计算等。因为区块链诞生于比特币，在金融应用方面，能够提升金融信用度，提高风险防控能力。用区块链推进金融科技发展，大有可为，前景广阔。无论是实体的供应链，还是虚拟的金融科技，在"十四五"规划中，区块链选择在这两个领域优先布局，可以说抓住了"牛鼻子"。

从政务方面来讲，区块链能够实现数据共享和业务协同，从而提升政务服务的效率和品质。我国80%的数据集中在政务部门，而政务"条块分割"严重，所以政务部门是区块链发挥作用的绝好战场。区块链有助于促进政务服务"一网通办"，让数据多跑路，让群众少跑腿。

从监管方面来讲，区块链可防伪、防篡改数据，是安全可信计算，天生就是一个防人为作恶的系统。首先，区块链用于监管，可以防住人为作恶。其次，区块链用于信用体系建设，可以提高社会信用度，让经济社会运转更有效。再次，区块链做金融监管底层，是天然的风控平台，可以防范系统性风险。然后，我们可以用区块链做"沙盒监管"，促进监管科技的发展。最后，我们甚至可以用"以链治链"的方法克服链币圈"割韭菜"项目的顽疾。

除此之外，"十四五"规划的第五篇专门谈到"加快数字化发展，建设数字中国"问题，分别在第十五章"打造数字经济新优势"、第十六章"加快数字社会建设步伐"、第十七章"提高数字政府建设水平"、第十八章"营造良好数字生态"谈到数字化问题。

"十四五"规划还提出十个数字化应用场景，比如智能交通、智慧能源、智能制造、智慧教育、智慧医疗、智慧社区等。

我们简单做了个统计，在"十四五"规划中，"数字化"出现了25次，"智能"出现了35次，"智慧"出现了22次，"大数据"出现了10次，"数字中国、数字时代、数字政府、数字社会、数字经济、数字生活、数字丝绸之路、数字孪生城市、数字乡村、数字消费、数字技术、数字转型、数字创意、数字娱乐"等高相关词汇出现了60多次。由此可见，中央对数字化的重视程度。

我国31省区市在各自"十四五"规划中关于数字化转型建议主要围绕以下几个方面展开。

第一，促进数字经济与实体经济相融合，构建数字经济生态体系。

第二，大力发展人工智能、大数据、5G、区块链、物联网等未来产业。

第三，推动企业"上云用数赋智"，推进服务业数字化。

第四，建设数字社会、数字政府。

第五，拓展数据共享公开，提升数据安全及个人信息数据安全保障。

各省份发展目标不同，对数字化转型建设的要求也不尽相同，但总体上都在围绕以上五点进行。可见，全国都开始逐步重视数字化转型工作，小到企业，大到省级组织，也都将数字化转型放在重要位置。希望通过我们的共同努力，未来中国的数字化水平能够进入国际先进行列。

如果说2019年习近平总书记"10·24"讲话确定区块链为国家

战略是高看50年，那么2021年两会通过的"十四五"规划将区块链纳入数字经济重点产业，则是落实"10·24"讲话精神，加快实操布局速度。可以预见，未来"十四五"期间乃至2035年，区块链将迎来大的发展。

第4节
两部委"指导意见"解读

基于"10·24"讲话精神和"十四五"规划，2021年6月，工信部和中央网信办两部门联合发布了《关于加快推动区块链技术应用和产业发展的指导意见》（以下简称"指导意见"），提出要培育3～5家具有国际竞争力的骨干企业和一批创新引领型企业，特别是还提出了名品、名企、名园、名人这样一些具体的目标设想，对于区块链企业和行业发展具有更直接的指引作用。

所以，未来区块链行业的头部企业必将获得更多政府资源倾斜。企业若想获得相关扶持，需要具备以下三种竞争力。

第一，要有扎实的技术实力。当前，我国还没有真正意义上的区块链原创技术。"十四五"规划明确指出，要发展智能合约、共识算法、加密算法、分布式系统等。这表明区块链的技术创新空间巨大。这就要求我国区块链企业在技术方面奋起直追，并且真正做到自主创新和自主可控。

第二，要有广泛的应用。区块链的逻辑是"千业可用，万企可改"。区块链技术最终要在各行各业应用，以发挥它的作用和价值。我国是一个庞大的经济体，具有全产业覆盖的特点，所以我国的区块链应用场景按理说应该是最丰富的。

第三，要抵得住诱惑，耐得住寂寞，练好内功，抓住政策红利。此前，区块链行业出现的不少乱象，都是当事人无法抵御诱惑的后果。但我国要想实现区块链生态的发展和腾飞，就要靠政策激励。过去，我们依靠政策激励成就了很多技术创新范例。当前，我国陆续出台的众多政策，对于区块链企业来讲，都是非常大的利好。企业应该多专注于打磨自身的核心竞争力，抓住我国的政策红利，大胆地创新发展。

"指导意见"还指出，坚持补短板和锻长板并重，推动产业加速向价值链中高端迈进。

现在，整个人类经济社会是从农业社会向工业社会，再向数字社会迈进的。我国在改革开放之后经历40多年的快速工业化，现在进入数字化。因此，我国实际上是一个农业化、工业化和数字化三化杂糅的社会。那未来的方向为什么是数字化呢？实际上，在区块链出现之前，数字化并没有找到方向。此前互联网出现后，带动了一波数字经济的发展，但是互联网解决的是消费端问题，比如网上购物、电子商务、游戏广告等。真正的数字经济，应该更多的面向供给端的企业和产业。企业最核心的问题是价值问题，而这恰好是区块链最擅长解决的问题。

链改在这个过程中，解决了三个问题。

第一，解决了企业卖货难的问题，这就涉及产业向价值链中高端迈进的问题。随着我国从短缺经济走向过剩经济，我国只有把产品做得更符合大众的个性化需求，增加产品的高端含量，才能满足升级了的消费。区块链依靠信任营销，更好地激发了消费者的购买欲望，并且扩大了市场。

第二，解决了企业融资难的问题。银行通过区块链来升级改造，可以更好地扶持那些有前途、有未来的企业。而扶持的这些企业，恰恰是社会所需要的，这样就形成了良性循环。

第三，解决了企业治理难的问题，其核心就是激励。区块链能够真正改善生产关系，能够解决企业的组织分配问题，真正实现多劳多得。所以，区块链是一个共享经济模型，是一个共同致富模型。

过去，我国的扶持政策往往都是税收减免、房租或者土地使用费的减免、人才落户等传统模式。"指导意见"首次提出探索利用首版次保险补偿、政府采购等政策，非常有创新意义。现在，大多数区块链企业不愿意长期投入的最主要原因就是没有利润保障。这次，政府用保险补偿的方式来分摊区块链企业的创新风险，在一定程度上激励了企业专心致志做创新、搞研发。

同时，当前政府有大量的数字化需求，比如"一网通办"、司法存证的司法链、电子发票等。这些业务在互联网时代是解决不好的，只有区块链才能真正实现数据共享和业务协同，才能真正打通政府各个部门。政府采购政策能够推动各地政府释放自身需求，加大政府对区块链相关业务的采购力度，并让区块链企业去承接，从而激发区块链行业的创新，彻底激活整个区块链行业。因此，未来我国区块链行业的 To G（面向政府客户）业务将迎来巨大发展空间，这是一个很好的政策红利期。

关于区块链行业的 To G 业务，我们大致罗列了一下。

一是数字人民币。当前，数字人民币的实际运营机构工行、农行、中行、建行、交行等也有大量的系统建设需求，在应用场景方面，也需要相应的技术支持，其中有很多的业务机会。

二是"一网通办"。"一网通办"指的是政府各个部门之间的业务需要协同，而区块链在业务协同方面能发挥很大作用。

三是智慧城市。智慧城市涉及城市的方方面面。过去，所谓的"智慧城市"就是推动城市向信息化迈进。但区块链技术的融入，更多的是让智慧城市具有了信用和价值融通的功能。这样，我们就能摆脱过去的城市发展模式，从依赖房地产发展的经济模式改造成依靠创新驱动发展的经济模式。

四是司法存证。区块链有确权、存证、溯源等功能，所以能够很好地满足我国的司法需求。

五是在税务方面，区块链发票的萌芽发展，也将在我国财务审计领域掀起一场革命。

以上都是未来值得投入的细分领域。

对于数字经济而言，链改有两个方面的作用和价值。

首先，解决了企业和产业问题。利用区块链等前沿技术，将资金、治理与销售这三大问题解决后，企业就没有问题了。因为产业是由企业构成的，如果企业问题解决了，产业问题也就迎刃而解了。

其次，解决了产业之间的协作问题。产业可以利用区块链来改造升级供应链体系，这样就可以加强产业之间的协作，降低成本，提质增效。

因此，在数字经济社会，核心问题还是企业和产业问题。因为只有企业和产业问题解决了，我们所谓的"质量经济""现代化转型"才能真正实现。基于此，链改仍是整个数字经济的核心要务。

总的来说，链改最主要的作用就是发挥区块链的激励作用。通过激励，链改能够让企业把业务增值部分干得更好，能够把整个产业激活。同时，通过区块链，产业可以有效进行转型升级，可以帮助企业更好地实现资产变现和资产增值。如果我们能够深度挖掘区块链背后的价值逻辑，那么对于未来的数字经济转型、未来的经济发展方向、未来的财富趋势，我们就会有更清晰、更深刻的洞察。

第5节
区块链行业发展需要理论

近年来，我国政策积极支持区块链产业发展，即使在新冠疫情期间，我国区块链产业也逆势增长。

自习近平总书记2019年10月24日发表讲话后，2020年4月20日，区块链被国家发改委列入新基建，之后又被列入大数据中心一体化建设的支撑技术和外商投资鼓励目录，人社部还新增两个区块链职业。2021年6月，工信部和中央网信办联合发布《关于加快推动区块链技术应用和产业发展的指导意见》。33个省市专门出台区块链专项政策，各地纷纷推出优惠政策和推进相关产业园区建设，区块链产业园数量已达47家。

我国数字人民币已在深圳、苏州、雄安新区、成都及未来的冬奥场景进行内部封闭试点测试，而且在深圳和苏州等地进行了"红包"试用，并积极探索数字人民币在跨境支付中的应用。配合新基建，区块链与大数据、人工智能、5G、工业互联网开始融合。政务、供应链、金融、数据等正在成为热门赛道，发票、法务、贸易、外汇等国家级区块链应用不断发展。联盟链快速发展，芯片、一体机、基础网络不断涌现，区块链服务网络（BSN）、星火链网、长安链等一批国家级区块链工程应运而生，物链芯工程技术研究院谋划的央链全球也在积极准备中。我国大金融机构都在积极试水区块链，BAT等互联网巨头也大举进入区块链行业。数字证券等资产上链已初露端倪，海南试水推出消费积分交易，文交所也在积极推进NFT中国化。香港发行首张数字资产交易所牌照。我国还推出了区块链团体标准、地方标准、行业标准（共18项）。

赛迪区块链研究院估计，2020年我国区块链产业规模约50亿元。2020年，我国具有实际投入产出的区块链企业达1 350余家，企业细分服务覆盖底层技术研发、行业应用、产业推广、媒体、安全服务、解决方案、DApp应用等领域，产业链条日益完善。2020年，我国公开的区块链专利数量达10 393项。

中美两国占全球区块链相关专利技术数量的75%，占全球互联网开支的50%，占云计算市场的75%，区块链相关产值占世界前70家最大数字平台市场总值的90%。

截至2020年年底，国资委管理的97家央企有54家涉足区块链，占比55.7%。国家电网联合航天科技、兵器工业集团、中国石油、中国石化等20余家央企共同发起成立中央企业区块链合作创新平台。

民间链改项目开始大规模涌现。公链、企业管理增效、分布式存储服务、游戏、链商、供应链金融、食品药品溯源、防疫物资善款追踪、秒批秒贷、数字版权保护、海关通关、食品药品安全、农地确权、工程招投标、通信、个人身份认证、广告、旅游积分、法链、"一网通办"等项目不断涌现。

区块链由于处于初创时期，还存在不少问题。

虽然我国区块链专利数量第一，但有专利无原创现象严重，有业务收入的区块链更是寥寥，无币区块链除了少数依靠政府资助存活的项目外，大多还在困苦中挣扎。

例如，自2019年起，深证区块链50指数出台。从这个指数成分股来看，区块链创收低、创收难不是个例，而是一个行业难题。企业业绩增长与区块链并无太大关联。

区块链行业发展需要理论。没有革命的理论，就没有革命的行动。当前我国区块链行业面临理论落地的难题。

在习近平总书记"10·24"讲话后，我国从中央到地方都积极行动了起来，区块链行业出现热点。目前，报名参与区块链项目的企业虽然超过10万家，但实际经营的也就1 000多家。雷声大雨点小，距离区块链成为数字经济的主要支撑，差距甚大。

为什么会出现如此反差局面？我们认为有以下几个原因。

首先，在脸书发行自货币的刺激下，我国提出了央行数字货币计划，但缺乏对数字货币的深度研究。我国对数字货币未来的价值和风险没有十足把握，采取的是谨慎推进策略。

其次，我国将区块链纳入新基建，对于区块链能干什么和不能干什么没有深度研究，何况大家对加密币更多是负面印象，不知如何将区块链应用于新基建。

再次，企业数字化没灵感。麦肯锡研究报告说，企业数字化转型失败率高达80%，这绝对不是耸人听闻，我国的情况也差不多。通常，数字化并没有解决企业问题，只会让企业花钱。而区块链本身是企业数字化非常有用的工具，只是企业没有找到正确的方向。大家都在讲区块链是财富机器，但很多项目是"割韭菜"的项目。如何用合规的区块链进行企业数字化，企业还缺少明确思路。

然后，金融是区块链最初也是最大的应用领域。很多金融机构没有搞清楚区块链的本质，道听途说区块链是革命性的。

最后，各级政府中懂得区块链的人不多，很多人害怕丢了饭碗，对区块链有很多误解。虽然习近平总书记发表了讲话，但能听懂的很少，执行效果自然会大打折扣。

目前，大众对区块链缺乏了解，没有系统深入地学习理论，"认知链改"任重道远。而认知链改必须从理论研究发端，这也是我们写本书的一个目的。

我们想，这里有一个过程。首先，一个新概念出现，会有一个热炒期，然后是冷静期，而创新落地还要经过一个漫长的培育期（目前区块链就处于此期间）；其次，行业需要一个过滤期，大浪淘沙，骗人的项目终究会被市场唾弃，有生命力的项目也终究会浮出水面；最后，随着认知过程的深化，分类监管政策也终会出台，守正创新会成为主流。

第3章

链改逻辑金字塔

自2008年金融危机以来，世界经济持续低迷，我国经济也长期面对下行压力。2020年新冠疫情暴发，使得世界经济雪上加霜。我国虽然因疫情控制较好率先实现了经济正增长，但也难言轻松。原因是，中外经济社会结构都处在转型中，传统工业经济已经出现严重过剩，即使是互联网经济，也已出现增长疲态。因此，我们必须发挥区块链等新一代数字技术的作用，重拾经济增长动能，再造一个数字经济百年级别的增长周期。链改就是带着这样的历史使命横空出世的。

　　什么是区块链？区块链是安全可信计算、高效价值网络与分布自治社区。什么是链改？链改是用区块链等数字技术或数学重新定义的互信、共识、协作、激励、分享改造世界。

　　链改包括链改逻辑和链改行动。链改逻辑是指，在"10·24"讲话指引下，结合经济社会发展实际需求，在符合法律法规的前提下，吸收区块链安全可信计算的技术属性、高效价值网络的金融属性、分布自治社区的组织属性的精华，抛弃区块链"割韭菜"项目的弊端，升级到用数学重新定义的互信力、共识力、协作力、激励力、分享力五力模型，对企业及各类经济社会组织进行改革，以期达到财富快速增长和人类文明明显进步的目的。

我们通常把区块链逻辑当成链改逻辑。但链改逻辑从区块链三大属性升级到链改五大动力，有扬弃，有创新，未来还会不断发展和完善。我们之所以对链改采用了宽泛的技术定义（包括区块链在内但不局限于区块链），就是考虑到区块链虽然是天才般的创设，但由于十分不成熟，所以未来还有很大发展潜力。换句话说，能够带来企业和各类组织增值的数字技术或数学，都是链改技术或链改逻辑。

链改逻辑是治理逻辑，不仅是生产力改善，更是生产关系改善。链改逻辑更多是经济学而不是技术，我们把链改逻辑定义为区块链经济学。我们所说的链改是改革，与唐·塔普斯科特所说的"区块链革命"有一些差别。

区块链技术、应用以及配套体系包括：隐私保护、智能合约、密码应用、互操作、跨链、IPFS、量子计算等技术，溯源、供应链、电信、司法存证、身份认证、电子票据、知识产权、公共资源交易、供应链等应用，链企业、链政府、工业区块链、金融区块链、农业区块链、城市区块链等领域，标准、安全、联盟链、监管、人才、国际合作、开源等支撑。这些都在不断改进和完善中。

第1节

链改金字塔密钥

为了方便记忆，我们提出了"链改金字塔"模型（见图3-1）。

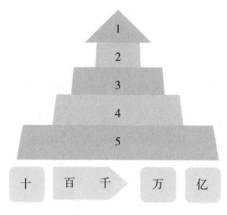

图3-1 链改金字塔模型

（1）1是一个引领：习近平总书记"10·24"讲话精神引领。第二章已充分论述。

（2）2是两个世界：原子世界与数字世界。随着数字化转型不断推进，数字经济不断发展，数字世界不断壮大，世界会形成原子世界与数字世界的互补格局，会更平衡和谐发展。数字世界与元宇宙概念相近。本章第六节会专门论述。

（3）3是三大属性：技术属性、金融属性、组织属性。本章第三节会专门论述。

（4）4是四大功能：区块链将在创新创造、普惠分配、国家治理、公益服务四个方面发挥作用。第四章及其他章节会有论述。

（5）5是五大动力：互信力、共识力、协作力、激励力、共享力。本章第四节会专门论述。

（6）十大价值：区块链会带来创新、智能、效率、节约、诚信、民主、开放、普惠、绿色、安全等价值。本章第五节会专门论述。

（7）百年财富：区块链是数字经济百年财富的新基建。第四章会专门论述。

（8）千业可用：原则上，链改适合所有行业，创新、溯源、供应链、旅游、医药、新能源、证照、数字版权、分布式存储、游戏等行业可率先进行链改。第十一章及其他章节会有论述。

（9）万企可改：原则上，链改适合所有企业，我们提出的链改口号是"先上网后上链，用链改干股改"。第六章会有专门论述。

（10）亿人可进：从认知链改做起，人人都可参与链改行动。后面章节会有论述。

链改金字塔模型贯穿本书始终。区块链的三大属性和链改的五大动力，是区块链逻辑和链改逻辑最核心的内容。

第2节
通证再定义

通证源自英文token音译，虽然是英文音译，但中文意思（顾名思义）"通用凭证"还是比较准确的。通证在计算机术语中是令牌或通行证的意思，代表执行某些操作权利的对象。当比特币等加密资产和区块链出现后，通证有了更丰富的含义。

我们定义的通证是记账凭证，它本身具有技术属性，并没有金融属性。只有给它赋予金融属性时，它才会变身为金融产品。比特币、以太币等加密资产，都是被赋予金融属性变身后的通证，这时就不能叫通证，而是加密币、数字股票、数字债券等加密资产。

人类记账最早出现在美索不达米亚，距今已有6 000年左右的历史。据说，为了记账，人们发明了文字。15世纪，意大利人发明了复式记账法。2009年年初，中本聪发明了区块链，也就是数字记账技术。

根据"9·4"禁令，我国既禁止代币发行及交易，也不允许为加密币和非法代币提供金融、经营和代理等支持。为此，我们梳理了有关概念。

（1）通证是记账通证，仍然是数据，属于技术范畴，没有金融属性，但有资产属性，是数据资产。

（2）数字货币属于货币。我国只有中央银行是法定货币发行单位，所以我国的数字货币就是数字人民币。

（3）比特币、以太币等这一类自货币、自金融，虽然名称带"币"，但不是货币，我们统一称其为加密币或加密资产，而不再称其为数字货币。

（4）ICO等自货币、自金融性质的代币，在我国并不合规，所以代币在我国不属于资产，加密资产只有境外才有。数字货币不能随便发行，但将来企业有没有可能发行数字证券呢？

（5）对于数据，我们不用"数字资产"这个概念，以避免与"数据资产"概念混淆。

按照我们的定义，比特币属于变身了的有货币属性的通证，不属于我们所说的记账通证。记账通证如果被赋予证券属性，就变成数字证券。

ICO、STO出来后，瑞士、美国都发布了相关指南，但对通证分类大同小异。我们以FINMA（瑞士金融市场监督管理局）关于通证的分类为例。

2018年，FINMA依据反洗钱法和证券法，发布了一份ICO指南，划分了通证类别，指导通证发行人在瑞士进行相关交易。

第一类是支付通证。这一类指的是可以转让和作为支付手段的通证，这些通证本质上是作为支付使用的，没有其他功能或代表其他开发项目的链接。此类通证必须遵守反洗钱规定，但不会被视为有价证券。

第二类是功能通证。此类通证用于提供对特定应用程序或服务的数字访问，只要其目的是授予应用或服务的数字访问权，就不符合证券的资格。如果功能通证用于投资，那么它将被视为有价证券。

第三类是资产通证。此类通证代表基础公司的资产或收益流，可使通证持有者有权获得股息或利息。此类通证被视为有价证券，即股票或债券。例如，资产通证支付持有者股息，或给予他们收益权。这类通证将会受到严格监管。

FINMA是从监管角度对通证进行分类的。比较有意思的是，支付通证受反洗钱法约束，资产通证受证券法约束，而功能通证如果没有投资则不受限制，可自由发行。

美国、瑞士、新加坡等，都没有禁止ICO、STO等，但在监管方面又不同。美国虽然没有定性加密币非法，但在执法中往往把除比特币、以太币之外的加密币定性为证券。比较典型的例子就是美国证交会要求联邦法院延期Telegram（加密聊天软件）的TON项目上线。此外，美国证交会还表示，如果Telegram代币TON发行，那么监管机构将判定其为证券，但它没有按证券操作，所以属于违法行为。Telegram最终放弃了代币TON的发行计划。

美国理论上虽然同意ICO，但实际上是把ICO视作发行证券。有人如果进行ICO，就会被视为违规，因为他并不符合证券法要求，罚款、坐牢一样都不会少，而且处罚很重。实际上，ICO在美国基本不可能。

但美国为STO留下了口子。美国证券法有几个规定，Reg D[①]、

---

① Reg D即Regulation D，全称为Rules Governing the limited Offer and Sale of Securities Without Registration Under the Securities Act of 1933，指未经1933年美国证券法注册的证券有限发行和销售规则。

Reg S[①]可以用来进行STO，但程序复杂、时间长，不比股票发行方便，甚至比股票发行更烦琐。所以，STO并没有发展起来。

新加坡没有这样的规定，不管项目是否有证券属性，一概放行。新加坡执法尺度是最松的，这是明智之举，大概是因为本国民众参与不多，主要是别的国家在进行ICO。新加坡不仅坐享其成，还能巩固其国际金融中心地位。

从我国现实情况来看，一方面，受当前发展阶段制约，我国不能赋予通证金融属性，因此采取的是"扬链禁币"策略，并积极倡导和大力支持"无币区块链"；另一方面，区块链是记账技术，必须要有通证，否则区块链技术就是瘸腿技术，不堪大用。因此，采用记账通证来做链改是恰当选择。

我们所谈的"通证激励"就是用记账通证来进行激励。那么，记账通证能不能起到激励作用呢？我们认为是可以的。任何机构做任何事都需要有一本清晰公正的账。经济学研究资源配置问题，而资源配置的基础就是记好账。GDP（国内生产总值）就是国民经济账户。

企业积分可以用通证来记账，称为"积分通证"。积分通证如果不用于集资，不在企业外部流通，就没有金融属性。积分通证用于奖励对企业发展有贡献者（比如消费者因购买产品而得到积分通证），不属于非法集资，也不具有金融属性。

奖励性记账通证不应受现行货币法、证券法的管辖，因而按照法无禁止即可为的精神，我们需要制定新法来进行管辖。在新法出台之前，我们只能通过后果（是否非法集资、是否传销、是否诈

---

① Reg S即Regulation S，全称为Rules Governing Offers and Sales Made Outside the United States Without Registration Under the Securities Act of 1933，指未经1933年美国证券法注册的美国境外报价和销售规则。

骗、是否洗钱、是否逃税等）来进行定性和管辖。

我们提出记账型通证概念，就是要将只有技术属性的记账型通证摘出来，让区块链技术完整发挥作用。同时，我们要区分合规的记账通证与被禁止的通证变异代币，不要滑入非法经营轨道。

从全球范围和链改逻辑角度来看，我们认为，通证概念从计算机令牌而来，目前它是区块链上的记账凭证。通证因为有效率逻辑和共识逻辑等强大支撑，是未来发展的方向。在条件允许的将来，它因为变身而有多种可能，比如替代货币、股票、债券等，能够发挥更大作用。在数字经济时代，各种商业逻辑、治理逻辑都会通过通证重写而得到简化，从而变得更高效、更公平，人类经济社会因此会出现百年级别的繁荣长周期。

所以，通证不是货币，也不是证券。通证就是通证，是共识工具和激励工具，是数字经济的新物种，能够代替货币、证券，并将这些资产的功能集于一身。通证可以让世界范围的支付结算简化，通过撬动货币和证券来激励各方。

我们不能用工业经济的思维去理解通证，也不能套用工业时代的法律法规去约束它，而要用数字经济的思维去定义它，用数字时代新制定的法律法规去管辖它。

第3节
区块链三大属性

根据对现有链币圈创新和试错的内容进行的总结、提炼，我们认为，区块链具有安全可信计算的技术属性、高效价值网络的金融属性、分布自治社区的组织属性（见图3-2）。

图3-2　区块链的三大属性

一、区块链技术属性是安全可信计算

区块链来自比特币的支撑技术，从比特币区块链1.0到以太坊区块链2.0，再到现在百花齐放的区块链3.X。区块链技术具有分布式、防伪、防篡改、可确权、可溯源、可存证、去中介、公开透明和保护隐私等优势，总结起来就是安全可信计算。相比互联网的虚构网、信息效率网，区块链是可信网、价值效率网。

区块链因其安全可信计算的特点，特别适合在需要真数据和需要解决信任缺失问题的情景下发挥作用。例如，用真实数据保障真钱、真物、真人，打击假冒伪劣产品以及坑蒙拐骗、盗版侵权、贪污腐败行为，对农产品、药品进行溯源，保护数字版权及无形资产，保护个人隐私，促进科研协作求真务实，保障个人真实可靠身份，促进政府数据共享与业务协同，提供可信可靠的证照，把电子证据作为呈堂证供，等等。

- 区块链＋人＝真人，没有坑蒙拐骗。
- 区块链＋钱＝真钱，没有不劳而获。
- 区块链＋物＝真物，没有假冒伪劣。
- 区块链＋数＝真数，没有盗版侵权。
- 区块链＋权＝真权，没有贪污腐败。

我们之所以把区块链技术作为链改的主要支撑技术，是因为区块链还有如下四个特点。

一是集成性。虽然区块链本身并没有多少创新，但为了能够支撑比特币等加密资产，区块链集成了链式区块记账、加密学、点对点传输、共识算法、智能合约、分布式存储、跨链等技术，将来还有包括量子计算在内的扩展。

二是融合性。区块链技术跟互联网、大数据、人工智能、云计算、5G、物联网、卫星网等技术融合，共同构成数字经济的新基建。在互联网上叠加一层区块链，形成链网架构，对接工业互联网和智慧城市，是未来"平台＋节点"数字经济新模型。区块链往往需要跟大数据融合。物联网是大数据，可以通过哈希指针关联，使小数据上链。智能合约本身就是人工智能，而5G能提高区块链TPS。

三是渗透性。区块链是生产力，更是生产关系。相比大数据、人工智能、5G等新一代信息技术，只有区块链能渗透到企业等经济社会组织内部。与其说区块链是数字技术，还不如说区块链是可编程企业、可编程金融、可编程行业、可编程社会。代码信用、多方共识、分布自治社区，都是区块链的典型配置。

四是开放性。我们定义的区块链，其内涵和外延都是开放式的。区块链本身的块链式记账是从账页到数据库。共识算法有

PoW、PoS、DPoS、混合共识。加密学也在不断变化，还有公链、联盟链、私链等。脸书的Diem，其智能合约语言用的是Move，而不是以太坊的Solidity[①]，是基于Rust[②]和100%静态类型验证的全新思路，从底层内存和智能合约编程的代码层面提高了安全性。比如最近的跨链、Layer2、IPFS等，技术总在不断向更高级的方向发展。

正是因为区块链技术具有集成性、融合性、渗透性和开放性的特点，我们提出的链改技术是互信、共识、协作、激励、分享的数字技术或数学，是基于区块链又不限于区块链的。

区块链的防伪、防篡改特点，目前看来安全可信有余，效率不高。淘宝"双十一"的TPS可达60多万笔，而比特币区块链的TPS为7～8笔、以太坊的TPS为20～30笔，显然带不动淘宝"双十一"的数据。那么，区块链如何商用？区块链还有个缺点是不够灵活。正确的、有价值的数据不可篡改，当然很好；错误的、无价值的数据不可篡改，则是个大缺点。这可能是我国数字人民币不预设区块链技术的一个原因。另外，忘记密码（这是常发生的事）是个大问题。传言中本聪没有再出现，很可能是忘了密码，他有90多万枚比特币，是理论上的全球首富。

时下区块链技术已有很大发展，基本能够支撑起大规模商用。但能用是一回事，好用是另一回事。改进区块链技术仍然任重道远。

二、区块链金融属性是高效价值网络

区块链具有很强的金融属性。有了比特币才有区块链，区块链是为比特币而生的。只不过后来大家发现，区块链逻辑还能用于其

---

① Solidity，以太坊的一种契约型编程语言。

② Rust，一门系统编程语言。

他金融领域和非金融领域。

区块链最擅长的应用领域仍然是金融。比特币是区块链的创始应用，后来扩展到以太币等加密资产，包括稳定币、数字法币；再后来扩展到支付结算，特别是跨境支付、银行存贷、区块链银行、供应链金融、证券市场、保险、分布式金融、风控及监管等领域。

金融的流动性很强，人为的藩篱是挡不住的。区块链用分布式共识和数字化效率创导的高效价值网络，是比互联网金融逻辑更高级的金融科技，是未来金融的发展方向。区块链用分布式共识的代码信用增强机构长期积累的权威信用，因而未来的货币都是加密币，未来的证券都是（变异的）通证，未来的金融企业都是区块链企业，未来的监管就是沙盒监管。

区块链金融克服传统工业金融体系的货币超发、通货膨胀、融资难、"割韭菜"、大而不能倒、监管无力等弊端，比互联网金融更有优势，构筑赋能实体经济、防范风险并维护金融经济稳定、参与国际货币金融体系再平衡治理的区块链金融体系。

链改以传统金融机构自我改革为主，同时发挥对内对外开放金融、普惠金融的"鲶鱼效应"，利用区块链高效价值网络这一特点，提质增效，实现更为方便、快速、节约、可信、安全、透明、公平的区块链金融新体系。

链改是合规的区块链，与非法集资、诈骗、传销、洗钱等非法金融活动划清界限。链改恰恰要弘扬正能量，引导区块链金融走向守正创新的正确道路。

三、区块链组织属性是分布自治社区

区块链分布自治社区即DAO，是一种基于开源软件，构建在公开公正规则上的分布式自主运行的组织结构形式。DAO就像一个全自动机器人，倡导"代码即法律"，同时用智能合约来重构组织。

DAO的典型例子就是比特币和以太坊。在没有中本聪的情况下，比特币社区在一个共同的愿景下，在包括激励机制在内的智能合约支撑下，稳定运行十余年，秩序良好。以太坊社区虽然有V神，但决策权在社区矿工手中。这就是DAO这种分布式自治组织的巨大魅力，它颠覆了我们对组织的传统认知。

DAO是分布式的共有、共识、共治、共享组织，特别适合升级传统企业组织。我们常说，区块链不仅是生产力，也是生产关系。区块链组织没有老板，成员为自己打工，这彻底解决了劳资对立矛盾，改变了生产关系。未来的企业等经济组织更像比特币社区那样的"自组织"，新型生产关系更可靠，也更高效。区块链可将原来的企业扩展到"企业＋社区"，把资金、原材料、技术、劳动、政策、供应链、市场、用户等纳入社区，实现"平台＋节点"组织模式，从而放大企业整合全行业资源的能力，既更系统、更高级，也更容易实现企业增值目标。

数字时代的自组织DAO代替工业时代的公司，是组织理论的重大突破。用自组织DAO去构建生产和供应链，能够更高效地创造财富。自组织DAO也可扩大到其他经济社会组织，比如国家、国际组织等，这是治理体系和治理能力现代化的必然要求。

在西方资本主义制度条件下，劳资对立一直存在，这是西方资本主义国家贫富差距的根源。区块链组织DAO为资本主义国家打开了解决企业劳资对立问题的大门。

而我国以国有企业为主体的制度，其理念是先进的，但也会出现低效率的"大锅饭"问题，原因是没有方便、客观、公正地记账。现在有了区块链组织，我们可以将员工当家做主的先进理念与客观公正的记账结合起来，从而克服"大锅饭"问题，提质增效。

鉴于目前政策环境和态势，为正本清源、守正创新，我们对待区块链的态度和具体操作如下。

对于区块链技术属性部分，我们完全可以大胆采用。我们必须加大技术攻关力度，拥有核心代码和核心代码开发能力，大力推广区块链技术在金融、ICT、企业、领域、公务等的应用。

区块链金融属性部分则由金融系统吸收和开展。我国数字人民币不预设技术路线，可采用区块链技术，也可采用其他技术，但央行数据中心最后用UTXO（未花费的交易输出）来平账，这是典型的区块链技术逻辑。我国银行、保险、证券金融业务都在积极探索区块链技术应用。金融部门利用自身合规金融牌照，探索用记账通证做价值背书，简化业务流程，提高信用度，提高风险防范能力。这是区块链大有可为的领域。例如，供应链金融能够建立起优化迭代模型，解决融资难顽疾。我国民营金融本就没有开放，目前还用不到区块链，但时下没开放不等于永远不开放。将来开放后，民营金融就可采用区块链技术逻辑来构建各种创新商业模型。

对于区块链组织属性部分，我们可通过联盟链方式做平台，创新企业组织治理，同时整合金融科技、供应链管理和政务服务，建立"平台＋节点"经济模型，从单个的企业价值增值点放大到行业整体价值增值，实现互信、共识、协作、激励、分享的组织体系和治理体系。

第4节
链改五力模型

链改主要是用区块链等数字技术或数学重新定义互信力、共识力、协作力、激励力、分享力（见图3-3），激发企业和各类经济社会组织活力，推动经济发展和促进财富增值，推动人类社会文明发展和进步。链改的五力模型是链改逻辑的核心。链改五力主要依托区块链技术但又不限于区块链技术，脱胎于区块链的三属性，摒弃了区块链三属性中的负能量，同时又有了新的创设，是升级了的区块链逻辑。

图3-3　链改五力模型

一、互信力

诚信是做人的基本准则。信用是一个企业无形资产增值的重要来源，是企业发展壮大的基础。信用也是金融经济、现代市场经济、质量经济发展与社会文明进步的基石。互信力是国家治理能力和治理体系现代化的前提，也是一个国家软实力的重要体现。

区块链通过链式区块和集体共识等技术产生互信，《经济学人》称区块链是信用机器（见图3-4）。区块链的互信是分布式的陌生人互信。比特币社区500多万名矿工分散在全世界，互相不认识，有效协作，共同维护社区。

图3-4 区块链是信用机器

比特币自出现以来一直被诟病，被巴菲特称一文不值。但区块链是产生互信的平台，而互信是稀缺的，能产生巨大增值，在信息大爆炸时代尤其如此。比如，企业上链需要有自信，产品服务上链也需要有自信。再如，区块链的信任营销逻辑比大数据的精准营销逻辑要高级，因为在信息爆炸时代，消费者获取产品或服务信息并不难，而之所以购买往往是因为对企业产品或服务放心。因此，企业通过链改，提高了产品或服务的可信度，从而促进企业资产特别是无形资产增值。互信在提高效率方面往往具有排山倒海的能量。

二、共识力

群众的眼睛是雪亮的，群众的智慧是无穷的，群众是真正的英雄，是推动历史前进的根本动力。谋大事者必先取得群众共识。政策和法律是共识结果，是最顶层、最本质、最适用的共识，也是影响力最大的共识。

个人要人生规划，家庭要财务计划，企业要经营决策，金融要投资决策，政府要政策，国家要战略规划……决策无处不在。经济学是一门资源配置学问，是决策的学问。分布式共识定价往往比权威机构定价逻辑更靠谱，集体比权威智慧更公平。英明决策是建立在互信和共识基础上的。

区块链的决定权在矿工手中，即多数人共识决策。区块链的共识是分布式的具有"民主"性质的共识。只有取得51%的矿工同意，账本数据才能增删改，比特币的发明人中本聪也不能随意更改账本数据。区块链共识可以固化为代码，并用智能合约写好。这种共识的效率往往是空前的。过去，集体共识往往无法达成，有了区块链，这个问题很容易解决。

区块链让共识定价能够很方便地以低成本的方式安全实现。比特币能够在世界范围内有效运作十余年，并纵深发展，就是很好的证明。DeFi通过AMM、预言机和分布式交易平台，用智能合约做支撑，把市场定价权完全交给社区，这已显示出强大生命力。

三、协作力

互信是共识的前提，互信和共识是协作的前提。互信、共识与协作，让区块链成为完整、高效的治理逻辑。

随着现代社会分工越来越细化，越来越专业，协作就显得尤为重要。从工业时代的简单批量生产协作到互联网时代的信息化、网络化协作，再到区块链时代个性化、智能化、品质化、价值化、生态化协作，人类经济社会资源配置和财富增长的质量与效率越来越高。大数据、区块链、人工智能、数字化供应、智能制造、无人机配送、智能炒股，以及用户画像、智能撮合婚介等业务火爆，很能说明问题。

区块链还可以通过有激励的价值化、生态化组织提高协作效率。协作力也是组织力，区块链有强大的组织力。

区块链通过协作、激励等方式，发挥组织力，涉及人、企业、金融、产业、城市、政府、国际等各层级治理，是国家治理体系和治理能力现代化经济、方便、快捷的武器。

区块链放大企业边界至社区生态，是企业做社区生态建设的武器。我们利用全行业治理来经营企业，可以更大限度地调动社会资源，从而推动资源优化配置。

四、激励力

通证激励是区块链最激动人心的事情。区块链之所以备受国内外各界的青睐，之所以能成为数字经济时代的底层基础，激励是其中重要的机制之一。

任何事都需要激励，有激励就有动力。我国改革开放采取了有效的激励方式，激活了我国14亿人民的积极性和创造力。通过改革，我国建立了激励机制，搞活了农业，搞活了乡镇企业，搞活了外资，搞活了民营经济，搞活了国有企业，从而实现了前无古人、中外独有的40多年经济高增长奇迹！激励推动经济发展的力量是巨大的。

金融就是一个激励系统，是大激励。工业时代两三百年时间所创造的财富，比过往人类社会数千年所创造的财富还要多，一方面是物理、化学、能源技术带来的批量生产线的功劳，另一方面得益于对资本、劳动、技术等各要素的激励。金融激励推动资本追求创新，创新可以带来财富的快速增长。

但后工业时代的西方资本激励机制有严重缺陷。一方面，西方资本利用信息不对称榨取利润，榨取本该属于劳动的剩余价值，造成贫富差距。2008年金融危机后，美国大资本反而利润大增，中层及底层人群收入锐减。新冠疫情期间，美国贫富差距进一步加大，美国还对全世界"剪羊毛""割韭菜"。另一方面，美国各大资本助涨助跌，是金融危机、经济危机的制造者和推手，而政策和宏观调控对其无计可施。想一想：为什么美国民众发起"占领华尔街"抗议活动？为什么美国散户集体打爆空头资本大鳄？为什么中国出现资本无穷扩张？

区块链利用分布式共识来替代权威机构信用，消除信息不对称，是带有共享、普惠性质的金融激励新体系。比特币、以太币等可以激励矿工和参与者。比特币、DeFi等自货币、自金融已产生"鲶鱼效应"，并对过往货币金融体系产生了强大冲击。这种区块链金融逻辑强大，已显示出强大生命力。这对我们有很大的启示。

企业用记账通证做激励，是小激励。根据我国国情，金融产品和行为都需要审批。在这种情况下，要想做合规的通证激励，我们只能在企业内部用记账通证（比如积分）的方式进行。区块链若没有激励，就像人没有肾功能一样。之前大数据、人工智能、5G等，雷声大雨点小，做不起来，原因就是没有建立起激励机制。

链改用记账通证做小激励，以及将来有可能用数字证券等做大激励，这些都需要符合政策法规的监管要求。

五、分享力

区块链还有一个重要特征，即分享。在这里，"分享"比"共享"的词意更准确。分享是与激励同样重要的特征。区块链不仅是财富制造机器，也是人人有机会致富的财富分享机器。"不患寡而患不均"，共同富裕很重要。区块链分享具有普惠、扶贫性质。

在数字时代，资本作为激励武器，不会退出历史舞台。未来创新必须依靠资本推动，或者说，创新对资本的依赖性会更强。数字时代已不是精英资本时代，而是大众资本时代。从另一个角度来看，温饱解决后，从小康到富裕，劳动人民不仅要有工资性收入，还需要财产性收入。作为普惠、分享性质的区块链金融是大众资本时代的新金融，自然就成为未来的发展方向。

互联网时代只是少数数字英雄的财富盛宴。反垄断政策不是不让大家发财，而是不让少数人违规操作、大多数人返贫的现象发生。

区块链是底层逆袭的机会。尽管风险很大，但收益杠杆倍数也很高。当然，心理承受力和风险承受力弱的人，不建议投资区块链。而且，我们建议投资者用余钱从事区块链投资，毕竟区块链收益惊人，但风险也吓人。只有会踩刹车的人才能飙高速，投资的信条上永远写着：风险！风险！风险！

我们认为，区块链是真正的分享经济。通过社区生态建设，区块链走"平台+节点"模式，从而实现共有、共识、共治、共享。拥有大数据信用的共享单车为什么做不下去？因为这不是真正的分享经济。我们可以用区块链信用代替大数据信用，比如比特币等运行十余年还坚不可摧，这样的共享经济会短命吗？

区块链经济是分享经济，也是普惠经济。经济发展的目的就是让每个人都受益。在数字经济时代，要实现共同富裕，人人都要有投资的机会，人人都要有财产性收入的机会。

中国梦说到底是共同富裕的梦。

第5节
链改十大价值

链改创造了十大价值：创新、智能、效率、节约、诚信、民主、开放、普惠、绿色、安全。链改是数字治理逻辑。无论是实体、金融、产业、城市、政府还是国际组织，都可在安全信用平台上，通过信任、数据共享以及智能合约形成多方协作网络，从而减少摩擦，节约成本，提高速度和效率。

一、创新与智能

区块链将人类经济从工业化引向数字化和数字经济，这就是《华尔街日报》所说的人类经济社会500年的最大创新。

互联网只是企业信息过程上网，区块链更多的是企业价值过程上链。互联网是信息不受时间空间限制，区块链是准确数据传递及可靠价值传递。因此，区块链不仅在解决信息不对称问题上更有优势，其价值过程上链也比信息过程上网重要得多。区块链创新是互联网创新的十倍。

在经济关系中，合约是最重要的存在。合约就是均衡，合约就是定价，合约就是分工协作。换句话说，经济学就是研究合约的学问。区块链的智能合约，能够解决经济运行中的诸多问题。例如，企业合同绝大多数可以用智能合约来解决，比如原材料购买、产品销售、投资、工资奖金发放、交税等。

区块链与大数据也是孪生兄弟，数字经济2.0时代也是"链AI（人工智能）时代"。有一种说法，区块链可以解决AI机器学习"喂养"真实数据难题，AI巡检有利于区块链安全。用区块链加强的工业互联网，可以对接智能制造和无人机配送，能够实现从工业时代简单批量到数字时代智能批量的转变。

二、效率与节约

效率提高是财富增长和文明进步的基石。比特币等加密币不需要通过黄金等中介背书共识，数字化一步到位。加密币革命简约而不简单，是效率革命。无论比特币能否替代美元，数字货币替代纸币都是大势所趋。因为无论数字货币是发行还是供大众使用，其过程都大大简化，更方便、快速、节约，因而使得货币金融效率大大提高，最终财富和文明水平也必然大大提高。

区块链的简约还体现在它是多方分布式协作网络上，它具有分布式、去中介特点。区块链缩短了供应链，产品服务从供应到需求一步到位，没有中间商赚差价。区块链缩短了价值链，特别是在跨境支付结算方面，过去需要数月的跨境支付时间长、环节多、成本高，现在则分分钟搞定。

三、诚信与民主

区块链是陌生人互信，是信用机器，而且它的互信和信用是建立在具有民主性质的矿工共识基础上的。互信是共识的基础。区块链是通过链式区块记账和分布式共识实现信用的。区块链的诚信与民主具有巨大力量和价值。而品质的前提是诚信，质量经济的前提是信用经济。区块链通过改善信用体系促进质量经济建设，是我国经济发展的重要动力。区块链的共识用于投票，具有客观、公正、公平、公开的民主特征。

四、开放与普惠

区块链代码开源，大大有利于区块链技术进步。区块链技术具有集成、融合、渗透等特点，还在不断发展，是开放的。

区块链是高效价值网络，其开放性与金融经济对外对内开放同构，因而能够同频共振，相向而行。对外开放就是国际化，区块链具有天生的国际范，凭借高流动性的特点，可大大促进国际金融多极化再平衡和世界经济一体化。对内开放就是对民营企业进行开放，区块链可推进民营经济快速发展。

区块链构筑的"平台＋节点"经济模式，是共享、普惠经济模式。以太坊的分布式自治组织，就是共识、共治、共享经济。脸书的Diem试图服务全球27亿用户，这是普惠模式。

五、绿色与安全

区块链在互联网上叠加多方分布式共识协作网络，构成了非接触经济的底层逻辑，是绿色低碳的，特别是在新冠疫情后发挥了重要作用。非接触的且与自然和谐共处的绿色经济将在未来成为主流，以区块链等数字技术为基础的经济符合这个趋势。

区块链具有可信、共识等特点，是安全的解决方案，因而在区块链上运行的业务也必然安全可靠。我们提出用IPFS构建安全网络，用IPFS和数字人民币来应对美国断网、断币威胁，这些对构建国家网络安全、保卫国家金融经济安全有重要作用。

第6节
原子世界与数字世界

在比特币出现后，人类社会出现了原子世界和数字世界两个世界。原子世界即物理世界，其主要资源是资本（货币）、土地、人才、工业技术和石油，而数字世界的主要资源是数字货币、网络空间、账户、数字技术和数据（见图3-5）。

图3-5 原子世界与数字世界对比

区块链构筑的数字世界，是与原子世界相对应的、独立的、可信的和分布式的平行世界。原子世界的原子资产是法币资产，数字世界采用的数字资产是比特币等加密资产。元宇宙融合了加密资产、电竞、AR（增强现实）、VR（虚拟现实）等，与这里的数字世界概念相近。

建构在互联网平台上的互联网经济，因为只有信息高效循环和依托法币资产的价值循环，所以是数字世界1.0。而建构在区块链新基建上的区块链经济，是数字世界2.0。比特币是原生加密资产，由于DeFi等创新，各种衍生加密资产正在不断生成。

互联网只解决了原子世界的信息搜集、处理、传递、储存的效率问题，仍是原子世界的附庸。在区块链出现后，数字世界有了自己的货币、机制、组织、规则等，可以自立门户，可以与原子世界平行。数字世界自立门户，是区块链革命性的真正含义。过去人类只是生活在原子世界，现在人类可以生活在原子世界和数字世界两个世界。人们不仅要学会在原子世界里生活，也要拥有加密资产，学会在数字世界里生活。人类社会开始发生翻天覆地的变化。

数字世界虽然目前还在初级发展阶段，但已经拥有2万亿美元左右的加密资产（不及原子世界金融资产总量的2%）和1亿多从业居民（不到原子世界居民的2%）。

数字世界目前有八大技术模式创设：分布账本是记账凭证，共识证明是决策机制，IPFS是数据存储协议，智能合约是行为约束，数字货币是既定货币，通证激励是动力机制，DeFi是融资方式，分布式自治组织是组织形式。

由于以上技术创设和认知革命，数字世界拥有五大功能点，即"三去一防一补"：去中心，即分布式，没有垄断，只有充分竞争和公平竞争；去中介，即没有中间商赚差价；去金融，即用数字账本代替货币、存贷、股票，没有乘数、杠杆和通货膨胀，没有金融危机；防篡改，即建立可信平台和价值平台，减少了系统摩擦和噪声；补短板，即通证和DeFi打通了资金（消费者剩余）进入实体经济的直接通道。

区块链构筑的数字世界，是否会冲击原子世界？当然不会。主要原因有以下三点。

一是区块链逻辑的认知革命还不成熟，也在不断发掘、深化、完善。既然是认知革命，当然不会很轻松，要让传统思维能理解、接受区块链逻辑，我们还需要在宣传方面多努力。

二是区块链技术还不成熟，有很多缺陷，甚至关键地方还没搞通，更别说能给原子世界带来多少应用和福利了。

三是从实践效果来看，区块链反而给金融部门添了很多乱，涉及法币、银行中介、IPO（首次公开募股）、P2P等，而传统非金融部门的机制、规则、组织等也有波及，严监管是必然的。

区块链作为基础的数字世界，与传统原子世界不是替代关系，而是相融关系，是此涨彼不消、共同进步的关系。区块链是来帮忙的，而不是添乱的。认识不到位、位置没摆正、技术不成熟、发展不充分，都是区块链困局的根源。

但这些都挡不住区块链的强大生命力。因为区块链是技术革命，更是认知革命，这个逻辑是靠得住的，区块链落地应用也是可预期的。有了区块链，人类的经济系统效率会全面提升。我们相信，最终人们会接纳这个目前还不成熟但已现勃勃生机的区块链数字世界。

数字世界未来发展重点主要表现在三个方面：数字世界本身还需要不断完善，数字世界与原子世界的连接也需要完善，使用区块链改造原子世界的杀手级应用还未出现。

有了这些认识，我们才可以清晰勾勒未来的数字世界发展方向。

一是区块链的基础设施、底层协议或操作系统问题，必须要解决。区块链从最初1.0版本的比特币区块链到2.0版本的以太坊区块链，再到现在大家正在争夺的3.X版本的区块链，各种区块链正在形成新的中心化，如果不能互联互通，那么孤岛链现象势必存在。这样，区块链甚至不如互联网，所谓的分布式特征也是笑话，称不上革命性。区块链必须要解决各链间共识算法兼容（PoW、PoS等）、数据共享、通证互换三个核心问题。区块链还必须解决与云计算、大数据、人工智能的协同问题，或成为这些技术的底层架构。

二是区块链技术本身，特别是效率的升级和完善问题，需要解决。比特币区块链是创始区块链，稳定运行十余年没有被攻破，堪称奇迹，但效率不高、扩展性不强是大问题，其TPS为7~8笔，每10分钟出1个区块，每个区块容量1兆。而淘宝高峰期每秒可处理几十万笔业务。显然，比特币区块链当前的效率导致其无法被广泛应用。以太坊区块链有所改进，特别是它提出了智能合约和自治组织两个概念，解决了比特币区块链扩展性不足的问题，但其TPS为20~30笔，远远不能满足要求。何况，The DAO被盗360万多枚以太币，体现其智能合约算法有严重漏洞。①另外，它的ERC20方便企业发币融资，从技术上说是个天才的设计，但给不法分子提供了发行空气币的便利。区块链工程师们都在积极努力克服以上问题，提出了很多创造性的构思，如分叉、侧链（闪电网络、隔离见证）、分区、共识（PoS、DPoS、PoW+PoS等）、跨链（Cosmos、波卡、Layer2）等。

三是区块链需要打通数字世界与原子世界的连接通道。数字世界可自成体系，但更多需要与原子世界发生关系，才能实现阴阳和谐的问题。数字世界逐渐扩张，必然要与原子世界互换互通。阴阳转换是阴阳和谐的关键。就像八卦图，阴阳鱼的鱼眼是阴阳互联的通道。区块链要帮助原子世界提高效率，关键是如何做"鱼眼睛"。

其中有两个通道。一个通道是数字指纹通道。原子世界的数据采集、封装、加签、做块、上链，可采用哈希不可逆算法，可用数字指纹解决。第一步，原子世界的万物要数字化，这是传统互联网和大数据的工作；第二步，万物数据用哈希算法取指纹；第三步，指纹数据上区块链。其中，万物互联时代的万物数据化是个考验，仅先期高大上物品（高质量、大价值、上等品）的数据化才有上链的必要。互联网时代有数据，甚至有大数据，但到了区块链时代，

---

① The DAO是一个特定DAO组织，是基于以坊区块链平台的众筹项目。黑客利用其智能合约编写漏洞，于2016年6月17日，盗取了360多万枚以太币。

这些数据或大数据是"脏"数据。我们需要对这些数据去伪存真、去粗取精，并将其转化为上链数据。智能合约已是算法智能，也是天才创设。如何赋予上链数据自主学习功能，挖掘其更大价值，也是未来一个方向。另一个通道是货币与加密资产通道。USDT（泰达币）等稳定币是连接法币与加密资产的通路。

目前，数字世界已创设了加密资产自身交易机制（币币交易），以及与原子世界法币连接机制（法币交易），但数字世界不能自说自话，还要通过上链数据和加密资产与原子世界连接，从而改造原子世界。

区块链构筑的数字世界是个独立的、可信的、理想的世界。就好像雄安新区一样，封装建设，建好之后，人员入住、机构入住、产业入住，逐渐形成一个高起点的经济社会生态。不同的是，区块链的数字世界还没完全建好就开始运转了，结果出现了一些问题。

需要强调的是，那些试图用区块链某些"技术"去迎合原子世界需求的想法，仍然是互联网思维，注定成不了大事。按照以上思路，原来的信息技术都够用，我们无须画蛇添足用区块链。

区块链的思维是，通过上链数字指纹和数字通证进行业务搬家，把一些在原子世界的作业转移到数字世界，以此来升级原子世界系统，提高原子世界效率。这样，原子世界效率提高，数字世界新增一大块业务，世界经济复苏，人类社会进步。这才是区块链业务发展的正确思路，区块链行业只热衷炒币而其他业务驻足不前是否跟这种认识不到位有关系呢？

区块链最终是否成功，取决于区块链中的杀手级应用是否出现。区块链逻辑再通，若没有实际业绩支撑，那么最终都是虚的。认识问题、底层问题、TPS问题等，最终都要落到杀手级应用上。尽管区块链应用无处不在，但取得成功并不轻松，需要业内人士共同奋斗。

第7节
链改适应横向组织生态

组织之所以存在，是因为组织团队发挥的功效比组织中个人单打独斗加总的效率更高，也更公平、公正。这是组织存在的基本原理。

从纵向来看，我们大致可以把人类社会组织分为六个层级，包括个人、人际（家庭）、企业、企际（行业、地区、市场）、国家、国际（联合国或其他国际组织）。

在这个体系里，个人是行为组织的核心，企业是经济组织的核心，国家是政治组织的核心。个人、企业、国家需要统一意识、统一指挥，具有效率优先、兼顾公平的特点，应该采取中心化组织。而人际、企际、国际等，并不需要很强的中心化，由集体共识决策，反而具有公平优先、兼顾效率的特点。

在最理想的状态下，人类社会组织的六个层级排列正好是一幅水火既济卦图。按照太极八卦理论，水火既济卦是阴阳和谐搭配的成功架构。太极八卦是我们老祖宗的智慧，是解释世界运行规律的基本哲学。我们可以用太极八卦理论来解析人类社会组织体系。

人是中心化组织，不能有两个或多个脑袋。家庭是分布式组织，讲爱不讲理，不能搞一言堂。企业是中心化组织，是创造财富的主体，需要集中指挥。而资源方、用户等生态部分行业或市场，是分布式组织，更多是集体共识、集体决策。国家也是中心化组织，需要统一意识和指挥。国际组织则是分布式组织，需要多极化平衡，不能由太过强势的一方主导。国际层级一直要多极化，不能一家独大，这就是去中心化。所以，国际层级需要"一带一路"、人类命运共同体、《区域全面经济伙伴关系协定》（RCEP）等，这也是区块链的用武之地。

从国家层级来看，美国等西方国家存在问题。美国联邦制和分权体制跟水火既济卦相矛盾，美国联邦制实际上应该放在国际层级上。美国在第二次世界大战后变得十分强势，国际组织都听美国的。但随着其他国家的崛起，美国联邦制只是美国国内的设置，需要更集中一点。

相比，我国一直在强化党的领导。我国在经济发展、人民富裕、国力增强等方面有很大进步，其中一条重要经验就是不断巩固和加强党的领导。这次新冠疫情防控取得阶段性成功，就是坚持党的领导的结果。但在行业、地区或市场层级，我国放权不够，去中心化程度不够，政府手伸得过长，而区块链可以在这一领域发挥作用。

企业还是要"专制"一点，不能过于去中心化。这里要把做企业和做生态区分开。在数字经济时代，我们有平台经济、节点经济，"平台＋节点"经济就是生态经济。实际上，区块链项目强调的去中心化和分布式商业，已经超越了企业范畴，是在行业范畴内大规模做生态，是"平台＋节点"经济模式。而我们所强调的企业中心化，并不代表否定区块链的分布式思想，这是两码事。

区块链是分布式组织，特别适合人类社会组织体系中横向柔性组织部分。显然，区块链适合在人际（社交）、企际（"平台＋节点"经济）、国际（去美元化、多极化、人类命运共同体）等去中心化柔性组织中发挥作用。这个部分是公平优先、兼顾效率的。所以，区块链是人人有机会创造财富的机器，这跟其公平优先、兼顾效率的致富模式是相吻合的。

但区块链的分布式特点，并不适用于所有领域。比特币在设想之初以替代美元为目标，结果人们发现它在国际跨境支付方面很擅长，但在主权很强、法偿性很强的法币领域溃不成军。当前，从比特币试错经验中研发的央行数字货币更容易成功。而且，比特币相关的区块链技术（包括链式区块记账、矿工集体共识、非对称加密、分布式计算存储通信、智能合约、跨链等），由于TPS低、不易删改、共识难达成、没有法偿性等，也不能成为数字法币的技术基础。比特币区块链在国家层级数字法币领域基本不被采用。

有人认为，分布式、去中心化就是不需要集中领导。这种极端观点是不正确的。区块链具有分布式特点，有其擅长的领域和不适用的地方。区块链更适合横向行业生态组织。

在人类社会六层纵向组织架构里，企际层是分布式或去中心化的，特别适合链改。企业可以通过链改，引入行业生态建设理念，发展"平台＋节点"经济，从而迅速提高企业竞争力。这是数字经济时代发展企业的有效路径。

第8节
探索适合中国国情的合规链改

为什么区块链要强调合规性？因为政策法规就是共识的产物，是大共识。区块链用数学定义的共识是实现手段，是小共识，小共识必须服从大共识。链改必须在政策法规的约束下开展，不能踩政策红线。踩红线的"财富"不是真财富，是"呈堂证供"，往往"数额巨大"。

一、"9·4"禁令的准确解读

"9·4"禁令有三个方面的禁止，即三条红线。

一是不允许任何单位和个人发行加密币或代币（法定货币发行单位除外）。

二是不允许私人开办加密币交易所。

三是不允许为上述被禁止的行为提供金融、宣传等支持，也不允许做境外加密币的代理。

国家金融委补充指出，打击比特币挖矿和交易行为。违禁发行代币，割完韭菜跑路，就像肇事逃逸一样，最为恶劣。

公民炒币需自担风险。所以，炒币就比炒股多了一层风险。公民炒股只承担市场行情风险，而炒币不仅面临行情风险，还需承担维权风险，一旦出现违约和纠纷，法律没有义务帮忙维权。加密币价格暴涨暴跌，高收的同时风险也较高，大家要有心理准备。

当然，我国政策基调是"扬链禁币"，大力提倡和支持无币区块链的发展。

二、国家为什么要禁币

有人认为，禁币政策是借着保护中小投资者利益的名义阻断了中小投资者的投资机会。这种观点是不对的。那么，从政策上讲，国家为什么要禁币呢？

我们认为，这跟我国金融发展阶段有关，我国目前还处在金融发展的初级阶段。金融是关系国家利益的特种行业，相关政策相对保守，世界各国都是如此，尤其是美国，金融、科技、军事是其作为世界"带头大哥"的三大本钱。美国金融行业也很保守。一个突出的例子就是，无论银行、证券、保险、理财等货币需求端业态如何变化，货币供给端都把控在美联储手上。

我国经济体系最大的一个特色是有强大的体制保障，即金融国有，不会出现西式金融危机，不会爆发系统性金融风险。因为我国金融有党和国家的信用背书，所以我国金融信用极高。我国虽然加入世界贸易组织，但在金融行业采取了慎重态度，没有同步对外开放。这个一张一弛的策略目前来看取得了成功，保障了我国金融经济体系的安全，同时享受到全球经济贸易一体化的红利。

从计划经济向市场经济转轨中，我国金融体系是抄美国作业的。我国"中央银行+商业银行"双层架构是模仿美国金融体制的。从现实来看，我国金融市场化还没有完成。在银行方面，我国还在探索利率市场化、存款保险、民营银行、银行破产等改革；在证券方面，我国也在探索多层次证券市场、注册制、退市等改革。我国还在尝试金融对内对外开放。我国在2007年就建立了非法集资部际联席会议制度，一直在整顿金融秩序。2019年，我国大幅度对外资开放了银行、证券等金融业务。

为了防范风险，我国已对P2P等互联网金融进行了大规模清理。近期以蚂蚁金服暂停上市为契机，国家发起了主要针对互联网巨头特别是科技金融方面的反垄断监管行动，目的是防止资本无序扩张，从而让中小企业拥有更多机会。时下，金融向民营开放的时机并不成熟。大数据金融、区块链金融等科技金融，本质上还是金融。防范金融风险永远是第一位的。

互联网金融需要规范，比互联网金融更复杂的区块链金融更需要慎重对待。

我国法律规定，只有人民币才具有法偿性，才能叫货币。只有中央银行才能发行货币，才能发行数字货币，我国没有私人货币一说。所以，所谓的"数字货币"，在我国专指"数字人民币"。

货币、银行、证券、保险等金融部门，自我革新，积极拥抱区块链，可实现脱胎换骨的再造。对于时下金融的区块链化，只有金融系统自我革新才是一条合规的可实现路径。

自货币、自金融、自组织等，属于民营金融。对于放开这一领域,最近国家也在提倡,但出台政策还需时日,因为前提必须是适应我国经济发展需要。

目前来看,市场化、对外对内开放、人民币国际化等金融改革还未到合适的时间窗口。这些议题在提上议事日程时,往往有一些重大风险隐患,不得不放一放。何况加密币或代币负面影响居多。

一是ICO等容易形成诈骗。ICO逻辑有明显漏洞,实践证明靠市场"韭菜"自动识别风险是不可能的。金融是市场调节容易失灵的典型领域,需要强管制,以确保不会发生系统性风险,从而保护中小投资者的利益。

二是区块链赋能实体经济还未见成效,还没有杀手级应用出现。没有真实价值的区块链创新是伪创新,也无法真正支撑代币价格,这种代币必然是"割韭菜"的空气币。

三是金融市场化需要从金融体系内部开始,比如证券市场改审批为注册,允许退市,等等。金融系统区块链化,而不是民营的自货币、自金融,这是我国金融链改的方向。

总之,国家政策不会允许除中央银行外任何其他组织和个人发行货币,暂时也不会让私人从事银行存贷、证券发行、证券交易等业务。我国正在探索数字人民币,银行、证券等行业也在积极拥抱区块链、探索链改。围棋里有个术语叫"入界宜缓",这也是新生事物的特点,我国在区块链政策方面也体现出这一特点。

实际政策是一回事,学术探讨是另一回事。从学术角度来看,区块链金融能否换道超车呢?我们认为能,但要先试点,理由如下。

第一,当前创新发展已成为主要方向,特别是在经济下行压力下,新冠疫情又使经济运行雪上加霜,而经济社会结构正在进行数字化转型,数字金融是必然的。防风险是金融的社会动能,但激励创新和分享财富是金融更重要的社会功能。

第二，体制保障我国不会发生系统性金融风险，跟美国等西方国家比，我国风险防控能力更强大。

第三，区块链金融经过十几年试错，已经有强大逻辑支撑。比特币、以太坊等，特别是DeFi，都有很多值得借鉴的地方。对于这些金融创新能做什么，以及这些金融创新有多大能量，有什么风险，我们至少不是一无所知。

第四，区块链金融已成为一条国际竞争的赛道，我们必须积极参与竞争。

第五，习近平总书记"10·24"讲话、"十四五"规划等，说明我国已经有了一定的思想准备。

实际上，金融有四大目标：为实体企业输送资金、维护宏观金融经济稳定增长、防范金融风险特别是系统性金融风险、营造激励分享机制。

三、合规链改的三个模型及五步设计

我们的链改口号是，"从上网到上链，用链改干股改"。

我们创造性地提出，在中国进行合规链改，时下有三个可落地的模型：NFT中国化、消费积分和证股同权（见图3-6）。

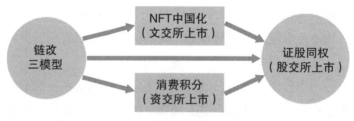

图3-6　合规链改的三个模型

什么是NFT中国化？NFT是数字化的商品或资产，属于网络虚拟财产。NFT不是一般等价物，不是货币，不集资，也不是证券。NFT有真实价值物背书，不是ICO、STO等"割韭菜"性质的空气币。NFT链改是做链商，不是做金融。链商带溯源、激励、确权等功能，是真货市场，其消费者也是共享者，其逻辑远超网商。链商是电子商务2.0。NFT链改通过产品或资产数字化，赋能实体经济，符合创新发展理念和现代化治理精神。利用NFT原理，结合我国文交所交易、拍卖、支付核算牌照，我们可以将具有文化属性的数字版权、著作权等资产（比如艺术品、游戏、个人IP、商标、数字作品、技术专利等）数字化并在市场上进行交易，从而带动企业产品、服务和资产升级，以及带动个人IP实现价值。

消费积分是将区块链商城实现数字化激励，践行"消费者就是投资者"的理念。消费者在商城消费有积分奖励，积分可以在数字资产交易中心（有牌照）交易变现。消费积分还适合旅游、游戏、数字商城、连锁店等领域。

证股同权则遵循"先上网后上链，用链改干股改"的路径，用企业资产进行记账，然后企业股改上市。证股同权可以采用通证兑股票模式，企业融资可以通过记账通证转股票来实现。通证变代币非法，但通证变股票可行。

对此，我们提出的证股同权近期操作和远期构想如下。

近期操作是，企业先做奖励性记账通证，将企业资产通证化，然后企业股改上市，最后通证兑股票。我们可以用传统合规的证券市场对接企业资产通证出口，用链改进行股改。

远期构想是，用数字人民币背书和区块链记账，改造传统证券市场，实现在证券市场直接交易企业记账通证。此时，记账通证在合规的证券市场上实现变身，成为数字股票。

根据以上设想，我们为我国合规链改设计五个步骤。

第一步是记账激励。链改从记账通证入手。时下，企业在区块链上发行记账通证，不私募也不公募。记账通证用于奖励，相当于企业积分。企业链改的核心是企业资产通证化。企业可以用客观、透明、不可篡改的记账通证进行更客观、公正的绩效考核。

第二步是通证兑股票。为了让激励更强烈，企业可股改上市，这样企业记账通证可以兑换股票。这时，因为股票价格在市场上有涨跌，激励作用就更强烈，记账通证也就有了出口。在现有政策条件下，这是一条可以探索的合规路径。有的企业可能止步于记账通证，毕竟企业上市并不容易。企业因为有记账通证背书，其可信度提高，对加快上市有好处。有人说，企业上市非常艰难。虽然有困难存在，但企业上市以后的利远大于弊：一方面，企业股改上市，能够规避币圈ICO、STO模式下的非法集资、传销、诈骗、洗钱等弊端；另一方面，通证化企业上市，也规避了企业上市圈钱和利用信息非对称做"老鼠仓"等弊端，对提高上市公司质量和净化证券市场大有好处。

第三步是对证券市场实行链改。证券市场已经实现线上交易，虽然最终有国家的信用背书，但证券市场上的违规现象时有发生。而利用区块链信用机器，代码信用增强权威信用是非常必要的。用区块链做底层记账，探索共识和智能合约基础上的分布式交易所机制，从而升级改造已有证券市场，是证券市场链改的应有之义。区块链可信、安全、透明、方便、快速、节约等特点，可以提高上市公司质量，解决上市公司信息披露问题，大幅度扩大证券市场容量。证券市场先进行链改，再与企业通证化对接。这时，通证兑股票，通证是股票，股票也是通证。这样，整条链上的环节就被全部打通了。企业链改和证券市场链改，可以建立数字经济的企业股权融资新模式。资产通证化、市场化，能够激发企业和个人努力提高资产升值。

企业资产先通证化再市场化的逻辑是通的。跟传统股票发行与交易机制相比，这个模型有如下特点。

（1）程序简化。该模型省去了许多线下评估等烦琐程序，也规避了人为作恶的风险。

（2）上市快速。企业在公链上发行通证，几分钟就能搞定，不像发行股票需要排队。

（3）市场扩容。我国证券市场已建立30多年，目前A股市场上有4 000多家上市公司。而我国有8 000多万家企业，还有个人IP资产，如果都市场化，那么以前的系统是容不下的。如果企业在区块链上发行通证，则市场可轻松实现扩容。

（4）定价客观。将企业交给市场，由市场共识定价，这样客观、公正、公平。

（5）激励高效。金融最大的功能实际上是激励，没有激励就没有动力。金融把大家当期不消费的剩余储蓄起来，通过银行和证券，转化为债权投资和股权投资，为企业创新、再生产和获得未来收益提供资金支持。要想让这个循环有效运转，激励是根本动力。链改建立了更高效的激励机制，让提供资金的机构、散户、银行券商以及创造未来财富的企业等，都能够按贡献获得回报。

（6）质量保障。区块链有防伪、防篡改的数据，可溯源，信息披露可靠。只有对自身产品、技术、实力有自信的企业才能上市，才能在市场上得到投资者青睐。如果企业用区块链通证，并在可信数据基础上逐步优化迭代机制，那么好的项目可以获得更多资金支持，差的项目最终被淘汰出局。

（7）投资放心。企业上市资料记录在链上，使得企业不敢造假。在防伪、防篡改数据的背书下，企业通过真实业绩获取资金。无论是机构还是个人，都能很容易选择靠谱项目，从而放心投资。

经过交易即挖矿、交易所公开发行等不成熟的试错，境外数字货币交易市场出现了DeFi这一创新模式。我们要密切关注这个新模式，一旦成熟，其合理的成分就可为我所用。我们认为，我国可用DeFi逻辑重新构筑证券市场。

第四步是用数字人民币背书。我们提出，我国可用数字人民币背书来开办数字资产交易所。数字人民币推出后，用数字人民币做通证背书，无论企业链改还是证券市场链改，都更容易监管，还能及时防范风险。

第五步是分类监管。通证更简便、快速、节约、安全、透明，通证代替货币、证券等是迟早的事，未来货币、证券都是通证。我国金融市场化及对内对外开放还不够成熟，我们不能止步不前。如果我国建立起分类监管体系，区分良链和劣链、良币与劣币，进行穿透式监管，那么企业是否可以发行数字证券呢？社会组织和个人是否可以开办数字证券交易所呢？如果可以，那么这是终极解决办法。有了数字人民币背书、沙盒监管和以链治链，以及放开数字证券和数字证券交易所限制，我们就能够在有效打击诈骗、洗钱等金融犯罪和防范金融垄断的前提下，充分发挥区块链疏通融资、激励投资者、提高经济质量、扩大财富容量等积极作用。

时下，我们设计的合规企业链改路径是"企业通证＋股改上市"，但这个路径太复杂。如果有朝一日证券市场实行链改，用数字人民币背书，那么在政府监管下，企业可发行数字证券，直接实现通证上市交易。这就打通了企业链改和证券市场链改的通道，企业不再上市难，快速实现海量企业上市并再造一个经济繁荣长周期可期！

四、积分通证激励是数字杠杆

阿基米德说过："给我一个支点，我就能撬起地球。"这句话也可用来形容通证激励杠杆的作用之大。第一，通证是价值共识工具，是激励工具，这就是通证的数字杠杆功能属性；第二，奖励性记账通证不违背目前的政策；第三，通证能够赚取商品差价和金融杠杆两方面的钱，是双激励。

通证通过时间函数拓展增值空间，通过市场流通实现价值。企业资产为什么溢价？一方面是合理的差价，另一方面是未来无形资产升值。企业积分用通证表达，可以让这两部分增值方便快速地实现。这就是数字杠杆。

DeFi套娃模式下的溢价部分，虽然也有市场共识，但已经是资产泡沫，这属于市场失灵，不是合理的数字杠杆。

通证是送的，积分是送的，买东西送通证、送积分不涉及非法集资，没有募资，所以发行通证不犯法。通证或积分如果不交易流动，不能升值，就没有激励作用，或激励作用不大。所以，这里的关键是流通。如果把积分拿来流通，就能起到激励作用。

我们提出的在我国现行政策条件下的NFT中国化、消费积分、证股同权三条路径，非常有价值；否则，被寄予厚望的链改，只能偃旗息鼓，我国数字经济发展之路就会被堵死，我国就会丧失一个发展的历史机遇。

企业和个人资产通过通证化创造的一种新资产，就是数字资产。通过通证，我们能够在原子资产空间外，创设一种数字资产空间。原子资产是法币资产，以美元、人民币等法币为背书，而数字资产以数字货币为背书。这样一来，企业和个人资产就有了在原子空间和数字空间的双背书效应。我们把这种双背书效应称作区块链的数字杠杆。双背书就是双激励。目前，DeFi衍生出了很多套娃模式，给了我们很多启示。DeFi能够衍生出套娃模式，也是由数字资产这种双背书的数字杠杆效应决定的。原子资产可以和数字资产兑换，但数字资产这种双背书、双激励的数字杠杆效应该不会消失。

五、破冰意义的尝试

1. 文交所区块链化

我国现存合规的文交所采用区块链平台，通过区块链技术在文化艺术领域的应用场景演示，展示文化艺术领域投资消费新理念。文交所以区块链技术为依托，以文化版权、艺术产权等资产为标的，将资产上链，通过智能合约来解决文化艺术版权的溯源、鉴真、确权、定价、流转记录等问题。

这一平台有一套完善的规则体系：锚定底层资产，区别于空气币；项目出入资金由第三方银行监管，杜绝项目方圈钱跑路的可能。这套体系在国家公信力的背书之下，可以确保项目方的一切商业运作都处于合规合法的前提下。

"文交平台+NFT"是一条文化艺术资产链改新模式，是一个有前途的方向。

2. 证券市场链改

2020年7月7日，证监会启动了区域性股权市场区块链登记托管基础设施建设的试点工作，首批确定了北京、上海、江苏、浙江、深圳5个试点地区。

区域性股权交易市场是为特定区域内的企业提供股权、债券转让和融资服务的私募市场，是我国多层次资本市场的重要组成部分。它是我国"混改"平台，对促进企业特别是中小微企业股权交易和融资，鼓励科技创新和激活民间资本，以及加强对实体经济薄弱环节的支持，具有积极作用。

另外，深交所已持续探索资本市场区块链创新应用场景，率先在行业内推出深证金融区块链平台，上线全新的基于区块链的股权登记托管系统，搭建区域性股权市场业务链，并与证监会中央监管链实现成功对接。

用区块链作为证券市场的底层协议，是值得期待的证券链改之路，也是数字经济时代未来的发展方向。

3. 积分交易

2020年11月1日，海南三亚国际资产交易中心开业，作为海南自由贸易港建设的重要门户，率先在全岛开展跨境资产转让和旅游消费积分交易等业务。

消费积分当然是有价值的。借助链改的治理功能，企业的无形资产可以大幅度增值。

积分被定性为商品，像邮票一样，可以私下交易。积分没有集资，就没有金融属性。但在积分交易所进行积分交易是金融行为，而我国地方金融当局有批准地方金融行为的权力。总的来说，批准海南三亚国际资产交易中心成立这个举措具有破冰意义。

4. 数字人民币

2014年，我国央行数字货币开始研究。2019年8月，脸书推出Libra，引发全球中央银行热议。2020年，新冠疫情暴发，在全球央行都在积极研发自己的数字法币时，数字人民币加快了测试。

数字人民币是我国中央银行发行的有法偿性的数字货币，是重要的金融基础设施。数字人民币对于节约发行货币成本、提高大众用币方便性、促动金融系统提质增效、提高金融赋能实体经济能力、增进货币政策有效性、加强金融监管、保卫国家金融经济安全、促进人民币国际化、促进国际货币金融多极化再平衡等，都有极为重要的意义。

数字人民币可以为企业链改和证券市场链改背书，这个创新是令人激动的数字行业发展的必由之路。

5. 国家级链改项目

2021年1月17日发布的长安链生态联盟，由国家发改委、科技部、工信部、腾讯、北京微芯研究院等27家成员单位共同发起成立，致力于推动长安链技术体系不断迭代优化及应用。

长安链是我国有政府审批监管、建设银行金融牌照、国家电网通证应用的国家级公链。困扰大家的合规问题、金融型通证问题，在这里都得到了妥善解决。长安链会把区块链的优点发挥到极致：为我国区块链核心技术自主创新突破创造有利环境；打造可信数字基础设施，助力区块链技术赋能实体经济，推动经济高质量发展；探索自发、内生的区块链治理服务体系；秉持开放创新、合作共赢的理念，争当国际数字经济合作的排头兵、主力军，构建具有国际影响力的区块链技术与产业生态。

目前，由国家信息中心牵头研发和顶层设计，并联合中国移动、中国银联等共同发起建设的区块链服务网络，已在全球建立了100多个公共城市节点，是我国自主研发并掌握入网权的区块链基础设施。

央链全球已于2019年被国家知识产权局从第一类到第四十五类批准全覆盖商标注册，"链链相链"正顶层设计和全球布局，共识共筑共享"区块链共同体"。

第4章

数字经济2.0

当前人类经济社会正在经历大小两个转型：从工业化向数字化大转型，以及从以互联网为平台的数字经济1.0向以区块链为新基建的数字经济2.0小转型。双转型不是风口而是趋势。

　　为什么人类经济社会要从工业社会转向数字经济社会？一方面，工业化已到后期，各种需求已挖掘殆尽，后工业社会产能过剩、劳资对立等弊端已不可克服；另一方面，数字经济中科创和文创等创新创造、土地入市和社会服务等潜力挖掘，工农制品和金融等提质增效，以及企业资产和个人IP等入市交易，拥有海量财富机会与巨大升值空间。只有利用好区块链，我们才能有效克服以上后工业时代的各种弊端，才能将这些数字经济财富机会变为现实。区块链是工业化向数字化转型，特别是数字经济1.0向数字经济2.0转型的底层协议，是数字经济百年级别长周期繁荣的基础设施。

　　在这个过程中，互联网解决了信息效率，区块链解决了价值效率。我们要发展数字经济，把握数字化、网络化、智能化发展方向，统筹推进数字产业化和产业数字化，其根本是推动实体经济发展。

第1节
什么是数字经济

农业经济是用生物学定义的，工业经济是用物理、化学定义的，数字经济是用数学定义的。

数学语言是宇宙的自然语言。数学语言是沟通的桥梁，计算机语言恰恰建立在这种自然语言基础之上。数学定义信息就是互联网，数学定义价值就是区块链，数学还可以定义信息、价值之上的智慧、情感等更高级内容，比如信用、共识、协作、激励、分享等。数学定义企业，包括定义企业的投资决策、经营过程、激励机制、组织模式、供应链条等。数学定义政府，包括定义数据共享、业务协同、监测监管、政务服务。

数字经济并不是排斥制造业，也不是不发展农业、工业，相反，数字经济是对农业、工业、服务业进行重新定义，实现更高效、更节约、更优化的目标。数字经济也可以说是数字农业、数字工业、数字服务业的合体。

我国是一个农业大国。自改革开放以来，我国进行快速工业化。我国1994年进入互联网，2013年进入移动互联网，数据化和互联网经济（数字经济1.0）不断发展。当前，我国数字经济已进入ABCDIS5G（数字经济2.0）新阶段。我国是快速转型的发展中国家，时下出现农业化、工业化、数据化三化并流、杂糅现象。

我国2015年提出国家大数据战略以及"5G+工业互联网"工程方案，2017年提出人工智能规划，2020年将数据作为新型生产要素写入国务院政策文件，2021年将区块链写入"十四五"规划（见图4-1）。我国数字化转型不断推进，数字经济不断发展。

图4-1 "十四五"规划中的数字经济

　　"十四五"规划将数字经济部分单独列为一篇，并在主要目标中提出：到2025年，我国数字经济核心产业增加值占GDP的比重提升至10%。

　　按照"十四五"规划要求，我国下一步要做的工作包括：一是进一步强化数字经济顶层设计；二是积极推进新型基础设施建设，夯实数字经济发展基础；三是加快培育数据要素市场；四是推动数字技术和实体经济深入融合；五是推动数字产业做大做强；六是逐步完善数字生态；七是加强引导区域试点示范；八是营造规范有序的政策环境。

　　人类从动物时代、农牧时代、工业时代向数字时代发展，从温饱、小康到富足，物质财富创造的持续进步是人类经济社会发展的必然趋势。

14世纪左右，黑死病（鼠疫）在欧洲暴发，至少导致了2 500万人死亡。人们也因此开始怀疑上帝，结束了欧洲1 000多年的黑暗的中世纪，开启了文艺复兴，开启了工业技术革命和工业文明。我们当今能够使用的汽车、飞机、电脑等，无一不是工业化的结果。可以说，黑死病开启了工业化时代。2020年，新冠疫情肆虐全球，可能预示着另一场经济社会结构大转型——从工业化向数字化大转型。2003年的非典带来了电子商务大增长，但这对于数字经济来说只是小试牛刀。虽然新冠疫情短期内给宏观经济带来了极大的负面影响，但是数字消费、数字投资、数字产品供给、数字治理等各个领域均产生了积极的变化。ABCDIS5G技术及应用全面开花，可能预示着未来百年级别的财富新模式开启。我们是否也可大胆预言，新冠疫情也将带来一个全新的文明世界，即数字文明，或是以硅基文明代替碳基文明。

第2节
后工业时代三大痛点及链改方略

物理、化学、能源技术出现后，工业化开启。工业化最显著的特征是批量生产，批量生产极大地提高了人类社会财富生产效率。

为了支撑工业化财富的快速增长，人类发明了货币、银行、证券、保险等现代金融体系，形成了资本生产和使用链条。人们也发明了公司，并将其作为价值创造的主体。

但是，到了后工业时代，这种工业化体系出现了很多问题，比如产能过剩、房地产泡沫、经济下行与通胀并行等，传统房地产拉动经济模式、货币量化宽松政策已不能解决问题，只有通过链改，走数字化转型之路，我们才能为人类社会经济发展带来新的希望（见图4-2）。

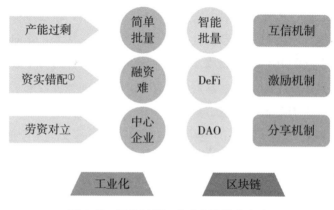

图4-2　工业时代三大痛点及链改方略

但是，数字经济1.0版本的互联网经济，其流量模式只推动了消费端、需求端，而推不动生产端、供给端，而且最近还出现了增长疲态和严重的垄断现象。新一代数字技术，如大数据、人工智能、5G、区块链等数字经济2.0是解决问题的方向。

一、产能过剩

产能过剩不光在中国存在，在美国等世界各国都普遍存在。世界经济不景气，产能过剩是主要原因之一。

---

① 这里的资实是指资金和实体企业。

产能过剩又有以下几种分类。

一是贫富差距型过剩。举个例子，有个人去吃包子，第1个包子太香了；又吃了1个，还是挺香；吃到第3个，差不多吃饱了；吃到第4个就有点撑着了，不想再吃了；吃到第5个，吃吐了……随着吃的包子的数量越来越多，他的满足感、获得的效用越来越低（甚至产生负效应）。这就是边际效用递减。有一个二八定律说，20%的富人拥有80%财富，80%的穷人只有20%财富。郎咸平教授的研究更尖锐，他认为2%的人掌握120%的财富，98%的人负债20%。本来供需是平衡的，因为贫富分配不均：80%的穷人只能吃1个包子，吃不饱，有消费需求却没钱；20%的富人最多吃4个包子，不能产生更多的消费。供需就是这样不平衡的，这就是贫富差距型产能过剩。供需不平衡依靠市场自动调节不能解决问题，也就是市场失灵了，需要政府干预。但自2008年金融危机以来，政府干预反而加大了贫富差距，更加剧了供需不平衡。新冠疫情后，政府干预，导致贫富差距更大、产能过剩更严重。这就是凯恩斯主义破产的原因。

二是消费升级型过剩。人类社会的工业化是在物理、化学、能源技术革命推动下，通过批量生产高效率地生产产品，创造财富。工业化批量生产为人类社会带来了海量财富。大家有钱后，消费也随之升级，并朝着个性化、品质化方向发展。什么是个性化？打个比方，过去产能短缺，街上流行穿牛仔裤，你也要买一条，因为时髦；现在产能过剩，街上有人穿牛仔裤，你赶紧回家把身上的牛仔裤换了，因为"撞衫"。牛仔裤穿在别人身上是性感，穿在你身上显得臃肿，但你可以穿裙子，这就是个性化。什么是品质化？举例来说，过去我们吃饭是为了活着（吃饱就好），后来我们开始追求饭菜的品质（味道、厨子），再后来我们注重饭菜的品牌和文化。虽然工业时代批量生产效率高，但是品质较低。到了工业时代晚期，人们对产品和服务越来越追求个性化、品质化，消费者的需求各不相同，由此出现需求定制化和买方市场现象。粗制滥造撞上了高品质挑剔，供需必然不匹配，便出现产能过剩。

三是生产升级型过剩。普通产品产能过剩，而高品质产品却严重不足。例如，中国钢产量世界排名第一，仅唐山的钢产量比世界排名第四的日本还要多，可见我国钢产能过剩之严重。但是，我国特种刚却需要进口，其产能严重不足。

四是供需错配型过剩。例如，我国大学毕业生有900多万人，很多人毕业即失业，因为教育与用人错配。再如，我国男性多于女性3 400多万，但北京有80万单身女性，越漂亮的人越愁嫁，不是没有候选，而是因为信息错配。

那么，如何化解产能过剩这个矛盾呢？我们可利用区块链的安全可信计算、高效价值网络、分布自治组织以及链改的互信、共识、协作、激励、分享动力，融合大数据的精准逻辑和人工智能的智能逻辑，从微观层面上筑牢数字经济基础，从宏观层面上化解产能过剩矛盾。

具体来说，链改有三个方案：一是从简单批量到智能批量，二是从信息不对称到智能匹配，三是从概率碰撞到优化迭代。

实际上，在数字时代，人类社会的微观经济基础已发生变化。从需求来看，工业时代的简单批量、粗制滥造甚至假冒伪劣，已经不适合数字时代的个性化、品质化需求。从供给来看，新出现的大数据、区块链、人工智能等数字技术，能够在不牺牲批量效率的基础上实现智能批量，大数据、区块链、人工智能加起来就是个性化、品质化。

区块链能够确保用户真实可靠，能够确保需求数据不被篡改地传递给生产者，能够做到精准生产、精准营销、精准匹配。大数据的聚类分析、用户画像等加上智能生产和无人机配送，使数字经济时代的个性化模式建立了起来。

过去是短缺经济和卖方市场，以产定销，企业生产什么，人们就消费什么，简单批量的方式十分高效。现在不同了，人们基本需求得到了满足，开始追求个性化、品质化的需求。现在是过剩经济和买方市场，以销定产，人们需要什么，企业就生产什么。供需在更高品质、更精准匹配中实现新平衡，从而拉动经济走出低迷并重新进入复苏和高增长轨道。这个模型的关键是互信机制，我国提倡质量经济的逻辑就在于此。

微观经济基础发生变化，政府的宏观调控只会越调越乱。这时正确的政策做法就是鼓励创新，加快数字化转型，加快区块链经济进程。

二、资实错配

为推动工业化进程，人类发明了与工业化配套的货币、支付结算、存贷、证券、保险等金融体系。这一套金融体系把人们当期没消费的多余生产成果储蓄起来，用货币记账，并通过银行债券融资和证券股权融资，赋能实体企业扩大再生产，以获取更大的收益。这里，金融是中介，是桥梁，是资金通道。金融的本源是，为实体经济服务，为创新买单，为扩大再生产买单，为未来不确定性买单。尽管金融危机频发，金融行业利润率长期高于实体经济，但在工业化早期财富快速增长进程中，金融发挥着极为重要的为实体经济输送资金、赋能实体经济的作用，因此金融的这些弊端能够被包容。

但是，到了工业化后期，金融为实体经济赋能的作用越来越弱，反而成为制造金融危机、拉大贫富差距甚至垄断经营的机器。金融因其快速敛财效应，不仅不能赋能实体经济，反而错误引导资金脱离实体经济并转向房地产、股票等金融资产领域，制造经济泡沫。资金流向银行、股票、房地产，在金融生产领域空转，丧失了其为创新买单、为扩大再生产买单、为未来不确定性买单的功能。

当前世界总体形势不容乐观，新冠疫情反复，货币在宽松，信用却出现紧缩，资产还在滋生泡沫。美国大量发行美元，导致全球经济恶化。有人问，为什么新冠疫情让经济停摆，美国股市却一个劲地往上涨？股市丧失经济晴雨表功能，变成了流动性晴雨表。股市不能反映经济好坏，说明经济构造有严重问题。我们看到，在新冠疫情期间，虽然实体企业受到猛烈冲击，但金融部门的利润不受影响，实现了增长。

金融原本是资金中介，在经济分配中应该获得中介利润，比如30%，但实际上它获得了70%～80%的利润。对于一个经济体来说，实体经济萎缩，金融行业却有高利润，这是很不健康的。

如果银行效益好，那么我们很高兴，但也有担忧。高兴的是，我们不会为银行出问题而担忧，否则金融危机就会出现，就会影响经济系统正常运行。实际上，世界上几乎所有经济危机都是金融波动所致。但如果银行效益好而实体经济不景气，那么我们更加担忧，因为这说明经济体出现了严重问题。

怎么让金融更有效地发挥作用呢？我们的观点是，使用分布式金融链改方案。区块链是代码信用、价值网络、激励机器和普惠金融，可以对传统金融做系统性升级。

一是打通金融和实体经济的资金通道，解决企业特别是中小微企业融资难、融资贵难题，建立优化迭代机制，推进资金转化为资本，支持有效的科技创新和扩大再生产。

二是国家可以通过数字人民币建立很好的系统性风险防控机制，企业也能够建立很好的风控机制。

三是鼓励区块链在货币、支付结算、存贷、证券、保险、投资等多个领域应用，增强信用，降低风险，节约成本，提高效率。

有人担心区块链会抢了金融的饭碗，这是不必要的。数字时代是创新的时代，是无形资产爆发的时代，这些资产要交易变现，对金融的需求会是海量的，金融只会比其他行业扩张得更快。当然，不思变化，抱残守缺，不谋求工业金融向区块链金融转化，饭碗丢了也在情理之中。金融科技创新是趋势，所谓顺势者昌，逆势者亡！

三、劳资对立

企业是创造价值的主体组织。企业为什么存在？就是因为企业整合起来的价值大于所有员工单打独斗之和。

但企业这个主体天然存在劳资对立弊端。员工希望多拿钱少干活，老板希望员工多干活少拿钱。这个劳资对立是机制上的。劳资对立最严重的时期就是马克思所处的时代。后来，世界划分成社会主义和资本主义两个阵营，两个阵营争斗了两百多年。企业劳资对立机制目前并没有很好的破解办法。

我国曾经实行"公社"这种组织形式，员工是公社的主人，员工为自己打工。公社的理念是先进的，能够最大限度地调动大家的积极性。但是，由于过去没有很好的劳动付出和所得记录工具，最后的结果并不理想，"公社"变成"大锅饭"，成为低效的代名词。

而有了数字技术，特别是有了区块链这样的记录工具，公社可以升级改造为DAO，可以建立共有、共识、共建、共营、共享的新组织模式，员工可以为自己打工。这在不牺牲团队整体效率的前提下，能充分发挥每个人的积极性和主创精神，是一种高级别的组织形态。

DAO的逻辑还在于构造"企业平台+节点社区"经济新模式，这是全行业系统经营思维，这样就把上游的资金、技术、人才、原材料等资源与下游的市场和用户，一起纳入社区，从而通过链改的互信、共识、协作、激励、分享迅速提升企业能力，实现企业资产特别是无形资产的巨大增值，释放组织巨大活力。

DAO的逻辑还在于成果的分享。多劳多得及分享财产性收入，是人人有机会致富的分享模型。我国从小康到现代化，正需要这样的分享模型。

在工业时代，上述三个大问题是不能解决的根本性矛盾。在工业化快速推进时期，巨大的财富增长让我们能够忍受这些弊端带来的负面影响。有人认为，金融危机或经济危机是必要的，因为它调节了资源配置，改善了经济社会结构。但是，如果区块链等数字技术可化解各种危机和风险，资源也能得到高效配置，岂不是更好？

我国是追赶型发展中国家。随着经济社会的不断发展，我国跟西方发达国家一样，也到了工业化后期，也被产能过剩、劳资对立等难题困扰，也在为传统互联网已出现天花板现象困扰，经济面临强大的下行压力。

互联网解决的只是需求端效率问题，没有解决生产端效率问题，因此不能解决产能过剩的供需不平衡问题。区块链不光可防篡改数据，还包括高效价值网络和分布自治社区，能够解决企业上链等生产端效率问题。区块链是数字经济新基建的基建。

第3节
数字经济八项财富空间

链改光解决经济社会痛点还不够，必须要拓展新的财富空间。

工业时代已经将大多数产品和服务财富利润挖掘殆尽，甚至互联网也将需求端的财富利润快挖掘完了，那么未来的财富机会在哪里？

从我国目前状况来看，未来数字经济2.0有八项财富空间，每个方面都蕴藏着海量财富机会。

一、科创财富空间

科技创新有着巨大的新财富利润空间。例如，在手机发明之前，大家都不用手机，而当手机出现后，大家都在使用手机，手机就是新技术带来的财富。再如，目前无人机能够提供送货服务，如果将来无人机能提供出行服务，大家出行就可以不用汽车了。

2021年7月11日，维珍集团创始人71岁的布兰森完成首次太空边缘飞行。我们相信太空旅游会成为一个新的财富空间。

为此，我们提出了一个新概念——供给创造需求。新技术把人们不知道的需求激发出来了，而之前都是需求创造供给，先有需求后有满足。

世界上第一个实验性正电子反应堆诞生，这标志着人类正式进入反物质能时代。

未来我们可以大规模开发月球，用月球上储量丰富的氦-3来进行核聚变发电。

创新财富有多大空间呢？这个不好定量，但肯定有巨大潜力。对于宇宙，人类只了解其15%的可见物质，还有85%暗物质、暗能量没有被人类认知。未来科技进步带来的财富利润是海量的。

二、文创财富空间

随着物质生活得到满足，人们对精神生活的需求会迅速提高，因此文创产品会有较大的市场空间。因为人们的物质需求是有限的，但人们对精神生活的需求是无止境的。

文创是精神产品。文创产品需要创意，需要挖掘人的智慧、灵感、情感、道德等价值，更符合人性，更具有挑战意味。2021年，较活跃的数字文创产品有游戏、动漫、网络文学和直播等。在短短一个月的时间内，电影《你好，李焕英》的票房累计50多亿元。这说明消费者不是没有购买力，不是不愿意消费，而是市场缺乏好创意、好作品。

三、企业资产市场化

我国股份制和股票市场运行了三十余年，上市只解决了一小部分问题，我国有8 000多万经济主体（含个体户），而能够将资产证券化交易的只有4 000家左右上市公司。因为技术条件有限，我们无法让每个企业、个人都发行股票，但现在有了区块链，我们可以很简单地让每个企业、个人都发行通证，然后将通证商品化、证券化。企业资产和个人资产市场化将创造海量财富。

但是，鉴于发展条件和阶段所限，综合考量，目前我国采用禁止企业和个人自行发售通证的策略，所以企业资产和个人资产市场化只能做理论上的思考。但是，我们短期可以采用通证兑股票的办法，远期可以采用数字证券市场化的办法。我们相信，这个局面一定会到来，只是需要一个过程。

四、个人无形资产市场化

我国还有14亿人IP市场化潜力，目前只有少数影视明星IP市场化较充分，大量科技专家、投资专家、管理专家、业务能手等，其才能并没有资产化、市场化。比如，用区块链建立经理人市场就是一个有创意的设想。

科创和文创大多属于无形资产，企业资产和个人IP也属于无形资产。链改可以实现无形资产大规模市场化升值，实现名品、名企、名园、名人，完成传统工业经济向数字经济的转型。

五、农地入市

2019年8月26日，全国人民代表大会常务委员会关于修改《中华人民共和国土地管理法》《中华人民共和国城市房地产管理法》的决定，允许集体土地直接入市。

农村土地的所有权、承包权、使用权三权分置，农地入市流转的是使用权。农村土地与城镇土地同权是方向。有关专家估算，农地入市将创造630万亿元的财富空间，而我国GDP在2020年刚刚突破100万亿元。

六、社会服务

我国马上进入老龄化社会，对养老、医疗、旅游等幸福产业有巨大需求。在新冠疫情下，2020年我国还有20多亿人出游。我们在养老、医疗、旅游等领域的供给都非常不足。

七、产品和服务数字化

产品和服务数字化也有很大空间，比如汽车数字化、家居数字化、办公室数字化、公共设施数字化等。

工业时代的财富利润来自简单批量的差价。在数字化时代，数字批量和智能批量可提升工业时代简单批量的效率，实现产品和服务的数字化供应，由此提质增效，形成财富增量。

大数据、人工智能、区块链等数字治理逻辑，可以去中介，没有中间商赚差价。工业时代的很多价值链条过长，需要缩短。例如，一副眼镜的出厂价为十几元，而零售价为 1 000 多元。链改可以将这一过程中的价值链条缩短，将节约下来的资源配置到其他更高效的领域，实现财富增加。

八、数字金融提质增效

工业时代的财富能迅速增加，为工业财富提供配套的金融体系功不可没。而到数字时代，原来的金融体系逐渐弱化了其为实体经济输送资金的功能，需要进行数字化转型。金融科技主要就是数字技术在金融领域的应用，特别是大数据、人工智能、区块链等新一代数字技术的应用。

有人说，区块链是去中介的，而最大的中介不就是金融吗？是不是区块链来了，金融就会被替代。我们认为不是的，相反区块链来了，金融更应该扩张。

人工智能出现后，有一个最大的争论：是不是很多人要失业。我们的结论是不会的。历史上每一次技术革命，都带来就业的巨大增加而不是相反。例如，工业革命开始后，对产业工人有巨大需求，因此农民工转化成产业工人，就业结构发生转变。数字技术的到来，同样会导致就业结构大转变。人们得会操控电脑，电脑工程师将会大量增加。

区块链的出现，将导致金融业务前所未有的增长。企业资产要市场化，无形资产会爆炸性增长，这些都属于金融。只不过未来金融都是金融科技，都是区块链，都具备代码信用增强机构权威信用。

以上八大财富利润空间都能被数学重新定义，都能用链网平台实现，或者说都能通过ABCDIS5G来助力，它们也是数字经济2.0的着力方向。

总之，面对新的数字时代，特别是数字经济2.0时代，我们要改变认知。思路决定出路，我们不能仍然用过时了的工业时代思维来度量数字时代，也不能用过时了的工业时代策略来处理数字时代的财富增长。例如，某国碰到经济紧缩就大量发行货币。事实证明，这解决不了任何问题，只会使问题越来越糟。要解决人类经济社会发展问题，我们只能是依靠数字化。数字经济时代为人类经济社会开创了新趋势，我们只有拥抱变化，才能实现更大的发展。

第4节
区块链是数字经济百年级别财富的基础设施

从农业时代、工业时代到数字时代，是经济社会发展的必然趋势。正在崛起的数字时代是与工业时代比肩的财富增长时代，其周期在百年以上（见图4-3）。互联网及ABCDIS5G是这个时代的技术基础，而区块链不仅能改变生产力，还能改变生产关系，可以说是基础中的基础。

互联网和物联网首次使人们能够以非常方便、快速、实时和低成本的方式搜集大量数据。人工智能在数据样本足够大之后，能够以低成本分析和处理这些数据。

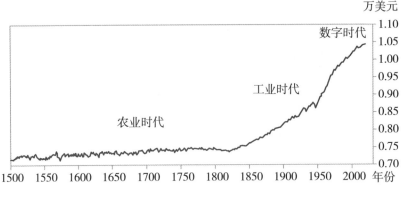

图4-3 农业时代、工业时代、数字时代人均GDP变化

那么，区块链带来了什么？在过去十余年中，区块链技术不断发展，以便我们能够以极低的成本信任这些数据。由于区块链是从分布式分类账或分布式数据库的角度出发的，所以它具有数据一旦在链上就不能被篡改和撤销的特征。因此，人们可以直接使用链上的数据而无须使用其他信任机制。

第一，分布式网络保证了当我们在线时系统网络的健康性和安全性。区块链的一致性算法用于确保所有参与者的广度和公平性，智能合约可以确保用户在线，所做的承诺将由机器自动执行，用户不能悔改并破坏合同。

第二，分布式分类账是一种不同于现代会计方法的计费方法。基于分布式簿记方法，我们建立了一个新的账户系统，并将其称为"数字账户"。在数字账户中，我们可以方便地记录各种数据资产。在这个账户中，有一个新的数字会计单位，这个单位不再是钱，而是通证。通证不是数字货币、加密币，而是数字经济的数字化单位。基于这些新的会计方法、账户系统和计费单元，我们可以轻松地将数据和数字资本化。基于这些确定的数据，我们可以构建一套新的真正适合数字经济的金融服务系统，这与传统的金融服务系统完全不同。

第三，借助业务规则和经济机制设计原理，区块链构建了一套分布式商业规则。这些规则已成为算法代码，可以高效且完整地运行。

第四，基于密码学，区块链可用于数据隐私保护和随后的协作计算。这种加密算法，比如完全同态加密、安全多方计算和零知识证明，可用于区块链和分布式网络，以确保数据的良好和隐私保护。在隐私保护之后，这些多方数据可以协同计算。

无论从商业角度还是经济角度来看，当某些成本大幅降低时，商业模式都将发生变化，经济模式也将发生变化。互联网、物联网、人工智能、区块链等技术，帮助我们显著降低了数据成本，加速数字化进程。

在数字时代，经济发展的动力发生了变化，数据正在推动经济发展，与工业时代石油和机械推动经济发展不同。数据是数字经济的最大特征之一。

在数字时代，金融化的形式完全不同。如果缺乏数据和数字化，我们就无法建立完整的金融服务系统。无论是在工业经济时代还是农业经济时代，金融服务都是不可或缺的。在数字时代，金融的核心要点之一是利用整套技术的能力以及利用数据和数字资源的能力，并在此基础上建立一套金融服务。

在数字时代，产权发生了很大变化。在互联网阶段，产权很容易复制、传播，且不容易确认，而区块链弥补了这个缺陷。区块链技术可以精确地解决这样的问题，从而确保数据的产权不容易被复制，但同时，它允许每个人更广泛地共享数据并让它发挥最大价值。

在数字时代，数字经济是智能经济。当拥有如此多的数据时，我们完全可以训练机器来替换人员，使机器更智能地运行。在经济充分数字化后，我们可以智能地做出经济决策。

从农业化、工业化到数字化，从互联网到区块链，所有的商业逻辑都可用区块链逻辑和链改逻辑重新写一遍。区块链是跟工业经济比肩的数字经济，是百年级别的基础设施。

第5节
区块链比互联网有明显优势

我们都知道互联网起源于1974—1983年的阿帕网，而区块链来源于比特币，发展于2009—2014年。1984—1993年，互联网基础协议TCP/IP确立，可扩展架构完成。2014—2019年，以太坊和超级账本发布，区块链开始逐步完成基础协议和框架探索。1990—2000年，由于HTTP（超文本传输协议）的应用，互联网正式进入商业领域。相应地，我们看到从2018年开始，区块链商业应用加速落地。2000年以后，互联网开始普及。而当前区块链只能算是"小荷才露尖尖角"。我们将区块链与互联网进行对比，发现有不少可比性（见表4-1）。

有研究认为，2021年的区块链和1997年的互联网，都是用户过亿的经济体，有着相似的本质以及相似的衍化进程（见表4-2）。互联网和区块链同样将秩序较低的资源要素（生产—检索—交换—衍生）转换成高度有序的产品和服务，从而进化成有着复杂网络的经济体。目前，全球比特币用户有1亿多人，全球互联网用户有46亿多人。

表4-1 区块链与互联网对比

互联网	区块链
1974—1983年 ■ 阿帕网实验网络	2009—2014年 ■ 比特币实验网络
1984—1993年 ■ TCP/IP基础协议确立 ■ 可扩展基础架构完成	2014—2019年 ■ 以太坊、超级账本发布 ■ 基础协议和框架探索完成
1990—2000年 ■ HTTP开始被应用 ■ 正式向商业领域开放	2018—2023年 ■ 分布式记账协议探索 ■ 商业应用的加速落地
2000年以后 ■ 互联网普及	— ■ 区块链网络普及
价值 ■ 传递信息	价值 ■ 传递价值

表4-2 2021年区块链与1997年互联网的相似性

	生产	检索	交换	衍生
互联网（信息）	门户	搜索引擎	社交网络	智能推荐
区块链（资产）	挖矿	浏览器	交易所	DeFi

我们认为，只要互联网经济向区块链经济转变，数字经济1.0就可以升级为数字经济2.0。

区块链在理念上是一个非常伟大的创新。传统互联网架构是以IP地址和设备为核心的。用户访问一个计算机系统、网站或者相关的应用，首先要通过IP地址解析，找到所在的设备，然后再登录应用系统，最后才能访问数据资源。现在用户通过互联网访问所需要的资源，需要三四步。但是，对于区块链来说，用户无论在哪里，无论使用什么设备（电脑端或者移动端），只要通过私钥登录账号，所有数据就都会同步过来。区块链是以数据为核心的，所有的设计都是围绕数据展开的。

这个转变非常重要，它决定了我们的组织资源，包括数字资产可以分割、确权和转移，这是传统互联网模式支持不了的。没有这个转变，未来的数字经济就缺乏底层技术支撑，所以区块链是未来数字经济底层支撑的基础设施。

与互联网相比，区块链有很大的优势。

（1）互联网可以虚构，而区块链是可信计算，是可信互联网。

（2）互联网是信息高效率，可以不限时间、空间地存储、处理和传递信息。区块链是价值高效率，可以高效率地转让价值。

（3）互联网数据仍然是物质世界的、有形的、法币计价的原子资产，区块链加密币是数字世界的无形的数字资产。

（4）互联网是中心化劳资对立组织，区块链是分布式共享组织。

（5）消费端的互联网已到天花板，生产端的区块链"小荷才露尖尖角"。

（6）在互联网中，用户只是"资本+消费者"；而在区块链中，消费者也是投资者。

（7）区块链是人人都可实现财富巨大增值的财富制造机器。在互联网时代，我们只是消费者；而在区块链时代，我们既是消费者，也是投资者。

第6节
区块链的五大应用场景

区块链应用广泛，涉及经济社会发展的方方面面，主要涉及金融、ICT、企业、领域、公务等方面（见图4-4）。

金融	ICT	企业	领域	公务
数字人民币 银行区块链 供应链金融 证券区块链 保险区块链	新基建 网链世界 分布式存储 DApp	企业区块链 DAO 供应链 链商	产业区块链 城市区块链 区域区块链 国际区块链	政务区块链 沙盒监管 法链 公共区块链

图4-4　区块链五大应用场景

一、金融

区块链最擅长的应用场景仍然是金融，包括数字人民币、银行区块链、供应链金融、证券区块链、保险区块链等。DeFi可以构筑金融全生态，不仅可以把已知金融模式用区块链逻辑重写一遍，还有许多创新。

二、ICT

区块链本身就是数字技术，是新一代ICT。我国正大规模推进新基建，并首次把区块链纳入新基建规划中。互联网协议加上区块链协议，形成网链协议。在这个价值互联网的网链世界里，数据效率叠加真实数据，信息效率叠加价值效率，这些更加夯实数字经济的网络基础。区块链是分布式存储计算，比互联网更安全可信，可以把互联网升级到可信互联网、价值互联网。互联网的各种App（应用程序），都可以用区块链逻辑重写一遍，做成DApp，还多了通证激励功能。

三、企业

企业把价值增值过程搬到区块链，区块链可在营销、融资、治理各方面发挥作用。企业区块链才是真正的数字经济，是数字经济2.0。企业用DAO可以改变生产关系（员工自己为自己打工），能激发员工的劳动积极性和主创精神。企业还可以将上游的资金、技术、劳动、原材料等各种资源以及下游的市场客户等，一起纳入通证激励，最大限度整合行业资源。区块链特别适合供应链场景，可以通过溯源、协作、激励提高供应链品质与效率，万企可改。我们可以用区块链做电子商务，其链商逻辑比网商逻辑更高级。链商是电商2.0，可以防止出现假货，并且"没有中间商赚差价"，消费者就是投资者。

四、领域

互联网适用于消费领域，区块链可有效推进产业数据化，提升产业协作水平和品质，使产业区块链的概念千业可用。城市区块链将智慧城市推进到信用城市，打通城市金融与实体的通道，通过优化迭代机制解决融资难问题，使城市摆脱依赖房地产经济的发展模式，打造创新驱动经济发展模式。通过区块链产业园带动地区经济发展，各地区可以从土地、税收、人才、投资及营商环境各方面，谋求新的经济增长点和动能，这是区域区块链的选择。区块链逻辑与"一带一路"、人类命运共同体等十分契合，区块链能发挥有效功能。

五、公务

政务区块链是最容易落地的场景。一方面，80%的数据资源和需求在政府部门，政府有开展区块链应用的雄厚基础；另一方面，通过数据共享、业务协同等，政务区块链可实现"一网通办"。政府可通过区块链沙盒、以链治链等实施监管，促进监管科技的发展。区块链发票是真正的电子发票。区块链具有存证特点，其存证可直接作为法庭上的呈堂证供，能够在法务区块链方面有效发挥作用。区块链也是救助等公共服务领域的有效平台。

我们大致可以算出区块链在各个场景应用的比重（见图4-5）。

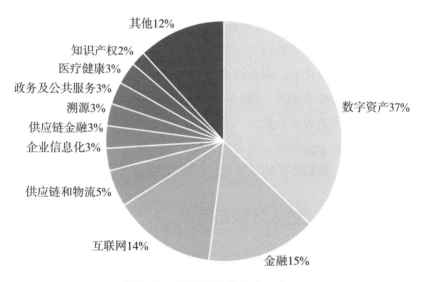

图4-5　区块链在各场景应用比重

第7节

链AI时代的大众选择

我们曾提出一句口号："让机器人为我们干活，让区块链为我们挣钱!"

从AI角度来看,让硅基的机器人去完成碳基人类的繁重劳动,将傻大笨粗的活交给机器、代码,人类才能解放出来。《科学》杂志做出预测,到2045年,人工智能会取代全球50%的就业岗位,而在中国,这个数字是77%。这也就意味着,未来20多年内,全中国现有的每4个工作岗位中会有3个岗位被替代。

从区块链角度来看,我们可以通过区块链这一财富制造机器和分享机器,实现财富爆炸式增长,实现财富自由。

在链AI时代,人们是否会失业?答案是否定的,由于经济结构转移,市场反而会出现更多的就业机会。历史上,技术革命从来都没有减少就业机会,而是增加很多就业机会,只不过未来各个岗位对人的素质要求更高。我们必须时时充电,以满足这种结构转变要求。未来体力劳动会更少,而科学、技术、艺术、投资、管理等一类需要脑力劳动的就业机会则大量增加。换言之,面对步步逼近的人工智能,我们要不断积累知识,成为更高深技术的掌握者。

一、链AI时代的人才缺口巨大

因为区块链走热,市场对区块链人才的需求上升,区块链人才难求。《2020年新基建人才报告》显示,截至2020年年底,新基建相关核心技术人才缺口将达420万人。在新基建相关人才需求行业中,区块链行业的人才需求增幅达67%,为新基建相关行业最高。高德纳咨询公司预测,未来五年中国区块链技术人才缺口75万人。

2020年5月,教育部印发的《高等学校区块链技术创新行动计划》提出,到2025年,在高校布局建设一批区块链技术创新基地,培养汇聚一批区块链技术攻关团队。2020年7月,成都信息工程大学作为全国首个获教育部批准的区块链专业开始招生。目前,不完全统计已有36所国内高校以开设学分课程及实验室的方式开展区块链教学研究。高校区块链课程从面向高年级本科生和研究生的选修课，逐渐成为部分高校专业的必修课，一些高校的本科和研究生阶段均已出现区块链专业。2021年，人社部两个区块链新职业的职业标准已公布。

二、从改变认知开始

拥抱数字时代，要从改变认知开始。区块链时代已经来临，而很多人并没有意识到。全球有76亿人，互联网有40多亿用户，区块链有2亿～3亿用户。很多人不知道区块链、加密币。很多人认为加密币都是骗人的，包括巴菲特、郎咸平等大伽。很多人不懂区块链，因为区块链有一定的知识门槛。当然，很多人不敢做区块链项目。目前，区块链跟2000年时期的互联网差不多，人们不敢投入其中。如果现在不拥抱区块链，那么若干年后，我们肯定会落后于人。

不知道、不相信、不懂得、不敢做，最后就只能不赶趟。面对互联网，我们已然不赶趟，但区块链正当时，关键是改变认知！

第5章

链改推进无形资产市场化

数字经济时代是无形资产大爆炸时代。无形资产大爆发和区块链技术出现，是数字经济时代的特征，也是数字经济能够百年繁荣的充分必要条件。

　　有了区块链，企业和个人发行通证就变得很容易。企业可以通过通证兑股票实现资产数据化、资产市场化。从另一个角度来看，区块链的加密资产由企业资产和个人IP资产背书，能够摆脱没有价值支撑的尴尬境地。资产通证化和市场化，可以拉动企业资产和个人IP资产特别是无形资产的大幅升值。

第1节
数字经济时代是无形资产大爆发时代

　　企业成长历程跟人一样，从创立到不断长大，再到成熟，其有形资产在不断增加，无形资产也在不断增加。应该说，在数字经济时代，无形资产增加得更快，杠杆倍数也更高。

工业时代历经几百年，有形资产价值挖掘已经十分充分，甚至出现产能过剩等现象。在数字经济时代，满足人们吃饱穿暖等简单需求的有形资产财富的上升空间十分有限，而满足人们享受型精神需求的无形资产财富还远远不够，无形资产大爆发势在必行。

数字经济时代就是质量经济时代，财富空间主要为无形资产和精神财富，包括海量企业资产和个人IP资产，科创、文创等产业无止境的创新。后工业时代的工农制品和金融升级也是朝着无形资产高附加值这个方向进行的，土地和社会服务这些传统领域也多少会赋予科技和无形资产附加值。说到底，未来数字经济的发展主要靠这些无形资产升值创造。

1975年，标准普尔指数中的无形资产只有13%，有形资产为87%；而2020年，标准普尔指数中的无形资产为90%，有形资产只有10%。由此可见一斑，这就是大势所趋！

第2节
用资产通证化代替资产数字化

资产可以承载在泥板上、纸张上、数据库里，如股票、债券、房产证等，其内涵和归属都可以用上面任何一种介质来承载。当我们将资产的内涵和归属记录在计算机的硬盘上时，从广义上说，资产已经数字化了。如今，计算机领域出现了一个新的分支，即区块链技术和通证。利用区块链技术构建共识型账本，并将资产表达为通证，是资产数字化的一种新型选择，被称为资产通证化。未来资产数字化的主要方式是资产通证化。除去股票、债券等金融资产，很多其他资产也可以通证化，如电力、自来水、版权、碳排放权等，这样可以简化其交易和清结算流程。

资产可以分为有形资产和无形资产两大类。无形部分包括专利、商标、品牌或声誉、市场占有率、影响力等，企业和个人资产的无形部分有很大增值空间。

数据资产较为复杂，同样包含有形资产和无形资产。具有知识属性的数据是有形资产，而品牌（声誉）、能力等则是无形资产。有形资产和无形资产的区分，跟记录的介质没有多大关系。记录在区块链上的资产，可能是有形资产，也可能是无形资产。

互联网时代虽然也出现了大规模资产数字化或数据资产，但因为互联网具有虚构性，打造产品很费劲，而复制成本几乎为零，盗版严重。例如，创意、技术专利、商标、数字版权等有形数据资产市场是混乱的，信用、影响力、竞争力等无形数据资产的确权、定价、交易根本无从谈起。

在区块链时代，用资产通证化代替资产数字化（特别是无形数据资产通证化表达）的好处有很多。资产通证化通过区块链的可信计算、价值网络、分布社区以及互信、共识、协作、激励、分享等机制，使确权、定价、交易实现方便、快捷、节约的效率逻辑，是分布式的、安全可信客观的共识逻辑，也是实现激励和分享的市场化交易的高倍数杠杆逻辑。

第3节
区块链的通证如何实现无形资产市场化

企业先通证化，后证券化，用通证兑股票，用链改干股改，实现资产市场化。

以法币计价的资产是原子资产，原子资产可能是有形资产，也可能是无形资产，但大部分是有形资产；以通证记账的数字世界的数据资产或加密资产，其背后可能是有形资产，但更多的是无形资产。

过去，我们没有更多地将企业资产特别是无形资产和个人IP资产市场化，原因是没有一个便捷、节约、安全、可信、公正的平台，而区块链的通证是迄今为止最安全、可信、方便的资产运作平台。区块链的通证迎合了数字经济无形资产大爆发时代，是这个时代的新基建，具有强大生命力。

有了区块链的通证，我们就能够对资产特别是无形资产进行封装、确权、溯源、存证、交易、定价，可以方便、快捷地实现无形资产市场化。之前我们是无法大规模且高效率地做到这一点的。

无形资产市场化的第一点是产权可界定，第二点是价值可存储，第三点是价值可评估，第四点是价值可流通。

无形资产确权比较困难，边界不好确定，个体与整体有不同的价值。同时，无形资产又存在非常强的易复制性，很难做到排他使用。所以，如何封装、确权是个难题。然而，用区块链封装、确权是完全可以解决这个问题的。

资产通证化后的安全存储、可信传输、协同生产供应问题，包括通证托管、存证、传输、溯源、验证、授权、联合建模、隐私计算等，很容易解决。

通证可能会存在容易泄露、容易盗用、容易滥用以及难以追踪等问题。区块链的溯源和存证特性正好也能解决这个问题。

资产定价是最难的。对企业的价值与风险进行评估，也是很多银行授信的依据。无形资产如何定价其实可以简化为一个技术问题。过去，资产定价依赖专业评级公司，而专业评级公司的定价受到人为利益因素和定价模型是否专业、公平、可行的影响。影响资产特别是无形资产定价的因素非常多，很多数据无法定量，也无法获取，而且没有一个放之四海而皆准的定价模型。大数据对此也无能为力，即使从理论上看也不会有一个靠谱的资产定价模型。

无形资产定价最有效的方法是市场共识定价。例如，对某个资产包发行通证，将通证交给市场定价，区块链上的市场共识可以决定资产价格。

区块链市场共识定价有以下好处。

（1）简化。可以省去很多线下证明材料和烦琐手续。

（2）公正。账记得明白，不需要会计师事务所、律师事务所、举荐人、尽职调查等，最为客观、公正。

（3）公开。无论是企业经营运行数据还是交易数据，在链上都是公开透明的，避免信息披露掺水。

（4）快速。链上的发行和交易速度很快，不会出现线下排队现象。

（5）高效。为什么我国证券市场运行快40年，才只有4 000多家上市公司？有了区块链，所有事情都会变得简单、高效。

我们过去追求劳动价值论，以至技术、资本、土地、信息、智慧、管理、体制等都要先折算成劳动，然后定价。这不仅在理论上具有难度，在实践上也从未实现。价值也好，价格也罢，都是人对于客体的主观感受；而共识定价，表面上是理论，实际上是实操。

第4节
链改盘活海量资产财富

没有市场化就没有交易，就无法实现资产升值。

工业时代做不到这一点，互联网也没能做到。而有了区块链，我们就能实现这一点。我国8 000万经济主体和14亿人的资产如果能够被盘活，就会形成巨大的财富创造力量。

通证是数字世界的加密资产，对资产有双背书、双激励效应，特别是能够放大企业和个人IP资产的无形资产部分。资产实现流动后，会促进企业和个人想办法提升声誉、能力等无形资产价值，这必然会产生无形资产的巨大增值，这也是链改的高倍数杠杆效应。如果未来我国企业都像华为一样，中国梦何愁不能实现？！

第5节
未来通证价值主要来自无形资产增值

产品质量提升是有形资产升值，企业品牌（美誉度、竞争力）溢价则是无形资产增值。不要小看无形资产增值，数字经济时代就是无形资产暴涨时代。例如，茅台酒的市场价格远远高于其出厂定价，主要是其美誉度、影响力、竞争力等无形资产的价值高。

我们有一个思维定式，即杠杆必然就是泡沫。工业时代的金融杠杆是这样的，高杠杆必然是泡沫；但数字时代并非如此，有共识支撑的高杠杆不一定是泡沫。

无论什么业务，都需要价值支撑，否则就是泡沫。产品与服务的价格必须要有价值支撑。例如，假冒伪劣产品肯定没有价值支撑。再如，当前大家都说房地产泡沫，就是因为房地产价格太高了，远远超过其本身的价值。这里涉及共识支撑概念，假冒伪劣是信息不对称的欺骗，而欺骗所带来的共识不是真共识，是伪共识。房地产价格居高，市盈率超过千倍（如果没有信息披露误导），这是真共识。伪共识是泡沫，是风险。那么，真共识是否是泡沫？其所谓的风险是否是真风险？这些是有争议的。

产品质量提升是技术等因素带来的，链改可能有间接贡献，但没有直接贡献。链改主要是提高企业的影响力和竞争力，使企业无形资产增值。

我们采用产品溯源等技术，虽然增加了成本，但提高了产品和企业信用，使企业无形资产升值，这是链改的直接价值。我们通过分布社区生态建设扩大营销、增加用户、扩大市场，使部分利润可折算为链改价值。

社会上一直诟病比特币等加密币没有价值支撑，是击鼓传花的"割韭菜"游戏。如今我们为区块链上的通证找到了无形资产价值背书，也就找到了链改逻辑闭环和链改落地应用方向。

区块链的通证不是把烂资产包装成好资产出售，恰恰是通过市场共识定价，克服传统信息不对称的问题，优胜劣汰。主板、中小板、创业板、科创板、新三板等都需要设置门槛，目前注册制和退市迟迟推不出来，为什么？除了上市资源仍然有限，一方面上市公司无法做到真实信息披露，另一方面公司上市后无法受到监管，以至公司把心思都用在圈钱上，没在经营和资产品质上下功夫。区块链的通证恰恰能够解决这个问题。

有人说，我们不上市可不可以，比如华为、老干妈。我们认为，区块链的通证是可选项，并不是必选项，毕竟华为、老干妈这样的优秀企业很稀少。通过区块链的通证改造，企业可以快速且大规模地实现无形资产爆发，数字经济发展也能更快一些。

反过来，为无形资产提供增值服务的数字杠杆，也对区块链的通证项目提出了新要求，不能给无形资产带来增值的项目都是"割韭菜"的项目。

比特币作为区块链通证的信仰，有旗帜意义，这本身就是无形资产的价值。很多公链都没有体现在具体应用上，但也是有价值的。这是"时间银行"或时间函数概念，是在为未来买单。目前，区块链的通证在概念性试错阶段，往往具有很高倍数的升值潜力，有高杠杆、高收益、高风险特点。这恰恰证明区块链通证改造世界的强大能量。之后，随着优质项目、长期项目、有实质增值项目的大规模出现，行业利润趋于平均，市场就会按照对无形资产增值的贡献来确定区块链的通证价格。

第6节
数据要素也要通证化

随着大数据时代的到来，数据是数字经济的重要生产要素。

2020年年初，中共中央、国务院发布了《关于构建更加完善的要素市场化配置体制和机制的意见》，文件中首次将数据与土地、劳动力、资本以及技术相提并论。

在农业时代，土地和劳动力是最关键的生产要素；到了工业时代，资本跟技术成为最核心的生产要素；而在数字时代，数据就是最核心、最关键的生产要素。

数据也是资产，既有有形资产，也有无形资产；既有法币计价的原子资产，也有通证记账的加密资产。在大数据时代，数据资产井喷式的发展是数字经济的一个突出现象。最近很多地方都在准备启动数据资产交易所，数据资产也有市场化的需求，数据资产交易所应运而生。数据资产也可以走通证化道路，进行双背书、双激励。这样，数据资产被盘活后就更有活力了。

第6章

链企业与治理

数字经济时代是企业无形资产暴涨时代。企业数字化是未来经济新的增长点，链改是推进企业数字化转型和无形资产增值的有效武器。

链改通过互信力、共识力、协作力、激励力、共享力打造链企业，解决企业治理难、卖货难、融资难问题，提高产品美誉度和企业竞争力，实现企业无形资产增值。国有企业可以通过链改激活混改，民营企业可以用链改提质增效。链改还是大众创业、万众创新的有效手段。

为什么企业数字化的成功率低？因为过去的互联网信息效率逻辑只能解决企业的表面问题。区块链逻辑是价值效率逻辑，能够解决企业深层次问题。企业是价值增值过程，而不是信息提升过程。区块链擅长的价值改变正是企业所需要的。十余年区块链技术及应用实践已经证明，区块链有可能永久地改变我们的经商方式。区块链通过即时结算提高交易速度，并提高企业合作伙伴之间的透明度、信任度和可追溯性，从而改变企业跨多种行业开展业务的方式。未来所有商业都可以用链改逻辑重新编写。

第1节
为什么企业数字化不成功

目前，我国互联网是消费互联网。人们网购、支付、打车、叫外卖、配送、看新闻、打游戏、做广告、理财、培训等，都在网上进行。得益于BAT等互联网巨头的多年努力，我国的互联网经济已十分发达。但这些都是走流量的需求端业务服务，已被挖掘得非常充分了，开始出现垄断和业务天花板迹象。以蚂蚁金服暂停上市为契机，我国开始了互联网领域反垄断行动。互联网巨头盯上了菜贩子的几捆白菜，大概也是需求端利润空间缺乏的一种表现吧！我国互联网经济实际上是消费互联网经济。

而数字化转型更需要生产型网络。数字经济要实现大发展，其更大的潜力在供给端，在生产型企业。企业上网上链，产业数据化，是关键。过去，互联网对企业最大的用处就是做个主页或建立网站，介绍企业和产品，至于企业的CRM（客户关系管理）、ERP（企业资源计划）等系统，很多都处于半瘫状态。新冠疫情后，情况变好一点，企业通过视频会议系统开会，非接触经济发展很快。但企业上网、行业上网仍然不够规模，互联网对企业帮助不大。根据麦肯锡的调查，企业数字化转型失败率高达80%。看样子，企业数字化不仅是我国的难题，也是世界共同的难题。

为什么企业数字化不成功？原因是解决企业数字化的互联网逻辑有问题。互联网是信息效率机制，而信息可以虚构，只能解决企业的表面问题。企业是要创造价值和实现增值的，需要真实信息提高协作水平，需要群策群力的集体智慧，需要规范有序的管理，需要有效激励机制激发全体职工的积极性，需要公平公正的分配机制。区块链的安全可信计算、高效价值网络和分布自治社区，以及链改的互信、共识、协作、激励、分享特质，可以帮助企业解决诸多实质问题。麦肯锡认为，企业数字化转型跟软件或技术无关，重点在于组织的敏捷性和适应性。企业只有借助区块链才能成功实现数字化转型。

互联网可以解决需求端问题，区块链可以解决供给端问题。先上网后上链，用链改干股改，千业可用，万企可改。链改更多是数字化的供给侧结构性改革。

第2节
链改解决企业治理难、卖货难、融资难

一、治理难

失败的企业往往败在战略定位上，成功的企业往往成在经营管理上。链改是一种企业治理模式，可以帮助企业进行管理。

一家现代企业有九个标准模块，即业务战略定位、法人治理结构、公司组织管理、人力考核激励、市场营销推广、产品服务流程、企业文化建设、财务税务体系、风险控制机制。区块链对这九个模块都有改进。

例如，区块链是记账技术，企业财务可以用记账通证背书。待整个国家区块链发票和财务会计系统链改完成后，企业记账对接国家财税系统就异常简单。当企业发放工资奖金、报税、对接银行证券、对接对外的原材料与产品服务、对接对外项目合作与股权合作等账款时，企业账务效率会大大提高。

再如，区块链的智能合约可以处理企业的对内对外合同，并且能解决70%以上合同顺延的自动化管理问题；区块链的互信机制和共识机制可以大大提高企业部门之间、员工之间的信任度，提高协作效率；区块链的激励机制和共享机制，可以激发员工劳动积极性和主观能动性，从而大大改善企业绩效考核水平；区块链的组织属性，可以整合上游资源和下游市场，可以放大企业动员社会资源的能力，简化人力资源专业人士的审批程序，加快招聘进程；等等。

二、卖货难

时下是过剩经济时代，也是买方市场时代。卖货难是一个普遍问题，"酒香也怕巷子深"。很多时候不是产品或服务不行，而是营销不到位。谁抓住了消费者，谁就赢了。

借助数字化手段，区块链通过可信机制可以迅速树立企业和产品的品牌形象，这是信任逻辑。当然，这也是把双刃剑，不好的产品形象一旦形成，就会迅速扩散，而且不可篡改。所以，在区块链时代，各企业会更加注重自身的声誉和品牌形象，需要努力提高产品质量和美誉度，从而提高企业竞争能力。

这与互联网、大数据的逻辑不一样，大数据扩大营销，是精准营销思路。通过大数据分析用户画像，企业可以更有效地投放广告，更有效地进行营销，更有效地找到目标客户。但这里有一个问题，营销的本质是建立用户对产品和企业的信任。在买方市场，信任是购买的前提。虽然企业通过大数据能够快速找到目标用户，但是如果没有信任，那么用户还是不会购买，而且非常讨厌接到广告，哪怕是自己有需求的广告。相反，在数字时代，用户很容易找到供应，有了信任，想不购买都难。在广告轰炸和信息爆炸时代，企业能够通过区块链克服信息污染，能够通过溯源和存证解决信任问题，这才是真正的营销。区块链的信任营销逻辑远高于大数据的精准营销逻辑。一般来讲，区块链配合大数据一起做营销，效果更好。大数据精准找到用户需求，区块链促成购买行为，相得益彰。

区块链还有组织属性，企业产品销售通过社区生态建设来实现。工业时代是一对一销售和渠道销售，互联网有线上销售和社区生态销售。但是，区块链通过分布自治社区搭建的社区生态销售，将代理与节点结合起来，更有力量。互联网社区生态对代理只能返点，对最终用户只能打折，但是区块链社区生态不仅可以返点打折，还能做记账通证激励或积分激励，可以做"交易即挖矿"的双激励。在理想情况下，运用区块链双激励机制，用户在消费时不仅不花钱，还能赚钱。

"企业+生态"或"平台+节点"的区块链社区生态营销模型是一个高级逻辑。区块链与互联网乃至工业在营销上最大的区别就是，用户既是消费者也是投资者。过去我们常说，顾客就是上帝，消费者就是上帝。但区块链营销模式把消费者当家人，无论是企业员工、消费者，还是资金、技术、原材料等资源供应者，大家都变成了"家人"。供应链各环节不是博弈关系，而是朋友关系。这样，消费者等"家人"会成为企业的吹鼓手，会把企业当成自己的事业宣传，这是用多少广告费用都买不到的口碑。在数字时代，信息高速传播，口碑是最有效的营销。从另一个角度来讲，不仅企业员工能够分享企业收益，消费者也能分享企业收益。区块链用生态建设进行营销，能量是巨大的。

三、融资难

企业特别是中小微企业融资难，是我国经济社会发展的一个突出矛盾。区块链解决融资难有三个途径：一是通证兑股票，解决股权融资；二是供应链金融，解决债权融资；三是消费者即投资者，解决产品融资。

链改能够解决企业治理难、卖货难、融资难等问题，这样企业数字化转型才会成功。企业有活力，经济就有力量。未来企业不仅需要考虑自身内部治理，还要从整个行业价值链条角度来经营，才能立于不败之地。

第3节
用链改干股改

企业链改可以实现两个目的：一是企业资产快速增值，二是企业参与方（包括员工）共同致富。

企业可以用通证记账，然后实现股改上市，也就是用链改干股改。

一、用记账通证实现激励

现代企业需要协作，单打独斗是成不了事的，整合优质资源才是王道。如何整合资源，关键在于激励。用记账通证实现激励，简便节约，能够有效提高企业投资、经营管理、技术员工、营销体系、社会资源等方面的积极性，从而极大提高企业整合各方资源的能力。

记账通证对接企业股改上市，是原始股概念、期权概念，有与企业同命运共呼吸之意。奖励做到前边，避免"秋后算账不清"。

记账通证实现员工激励的五个做法如下。

第一，用记账通证增强绩效考核。奖金与通证双激励，记账通证与职工持股计划对接，以及即时奖励与长期奖励配套，可以增强全体员工主人翁精神，增强企业凝聚力，提高企业竞争力。

第二，用记账通证奖励经营管理者，增强期权对赌效应。

第三，对企业核心技术人员进行通证奖励。除了工资，核心技术贡献者往往高薪难请。而有了通证奖励加持，走"薪酬+通证"双激励模式，企业可以大大缓解财务压力，还能激发核心技术人员主观能动性，使其与企业共同进退。

第四，用记账通证建立营销体系。通证激励和社区共建是区块链治理企业的核心功能，只要充分发挥这些功能，贯彻消费者就是投资者的理念，企业就会在市场营销方面如虎添翼。特别是在买方市场的今天，"通证+社区"更是市场营销的有力武器。

第五，用记账通证奖励重要资源，比如创业资金，这将大大分散企业发展风险，极易操作，成本也低。

二、用链改实现混改

当前，从国企改革三年行动方案到深化国有企业混合所有制改革的实施意见，我国一系列改革升级版政策呼之欲出；从央企到地方国企，多种形式的混改正如火如荼地开展。随着混改政策体系日趋完善，"以混促改"思路逐渐清晰，混改将在"十四五"期间迎来深层次突破。

其中，央企混改将进一步提速，电网、铁路、电信等自然垄断重点领域混改有望纵深发展，铁路运输业务将探索市场主体多元化和适度竞争，民营企业有望参股基础电信运营企业。整体上市、资产证券化及股权激励、员工持股等是热点。

在混改提速当口，我们提出用链改激活混改方案。民营科技力量参与国有企业混改，是一条可行的新路。特别是在国有企业中引入民营区块链"双基因"，一方面对接民营企业参与国企经营决策，另一方面用区块链数字化手段提升企业治理水平。企业还可以采用"通证＋股票"模式，把短期企业治理与长期境内外上市结合起来，使混改出现倍增效应。

三、链改与Z世代创新创造

如果一个社会阶层折叠固化，没有创新，年轻人没有出路，那么这个社会是没有前途的。个人只有凭借着面向未来的创新，才能成为"后浪"；企业只有凭借着新一轮技术革命，才有可能成为世界级伟大企业；国家只有凭借新技术革命，才能成为世界政治经济体系的中心国。

创新时代需要创新力量。数字时代是年轻人的时代，有不同于过去的价值观和追求，并且这个时代已经到来！年轻人有热情，这是创新创业最宝贵的品质。岁数大的人，虽然资源很多，但大多趋于保守，反而没有创新创业激情。激情是创新创业最重要的要素，有激情可以整合资源，而有资源没有激情就不会有创新创业。

Z世代是数字技术的原住民，互联网和数码产品是他们与生俱来及日常生活的一部分。在技术革命的推动下，Z世代的生活方式发生了质的变化，他们变得独立，更关注人生的体验感，同时也更加懂得去挖掘最好的价值和服务。

我国的Z世代，按时间角度可定义为95后和00后人群，根据国家统计局数据，我国Z世代规模将近2亿人。与美国类似，我国的Z世代同样赶上了中国经济腾飞期，物质生活富足，又是互联网的原住民；而不同于美国的是，受计划生育政策影响，我国的Z世代普遍是独生子女，受到家庭长辈的关注程度更高，儿时的孤独使他们更渴望依托网络渠道寻求认同。

在这样的成长背景下，Z世代大都踌躇满志、注重体验、个性鲜明、自尊心强烈，愿意追求和尝试各种新生事物，并且正逐步成长为未来中国新经济、新消费、新文化的主导力量。

具有种种鲜明个性特征的Z世代已渐成气候：他们正处于人生中的黄金年龄，即将迎来事业的起步与快速上升期，他们崇尚的文化和价值观越来越被大众接受，其影响力正与日俱增。也正因为如此，Z世代身上蕴藏着巨大的能量，前途更是不可限量。

例如，网络直播、网红带货成为热点，也是顺应数字化和个性化时代的产物。薇娅、李子柒、李佳琦惊人的销售业绩背后是数字化转型的魅力。最近关于"网红带货"乱象不断、消费者投诉持续攀升的声音很大，也反映了这个创新力量的影响力。

另外，平台经济、节点经济、共享经济、数字经济，为后浪Z世代创新创业创富提供了新机遇、新模式、新业态。数字时代是链改时代，需要解放思想、大胆创新！

四、什么企业适合链改

链改千业可用，万企可改。率先进行链改的企业应该达到以下三条粗略标准。

（1）企业有市场生态基础，例如有全国连锁店或者用户遍及全球。

（2）企业能够用公链技术提升价值链，例如隐私保护、智能合约、密码应用、互操作、跨链、IPFS、量子计算，以及溯源、供应链、电信、司法存证、身份认证、电子票据、知识产权、公共资源交易。

（3）决策层有数字经济头脑，能理解链改。这一点非常重要，链改是新生事物，走别人没有走过的路非常不易。决策人不光需要勇气，还要有格局。

第4节
链商是超越网商的电子商务2.0

我们把互联网电子商务称作网商，即电商1.0；把区块链电子商务称作链商，即电商2.0。网商代表有淘宝、京东、拼多多。链商正在兴起，有强大的生命力。

一、链商是真货市场

网商成功打败了线下实体店，因为它更有效率。但是，网商有一个致命缺陷，就是假货问题，而各大网商并没有找到解决这一问题的正确逻辑。链商解决假货问题依靠溯源和交易记录不可篡改，这个逻辑是闭环的。所以，链商是真货市场。

链商迎合消费升级趋势，真货才能出名品。链链的强大逻辑必然会吸引更多企业加入。时间长了，真货也不愿意与假货一起销售，就会从网商跑到链商；消费者也不愿意在假货成堆的网商买东西，更愿意到链商买真货。能量就这样转化，最终链商会在与网商的竞争中胜出。从另一个角度来看，能够在链商平台销售的产品需要一点自信。这样，链商比网商更能引领产品和服务的优化迭代，进而延伸到生产领域，从而引领资源优化配置。所以说，链商是质量经济的标配。

二、无形产品交易有效性

链商还有一个强大的逻辑是网商所不具备的：它可以交易无形资产或虚拟产品和服务。因为区块链能够确权、封装、存证、溯源等，对无形或虚拟的价值类型的交易有很好的支撑，互联网就没有这种能力，所以淘宝、京东、拼多多只能卖有形规范产品，像数字版权、产权、股权、专利、软件、创意类产品，在链商平台可以更有效地交易。

三、没有中间商赚差价

区块链有去中介的特点，链商缩短了中间环节，从生产到消费一步到位，没有中间商赚差价。中间环节源于信息不对称，所谓买的没有卖的精。互联网做不到去中介，因为它做不到信息真实。只有区块链才能用真实信息破除不对称，去中介，从而做到一步到位。区块链可以把利润留给生产者和消费者，可以大大提高经济效率，从而使资源得到优化配置。

四、消费者也是投资者

区块链有强大的生态效应，与互联网消费者生态有着本质区别。链商用户在买东西的同时，可以获得记账通证奖励，这是双激励。在互联网网商及实体店时代，我们把用户当上帝；在区块链链商时代，我们把用户当家人。消费者也是投资者，投资者就是家人。上帝是客人，与供货商是博弈关系；家人则不同，胳膊肘向内拐，而且可以免费当产品服务宣传员，这是比打广告力量大得多的营销。

人类几千年的消费逻辑是，商家给消费者提供产品、服务等消耗品（不断减值），而消费者给商家提供的是能够让商家提升生产力的资金。依靠这些资金，商家有可能在资本市场上获得超额收益（资本收益），而这些收益和消费者没有任何关系。在链商时代，消费者的消费行为也是投资行为，消费者获得产品和服务的同时，也应该获得代表其生产力贡献度的"通证"，而这些通证是和商家股权挂钩的（例如，通证总量占股权10%～50%）。未来在商家进入资本市场时，如果这些通证（通过计算）对商家发展贡献度小，那么所有通证可能仅占据商家10%的股权；如果通证对商家发展贡献度大，则通证可能占据商家50%的股权。最终商家进入资本市场的收益，就会通过股权合理地反馈给消费者。此外，消费者肯定对发展良好、信誉较好、透明度高（特别是信息化可以实时反映经营情况）的商家更追捧。虽然消费者花费了更多的钱来购买产品、服务，但是这不仅能保证其享受高质量的产品和服务，更重要的是，这样的商家有在资本市场上获得高额收益的机会。至于低价劣质产品，未来生产或出售这种产品的商家就会倒闭，其通证根本不会有资本价值，所以消费者也不会选择，商业秩序也会越来越好。大部分商家会努力将产品和服务做得更好，让更多消费者愿意选择自己的产品和服务。

目前，消费者之所以对零售体系信任，主要是因为他们信任电商平台。区块链可以实现分布式的信任，使人们更信任各个平台上的卖家，而不是网站本身。

区块链技术可以通过降低交易成本和加强交易安全性来改变电子商务。

在全球贸易方面，区块链可以在可追溯性、确保交付证明、安全跟踪合同明细等方面发挥有益的作用，而不会有数据被更改或篡改的风险。

第5节
智能工厂、无人机配送和区块链治理

未来供给端价值增值会形成智能工厂、无人机配送和区块链治理模型（见图6-1）。

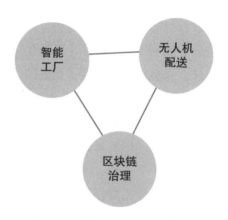

图6-1　未来数字时代生产供应模型

工业化向数字化转型是大势所趋。未来，生产会交给智能工厂。例如德国工业4.0，将一头猪送进工厂，通过智能制造，最终生产出香肠，中间除少量人工干预外，基本是电脑操作。未来，配送将交给无人机。我国在新冠疫情期间就已经尝试利用无人机配送外卖。未来，生产供应调度管理将交给区块链。

我们畅想的未来供应端模式是"智能工厂+无人机配送+区块链治理"。

首先，智能工厂利用各种现代化技术，实现工厂的办公、管理及生产自动化，达到加强及规范企业管理、减少工作失误、堵塞各种漏洞、提高工作效率、进行安全生产、提供决策参考、加强外界联系和拓宽市场的目的。随着物联网、大数据和移动应用等新一轮信息技术的发展，全球化工业革命提上日程，工业转型开始进入实质阶段。在中国，智能制造、中国制造2025等战略的相继出台，表明国家开始积极行动起来，把握新一轮发展机遇实现工业化转型。企业通过信息集成，将现代数字制造技术与计算机仿真技术结合起来，打通产品设计和产品制造之间的连接，在计算机虚拟环境中，对整个生产过程进行仿真、评估和优化，并进一步扩展到整个产品生命周期。企业通过人机交互，利用物联网、可视化、仿真、多媒体、机器学习等技术，合理计划排程，提高生产过程可控性，减少生产线人工干预，构建高效、节能、绿色、环保、舒适的人性化工厂。企业通过人与智能机器的合作，扩大、延伸和部分取代技术专家在制造过程中的脑力劳动，把制造自动化扩展到柔性化、智能化和高度集成化。

其次，无人机配送利用无线电遥控设备和自备的程序控制装置，操纵无人驾驶的低空飞行器运载包裹，将包裹自动送达目的地。其优点是，能够解决偏远地区的配送问题，提高配送效率，同时减少人力成本。其缺点是，送货会受到恶劣天气的影响，并且在飞行过程中无法避免人为破坏。目前，顺丰快递已有无人机配送业务，但并未大范围使用。2020年4月29日，美国亚马逊快递配送人员称因为在配送过程中无法保持安全距离，担心感染新冠病毒，纷纷罢工。而与之相对的是，谷歌无人机派上了大用场，业务量翻倍。

最后，区块链治理可以实现企业数字化经营管理。区块链能够改进资源配置，特别是融资、市场营销、企业经营方面的资源配置。区块链能够通过通证对企业资产进行市场化增值。

未来企业都是链企。企业数字化不仅是信息上网，更多的是价值上链。企业是价值增值组织，互联网对企业的帮助有限，而区块链对企业的帮助是根本性的、飞跃式的。

（1）因为防篡改的链式账本，我们可以通过陌生人互信，提升资源整合能力，提升企业协作水平和黏性，提升市场获客率。

（2）因为智能合约，我们可以将企业财务上链，相应地可以提高结算原材料款、产品服务合同履约、发放工资奖金和交税等工作的效率，进而提升企业绩效考核效率。

（3）因为记账通证，我们可以推进企业快速上市融资，让企业不仅有赚差价的实力，还有合理利用杠杆获利的能力。

（4）因为共识、共建、共享的DAO，我们可以改变企业劳资对立的生产关系，使员工为自己打工，最大限度地调动员工的主观能动性和劳动积极性。

（5）通过分布式"平台＋节点"模式，我们可以用整合行业生态思路经营企业，特别是通过记账通证做双激励，将资源方和用户变为家人，扩大市场营销能力和社会资源整合利用能力。

第7章

数字货币

随着美国在国际舞台上的信用度下降，去美元化、多极化再平衡成为国际货币金融体系的趋势。

比特币等加密币已经运行十余年，不久前脸书的Diem引发了全球货币界的讨论。各国都在积极寻求数字法币的研发，我国数字人民币应势而生。链币圈经过十余年真金白银的试错，为数字货币的设计和运行提供了参考和经验。

从2014年着手研发到2021年大规模试点，我国数字人民币逐渐被大众熟悉。数字货币既是货币形态演变的必然趋势，也是数字经济发展的内在需求。数字人民币将替代现金M0，采用中央银行控制总量、商业银行发行的双层体制，终端可离线转让。数字人民币采用"一币两库三中心"架构，一币是指数字人民币，两库是指中央银行发行库和商业银行银行库，三中心是指认证中心、登记中心和大数据分析中心。数字人民币不预设技术路线，可采用区块链技术，也可选用其他技术。

数字人民币是我国数字经济发展的重要金融基础设施，它将以一种全新的姿态，解构并重构我国货币与支付体系，满足社会公众对零售支付便捷性、安全性、普惠性、隐私性等方面的需求，也满足监管层对合规（包括反洗钱、反恐怖融资）和风险监管方面的要求。数字人民币不仅大大节约了人民币的发行成本，提高了人民币的使用效率，给金融体系的提质增效带来脱胎换骨的积极影响，也会极大地改进货币金融政策的实施效果，对赋能实体经济、建立广泛有效的激励机制、防范金融经济风险、保护国家金融经济安全和助力人民币国际化等也将起到积极作用。

第1节
国际货币体系简史及多极化再平衡趋势

从雅浦岛上硕大的石头到古希腊的铜币，从欧洲的金银到近代的金本位，直至如今与美元挂钩的汇率制度，货币经历了物物交换、货币易物、金属货币、纸币、数字货币各个阶段，逐渐形成了价值尺度、流通手段、贮藏手段、支付手段和世界货币五大职能。

1018年，我国北宋诞生交子。交子的发明代表着世界上首次用纸币取代金属货币作为交易媒介，这是人类经济史和货币金融史上最为重要的创新事件。

凯恩斯认为，货币需求有交易需求、预防需求和投机需求。货币供给由各国中央银行法定控制，一直采用中心化发行机制。哈耶克主张货币非国家化或自由货币说，认为政府对货币发行权的垄断破坏了竞争，破坏了经济均衡，由私营机构发行竞争性的货币（自由货币）来取代国家发行垄断性的货币，也就是说，货币非国家化是理想的货币发行制度，是货币发行制度改革的根本方向。

凯恩斯与哈耶克是学术对手，他们的思想影响至深。凯恩斯与哈耶克，一个是国家干预主义的鼻祖，一个是市场经济原教旨主义者，但二人的学术思想都跟时下的数字货币有些渊源。比特币等自货币，几乎是哈耶克思想的落地应用，只是运用数字化手段；而脸书Diem计划几乎是凯恩斯曾经提交布雷顿森林会议"超主权"的世界货币"班科"（Bancor）方案的翻版。

大家知道，当前的国际货币体系是第二次世界大战后确立的布雷顿森林体系。第二次世界大战后，为了使全球货币体系保持稳定，布雷顿森林会议提出了两个方案：一个是时任美国财政部部长助理亨利·怀特的方案，另一个是英国经济学家凯恩斯的方案。最后的结果大家都知道，怀特方案被选中。

怀特方案约定，美元作为世界货币，美元与黄金挂钩，1盎司黄金兑35美元，世界各国货币与美元挂钩，全球货币形成一个体系。该方案在逻辑上是闭环的，而且保障了第二次世界大战后世界货币体系和金融的基本稳定。实事求是地讲，布雷顿森林体系对第二次世界大战后世界经济的稳定发展起到了巨大作用，功不可没。

但是好景不长，美国因为贸易逆差长期入超，各国用盈余美元兑换黄金，美国黄金不够用了。1971年，美国政府决定将美元与黄金脱钩。后来，虽然美元找到"石油美元"背书，但石油毕竟没有黄金通用。

时下，世界经济发展呈现多极化趋势。同时，美国近些年大搞"美国优先"的孤立主义，使其在世界上的信誉逐渐衰减。

与黄金脱钩后的美元，其发行由美联储决定。但美元被世界各国纳入了外汇储备，一旦金融经济有波动，美联储就广发货币，从而稀释了世界各国人民持有的美元财富。

有人说，美国人持有的美元资产最多，如果美元发行量大了，那么美国人的损失最大。比如，中国持有1万亿美元美债，比起美国27万亿美元的总债务来说，这只是很小的比重。但这是没算明白账，美元多了，美国人持有的美元资产确实贬值了，但新印的美元会补贴到美国人手里，而持有美元资产的世界各国却得不到补偿，是净损失。

自2008年金融危机以来，美国经济的表现之所以比欧洲、日本好，就是得益于世界货币美元的帮忙。美国通过大量发行美元稀释国内通胀压力，将危机转嫁给了世界上其他国家和地区。美国尚好而全世界经济一塌糊涂，这样不仅解决不了金融危机，还会加剧世界经济动荡和全球贫富差距。

新冠疫情暴发后，美国大量印制美元。特朗普时期更是超发7万亿~10万亿美元，拜登更狠，上台后又印了6万亿美元。而增发的美元都是美联储印出来的，然后"借给"美国政府。随着美元增发行数量的增加，美元利息越来越低，甚至是负利息。对美国政府来说，从2020年到现在的待支付利息不仅没增加，同比、环比数据反倒减少很多。美国政府的债务高达28万亿美元，而美国GDP只有21.6万亿美元。政府的负债本金似乎是不用还的，都是用新债还旧债。其直接结果就是，美国政府借钱越多，美联储印钱就越多，美联储利息就越低，美国政府的还债负担也就越小。而美国政府将从美联储借来的钱在全世界"买买买"（进口），将买到的东西再低价卖给美国社会大众（政府补贴）。其最终结果是，美国幸福，全球受损。经济学早就对美元的这种"本事"起了名字：货币殖民主义。人类社会发展到今天，除了美元，还没有其他世界通用货币（纸币）具有这种"本事"。所以，美元（世界货币）超发并不会出现像其他国家货币超发导致本国通胀的"常见"结果。唯一能打破这种局面的方法就是出现其他种类的"世界货币"，否则美国这种游戏可以一直玩下去。不过，世界各国都在研究对抗货币殖民主义的方式，也许在不久的将来，这种情况就会改变。因此，去美元化、多极化是方向。

美元信用崩塌，各国都在寻求去美元化，这势必形成国际货币体系多极化再平衡局面。中国作为世界经济第二大国，世界贸易第一大国，人民币在世界各国储备货币中排在美元、欧元、英镑、日元之后的第五位，而且比重很低，人民币势必要走出去。人民币国际化不仅能保护我国对外经贸往来的利益，更重要的是可以参与国际货币市场重构，承担更多国际货币市场稳定与世界经济发展的责任。

第2节
数字货币成国际竞争新赛道

在2008年金融危机发生后，中本聪发明了比特币（上限2 100万枚，计划2140年挖完）。中本聪试图创建通货紧缩模型，对冲甚至替代美元。比特币动了美元的奶酪，必然遭到美国抵制。

在世界经济不景气、国际货币体系多极化、新冠疫情肆虐的大背景下，比特币等加密币出现了。加密币撬动国际货币金融经济的"鲶鱼效应"正在发生，这成为国际竞争的新赛道。

英国中央银行早在2015年就开启了"数字英镑"计划，计划建立下一代实时全额结算系统（RTGS）。英国中央银行称，数字货币改变了市场、银行以及货币政策，是三百多年来最大的一次货币大改革。

2019年6月18日，脸书发布了Libra白皮书。法国、德国、英国等国家和机构都开始担心脸书数字稳定币取代本地的法币。

2019年8月23日，时任英国中央银行行长的马克·卡尼在美国发表演讲，提出用"合成霸权数字货币"取代美元并成为世界储备货币。跨境贸易越来越重要，世界储备货币越来越重要，美国GDP占全世界GDP的比例越来越低，在这种形势下继续使用美元并使其成为世界储备货币是不合时宜的，而在跨境支付和贸易中使用数字货币可以节省大量时间和成本。

2020年10月，国际货币基金组织发布数字货币跨境支付报告，其中谈到数字货币改变了支付体系、金融市场、资产交易、融资与贷款、外汇管理、世界储备货币、监管制度、资金流动等。国际货币基金组织还提到脸书的Libra是世界第一个也是历史上第一个合规的"全球货币"，而美元属于国家货币，欧元算是地区货币。

目前，比特币按市值已是世界第三大货币，排在美元和欧元之后。美国第一次发现比特币是对美元的一项挑战。美国在2021年1月允许美国银行参与区块链作业，而且可以发行稳定币。因为货币流动性是成为世界储备货币的重要因素，美国预备了大量的本土美元，使其以数字货币形式在世界流通，助力美元。因此，美国才会让美国银行参与区块链网络。

我们从境外数字货币愈演愈烈的竞争中看到以下三点。

第一，形式多样的加密币和央行数字货币正在加速渗透，或将对我国货币体系构成冲击。据不完全统计，目前有影响力的加密币已达1万余种。在比特币等加密币价格屡创新高的同时，一些所谓的稳定币也在兴起。虽然这些稳定币无法承担法定货币的职能，但在一定范围和场景内受到追捧，以分布式的模式在世界范围的网络上大规模交易。如果我们不加以防范，那么它们可能会侵蚀我国货币发行权。

第二，多个国家正在开展央行数字货币研究，或将抢占法定数字货币先机。目前，已有不少国家在央行数字货币研发上取得实质性进展或有意发行央行数字货币，包括英国、加拿大、日本、俄罗

第7章 数字货币

165

斯、韩国、新加坡、法国、瑞典、沙特、泰国、土耳其、巴哈马、巴巴多斯、乌拉圭等，美国近期也表现出对数字货币的浓厚兴趣。国际清算银行报告称，在65个国家或经济体的中央银行中，约86%已开展数字货币研究。如果我国不进行前瞻性部署，那么我们将难以在数字货币这场竞赛中获得先机。

第三，我国法定数字货币势在必行。一方面，我国移动支付市场规模巨大、增长迅速，支付方式和产品推陈出新，支付服务水平不断提升，已成为全球范围内一道独特风景线。目前，广大用户已经养成使用电子支付工具的习惯。另一方面，非银行支付市场形成双寡头格局，大型支付机构垄断数据和场景，大量交易在其体系内封闭循环，难以有效监管。这不但会侵害客户合法权益，更不利于公平竞争和金融风险防范。在这种情境下，我国发行数字人民币具有重要性和紧迫性。

我们认为，在数字货币赛道上，数字人民币的应用应适当加快进程，弯道超车完全是可行的。

第3节
数字人民币的发行过程及原因

数字人民币是经国务院批准发行的法定数字货币。中央银行组织市场机构从事央行数字货币研发的相应工作，经过长达六年时间，数字人民币随时可能正式落地。由此，中国有望成为全球第一个顺利发行央行数字货币的大国，人民币主权货币地位在数字经济时代有望得到进一步巩固。

一、数字人民币的研发过程

2012年之前，第三方支付，特别是利用数字和网络技术的第三方支付，已经有所发展，但是缺少管理和协调主体。国务院讨论要求中国人民银行将其管理起来，于是发放了第三方支付牌照——将第一张牌照发给了支付宝。

2014年，中国人民银行成立数字货币项目组，对数字货币发行和业务运行框架、关键技术、流通环境、法律问题等进行了深入研究。项目实施方案并没有明确的方向，既包含区块链技术，也包含其他方面的可能性。

2016年，中国人民银行成立了数字货币研究所，借用了纸币印制研究所的机构编制。这也表明，下一代纸币的设计研究工作从此停止。

2017年，中国人民银行开始研发数字人民币。当时，国家已经意识到一定不要把属于支付体系的数字人民币和数字资产交易混在一起，所以，2017年中国人民银行停止了ICO和比特币的国内交易。

2018年9月，数字货币研究所搭建了贸易金融区块链平台。

2019年，中国人民银行宣布开始数字人民币试点，并进行封闭测试。2019年8月18日，中共中央、国务院发布《关于支持深圳建设中国特色社会主义先行示范区的意见》，提到支持在深圳开展数字货币研究等创新应用。

2020年，我们开始推进深圳、苏州、雄安、成都和未来冬奥会场景的"四地一场景"内部封闭试点测试。2020年11月，我国增加了上海、海南、长沙、西安、青岛、大连6个新试点地区。

截至2021年6月30日，数字人民币试点场景已超132万个，覆盖生活缴费、餐饮服务、交通出行、购物消费、政务服务等领域。开立个人钱包2 087万个、对公钱包351万个，合计交易笔数7 075

万笔，余额345亿元。

另外，中国人民银行通过积极参与国际清算银行、国际货币基金组织等国防组织多边补充，并与香港金融管理局、国际清算银行创新中心（BISIH）牵头的多币种央行数字货币桥研究项目（m-CBDC Bridge）合作。

二、数字人民币的研发动机

2019年，我国移动支付占个人消费支出的比重已超过60%。2020年，我国移动支付的人数占总人口的比重近60%，这也是一个比较高的比例。目前，我国移动支付、各种电子支付和信用卡构成的支付体系在总支付体系中占比15%左右。

银行业务在二三十年以前就开始全面数字化，账户都被录入计算机，进行数字处理，后来通信也全部实现了数字化。在这种情况下，银行业务在很大程度上是一种数据处理业务。因此，不管是数字货币还是数据处理，都被看作广义的数字化。

对于数字人民币的研发、试点和未来可能的推广，其驱动因素是什么？发展机遇是什么？这些也是业界最为关注的几个焦点问题。

第一，动力主要源于需求方，包括不断改善支付系统特别是零售支付系统，降低成本，提升便利性，以及更好地服务用户。当然，这也给技术不断进步提供了可能，技术创新方也会推销自己的技术，但还是以需求方为主。例如，针对区块链技术，中国人民银行一直提醒需求方要有清醒的头脑。区块链技术有分布式的好处，但是其分布式特点是不是我们支付体系现代化真正需要的内容呢？其实不见得，而且弄不好还会带来不少弊端。另外，区块链技术具备记录的不可篡改性，这也是一个很有用的技术。但是，对于现有系统特别是账户系统来说，其被篡改的可能性实际上非常小。另外，我们还要考虑交易出错时需要主动修改这种特殊情形。再比如，有一部分技术声称可以不依靠账户，那么账户是否属于不太好的东西？仔细想想，金融体系中的账户实际上是很好的东西，包括数字交易加密的技术。回想电子支付最近二三十年的进展，确实有很多东西都是加密的，只不过加密环节不一样，有的是在访问账户期间进行加密，有的是在信息传输期间进行加密。最终，我们要靠科技和需求两方面碰撞，得出更优的开发想法。

第二，中国人过去在出行时要带很多东西，所谓的"身手要钱"，就是出门一要带身份证，二要带手机，三要带家门钥匙，四要带点现金。当手机作为移动互联网的终端出现后，人们发现出门带手机就行了，身份证、银行卡都在手机里面，可能车钥匙、门钥匙也都在手机里。同时，手机还有很多其他功能，所以人们不需要再随身带现金、信用卡等，而且希望手机整合更多功能，这也是数字人民币的动机之一。科技进一步发展后，也许还会有更新、更方便的东西，但是现阶段的中国暂时是这种情况。因为各个国家的基础不一样，所以需求的强烈程度也不太一样。

第三，如果消费者接受了新的支付方式，那么零售商店怎么办？在移动支付之前，中国已经可以大量使用互联网来收单。为了进一步发展互联网收单，商铺可以采用不同办法，如进场支付、NFC（近场通信）、二维码。数字人民币可以通过NFC来完成交易，这是一种点对点的支付方式。随着网络基础设施的完善，多数地方都会有互联网，特别是无线网络。万一没有网络，人们还可以通过NFC来完成支付。

第四，双层体系中的第二层商业机构，包括商业银行、手机运营商、支付平台，我们要鼓励它们开展合理竞争，共同提供服务并进行创新。中央银行最好不要预先设定或者认定某种技术路线，因为技术在不断更新，在当前技术进展非常快的情况下，做到精准预判并不容易。国际上也有不少讨论，指出要特别重视金融脱媒问题，特别是第二层机构会有金融脱媒的潜在风险。另外一种风险是，一些虚拟资产的价格波动过大，容易出现投机现象，从而脱离实体经济。我国特别重视金融为实体经济服务，如果一些金融交易脱离实体经济，那么这会引起大家的格外重视。

第五，要高度强调保护个人隐私，防止电信和支付诈骗。在我国，电信诈骗备受关注，通过手机以及其他方式进行诈骗的概率非常高，人们对此很不满意。这也是数字人民币发展的动力。

三、数字人民币采取双层运营体系

2016年前后，我国在国际上提出支付体系和数字货币体系双层体系的设想。中央银行在第一层，目前在第二层运行的有工、农、中、建四家大银行，还有中国移动、中国电信、中国联通、蚂蚁金服和腾讯微信支付。

第二层机构的动力还是很强的，特别是在客户、业务获取方面。同时，这些机构也应该承担较多责任：一是要有一定的资本，以便减少风险，特别是如果支付体系出现风险的话，那么后果会很严重；二是作为反洗钱的主体，要充分了解客户；三是要保护客户隐私，这方面如果出了问题，就会被客户提起诉讼追责；四是技术方面要有非常大的投入，包括设备投入、运行保养等。

在中国这样的大国，第二层机构可以做多方案并行的开发和试点。多方案的缺点是，最后可能会在互通性上有一些麻烦，需要协调、切换装置等。但是，真正做起来也不见得有很多方案，因为当机构经过磨合以后，其认识会比较接近，各个机构的方案最后可能会合并。

总体来讲，这是可以容纳多方案的双层体系结构，而且非常重视零售系统。这是导向，但不是要专门推销某一种项目。重视零售系统是因为它是整个支付体系的基础，如果这个基础打不好，那么其他上层应用有可能站不稳。

有人认为，双层体系中第一层和第二层的关系是一种批发零售的关系，其实不然，它还涉及对现行技术体系的一些评估。

我国目前的项目架构主要基于数字人民币要采取动态的、竞争性的、多方案的双层经营体系。

第一，采用竞争性、多方案的研发。问题是，中央银行是否有能力判断并选择最优技术路线。现有技术看起来五花八门，各机构都会说自己的技术最有用。银行在电子化过程中也会反复遇到这种情况，不同的人可能有不同倾向，但是作为机构来讲，中央银行选择一种最优技术和最优发展路线不太容易，风险也比较大，万一选错了怎么办？中国有14亿人口，市场非常大，可以容纳或实行多种技术方案，我们对每种技术方案都要进行仔细评估，做优缺点比较。小国比较敢于创新，试点时发现有问题或最后发现这并不是最优方案，要切换也相对容易。这对于一个大国来讲就非常难，周期也拉得较长，其间也有可能出现各种风险。我们从过去纸币的经验可以看到，有些欧洲小国在将一代纸币更新到另一代纸币时，虽然纸币材质、防伪标志可能会不一样，但它们只需一年就可以完成切换。例如，在前3个月，新旧货币并行；在之后3个月，所有零售商店不接受旧货币，只接受新货币，旧货币可以到任何银行网点兑换成新的货币；在剩下的6个月，用户只能到中央银行一家机构兑换新的货币；再往后，除非有特别原因，旧货币只能作为收藏品。中国从第三代人民币切换到第四代人民币，从第四代人民币切换到第五代人民币，每一次切换都要花费十年左右时间，而且还有很多遗留问题，所以大国很不容易。

第二，采取动态演进体系。由于金融科技发展迅速，支付行业也必须适应不断演进。我们的支付系统希望建立这样一个框架，既可以容纳不同方案，又是一个动态演进系统，在使用过程中，一个可以替换另一个。在演进过程中，我们要以用户为中心来评估技术，同时要反对垄断，因为垄断有时会对下一步的新技术路线选择形成阻碍。区块链和分布式记账技术一直是数字人民币双层体系的方案之一，目前还在研发中，还在不断解决技术上的问题，特别是处理能力（每秒处理多少笔业务），还在研发改进。作为零售系统的应用来讲，它暂时还成不了主流。

第三是中央银行的角色特点。首先，中央银行要维护数字人民币的币值稳定。具体办法多种多样，比如对第二层机构设定资本或者发行准备的要求。理论上，在双层体系中，中央银行的研发重点不在数字货币产品本身，当然数字货币产品本身是研发基础，中央银行内部肯定也在积极进行研发。其次，中央银行应更加注重建设可靠的结算与清算等基础设施。这一类基础设施不仅涉及零售系统，还涉及更广泛的支付基础设施以及金融市场基础设施。再次，中央银行可以做一些工作以促进不同支付产品之间的互联互通。如果各个支付产品使用的标准或者参数不一致，那么中央银行可以争取协调一致。产品通用性高，对市场、消费者也更加有利，但是也要容忍个别情况或是阶段性差异。最后，中央银行要在动态演讲系统中准备好应急和替代方案。如果中央银行也研发出一种数字货币，而且在零售中做得很好，那么这无疑可以起到应急和作为替代方案的作用。在市场应用过程中，预期之外的系统失误或偶发问题，都可能出现，这时候中央银行不能暂停支付系统的运行，否则整个经济都会受到影响。而替代方案可以避免支付系统停止运行的情况发生。过去西方有很多支票、汇票在一线应用，万一出了问题，现金可以应急，这也是基于替代需要。

既然未来的技术可能是动态演进系统，那么在演进过程中便会有升级换代。升级换代的过程有时候很复杂，有些系统升级时得停掉，所以切换的时候也需要替代品，也需要应急方案。

总之，我们需要好好设计中央银行的角色，发挥好双层系统各方面的积极性和长处。

四、数字人民币使用的激励机制

人民币本身不存在信用缺失问题，但用代码信用增强权威信用也属正常。数字人民币不设技术路线，可用区块链技术，也可不用区块链技术。考虑到区块链在没有信用缺失的情况下，不可篡改是其缺点而不是优点。何况，目前区块链技术的安全可信有余，性能可扩展性不足，特别是效率很低。数字人民币保持开放态度，也希望吸收包括区块链在内的更成熟的数字技术。实际上，数字人民币采用蚂蚁集团的移动开发平台mPaaS和分布式数据库OceanBas，也从加密币和区块链中得到了极多的养分，借助分布式、可信计算、加密、智能合约等技术，模仿区块链进行钱包设计。另外，央行数据中心采用的是中本聪发明的UTXO技术来平账。

我国中央银行在数字人民币方面加强与SWIFT（环球同业银行金融电讯协会）的合作，对双方拓展数字货币领域的全球化发展都是非常重要的安排，而且可以帮助SWIFT建立数字货币报文标准和处理规则，带动世界各国数字货币发展，可谓意义重大。

数字人民币发行的内部激励主要包括两点：一是便捷零售支付，提升支付市场体系的竞争力；二是推进普惠金融，提高金融服务的深度和广度。

在具体场景的选择上，数字人民币短期内可尝试个人所得税缴纳、医疗挂号、水电煤缴费、交通罚没缴费、公共交通出行、公益捐助等。未来，若数字人民币突破零售支付功能，则其使用场景可进一步拓展。例如，在扶贫款、拆迁款等专项款的发放上，利用可控匿名的央行数字货币可追踪特性，我们能够对款项克扣、贪腐问题形成有效震慑和打击。

数字人民币发行的外部激励主要是为了将数字人民币应用于跨境支付，推动本国货币的国际化。数字人民币当下的发行激励主要在于提高支付市场的竞争效率，但不排除未来为了推动人民币国际化战略而被应用于跨境支付。数字人民币应用于未来"一带一路"中跨境支付的可行性，将会为人民币国际化的顺利推进奠定坚实的市场基础。我们可以考虑接入目前已经搭建的跨国合作平台，也可以协调"一带一路"国家沿线的中央银行，搭建跨境支付联盟，并将数字人民币用于旅游消费、海淘、海外移民和劳工汇款等。

在跨境投资方面，数字人民币可用于数字资产交易，提高数字资产流转的效率。目前，数字资产交易还集中在虚拟货币交易所平台，与现实世界中的资产缺乏联系。但未来随着房地产、股权、票据等通证化，数字人民币有望成为跨境数字资产交易最常用的计价、结算单位。

基于此，各地完全可以成立专门的面向全球范围的数字资产交易所，抢占数字经济建设制高点。

数字人民币将形成完整的产业链。不难想象，未来围绕数字人民币从发行环节、分发环节、支付环节、运营环节等将会形成一条较为完整的生态产业链。

- 有C端（个人）支付服务经验的支付机构，如微信支付、支付宝等第三方支付服务商就拥有海量C端用户服务经验。
- 有大量B端（企业）商户资源的公司，如支付机构、电商、运营商端（企业）商户资源的公司。
- 商业银行、支付系统开发商。数字人民币出现后，其分发机构势必要调整支付服务系统。数字人民币的特性（离线支付）或许需要 NFC、蓝牙、二维码、POS（销售终端）机等方面的技术支持，拥有相关技术的服务和设备厂商或许拥有较大潜力。

除了手机支付，数字人民币还增添了无源可视卡、可穿戴设备等脱离手机的"硬钱包"，只需"碰一碰"，"钱包"便会显示交易金额和余额，无须充电，对老年群体友好。

数字人民币从发行之初到被大众广泛使用，必将有一段普及、应用的过程，而数字人民币、区块链领域会出现创业与基础设施建设浪潮，会诞生一大批独角兽企业。机会也正在此处，我们只要提前了解，就自然可以抓住时代机遇。

五、数字人民币的主要技术路线

当前数字货币电子支付的技术方案主要有以下几种。

一是以账户为基础的电子钱包。

二是商户使用的二维码。二维码也在不断升级换代，如标准化、动态二维码已经出现。二维码本身的技术含量不算高，所以有人说二维码可能不久就会退出舞台，不过当前还是一个可以普遍应用的技术。

三是 NFC 近场接触型交易，比如 ApplePay（苹果支付）、Huawei Pay（华为支付），这些都是近期很有潜力的工具。

四是手机中的银行卡，它们既可以做云闪付以及 ApplePay、Huawei Pay 这样的 NFC 支付，也可以做其他形式的支付。

五是预付卡。目前依旧有很多机构在使用预付卡，如香港八达通电子收费系统，这是一个基于 IC 卡的很好的产品，而且在香港的推广应用也很成功。带一张卡比带手机更轻便。所以，即便未来移动终端成为出行的主流配置，但可能还有预付卡类的支付工具存在。同时，预付卡也可以想办法做到手机里。

目前，上述数字人民币的技术开发思路和美国、英国、法国、德国、日本、意大利、加拿大七国集团发行的央行数字货币并不是完全一样的思路。两者区别在于以下三点。

第一，数字人民币的第二层机构实际上拥有数字人民币的所有权以及可支付的保证，也拥有相应系统、技术和设备。在制定思路前，中国人民银行曾研究了香港三家发钞行的情况（香港金融管理局委托三家发钞行印钞）。20世纪90年代中期，在中银香港加入之前，香港主要有汇丰、渣打两家发钞行，发钞行每发行7.8港元就要交给香港金融管理局1美元，同时香港金融管理局给发钞行发放100%的备付证明。从资产负债表来看，各家发钞行的负债是发出的钞票，资产是拥有的准备金，中央银行发出负债证明是负债，这和央行数字货币所设想的货币所有权和负债责任都归中央银行有所不同。

第二，中国人民银行为了支持币值稳定，不做比特币这样的产品，而是采取了不同方法，比如要求现钞100%的准备金，或者像香港金融管理局那样发放证明书。老百姓很愿意机构100%备付，他们认为这样资金更安全。然而，实际操作没那么简单，因为100%准备金只针对现钞，在中国就是M0，并不包括其他准现金类，更不用说M1、M2。所以，备付证明书只能针对现钞这一部分，这和钞票归中央银行有所不同。

第三，我国中央银行和第二层机构并不是简单的批发零售关系。第二层机构的责任包括了解客户、反洗钱，也包括对用户隐私数据的保护，这些合规性的责任都在第二层机构。如果简单对照央行数字货币，大家就会觉得好像责任都在中央银行，其实并非如此。为了更好地保持系统的稳定性，同时也为了防止洗钱等，中央银行应该掌握所有交易数据，但只是用来备份，本身不产生直接商业利益。

曾经有人提出，商业银行发行数字货币好像是发了一个信封，可能不同银行的信封不一样，比如防伪等各方面都有所不同，但是从本质上讲，信封里装的都中央银行货币。

这个比喻很有意思，但不完全是这样的：信封里可以是中央银行货币，也可以是中央银行的备付证明书，还可以是中央银行的安慰函，保证程度不一样。如果保证程度低一点，那么这可能要求对银行资本充实率、流动性方面的监管从严，出问题的可能性也比较小。这个信封里还可以放机构自己设计的东西，总的要求是保持稳定性和有效性。

总之，双层体系中的第一责任人还是第二层机构，如果银行发生了挤兑、提款问题，那么根据不同的设计方案，中央银行的责任有所不同。

根据数字货币概念的流程图，早期一些国际组织或是西方的主流定义里就出现了比特币，中央银行讨论比较后一致认为这是不稳定币。中央银行要发行稳定币，所以提出了稳定币的概念。再后来出现了私人加密币，大家又提出不用私人货币，因为这可能会带来意想不到的问题。还有人指出，央行数字货币有可能脱媒，而且事先不容易被想到，于是人们开始接受双层体系的央行数字货币。

我国对数字货币的研究起步较早，上述概念都提前研究过，也有初步看法。在很多人迷恋区块链技术的时候，我国于2017年禁止ICO，禁止比特币的国内交易，同时银行体系不支持比特币为零售支付提供服务。在大家设想中央银行和第二层机构是批发零售关系时，中国人民银行已经开始考虑超越批发零售关系的结构。

作为数字人民币的技术方向之一，区块链和分布式记账技术目前也在加紧研发中。金融体系也在非支付领域应用相关技术，有的还取得了不错的进展。

如果不预设技术路线，那么中央银行及各二级商业机构会有很多支撑数字人民币的系统、钱包，这为区域链技术企业提供了很多项目机会。

在支付领域，由于吞吐量问题，目前数字人民币在零售支付体系中还不能起核心作用，但是可以期待技术的未来发展。另外，支付领域偶尔有错误需要纠正，错了就要进行更改，不是再进行一笔负值交易把原来那笔冲掉，而是原来那笔交易记录必须更改或抹掉，否则信息可能被误用，包括进入征信系统等。目前，区块链强调不可篡改性，恰恰和这个现实需要存在矛盾。

总之，区块链技术还需要进一步发展。

六、数字人民币中的数据隐私保护

交易要有匿名性，但不是100%匿名，还是要有权威机构特别是反洗钱机构掌握这些数据，它们还要最大限度地保护客户的隐私。而向中央银行报送的交易数据，应主要用于反洗钱、反恐怖融资、打击电信诈骗和纠正运营错误上。我们要充分研究和吸收欧洲《通用数据保护条例》（General Data Protection Regulation）中的一些规则。

在大数据交易所盛行的时候，大量个人隐私数据都被泄露，而很多客户还不知道自己的数据已经被泄露甚至被买卖。对于泄露出去的信息，该抹除的一定要抹除。有的用户需要更换密码、账户，这会非常复杂，也非常耗时，而且不见得有效果。

在这种情况下，我们需要一些手段来确保隐私数据的安全性。

第一，使用加密机制上传交易数据至中央银行，中央银行出于上述监管目的对数据进行备份和追踪，同时保证数据隐私的安全。

第二，类似于根据相应规定和程序进行信用卡退款，运营错误必须加以考虑并得到纠正。

第三，支付运营商不能复制、转移（不包括传输给中央银行备份的数据）和售卖数据。如果用户要求删除，那么运营商必须删除相关数据。

第四，消费者对不同用途的账户可以限额管理，以保证账户安全。当然，这个做法在有些人看来很复杂，但这是基于目前已经有大量隐私数据流入市场这一现实情况所做出的建议。

为保护隐私，数字人民币设计了匿名钱包。从技术上看，系统不采集匿名钱包的身份信息；从规则上看，系统不支撑个人隐私数据的查询。当然，没有身份信息的匿名钱包安全性很差，忘记密码就会很麻烦。

七、数字人民币与跨境支付

当 Libra 提出把跨境汇款当作其主要应用目标时，我们建议不要着急做，因为这中间存在很多不被信任或是被怀疑的做法。跨境汇款真正的难度不在技术方面，而是涉及兑换、汇入汇出管理等方面。举例来说，美国有一些墨西哥劳工，如果他们要汇款回家，那么他们通过 Libra 汇出会很方便，但是在零售市场中并不能很方便地使用 Libra，还要将 Libra 兑换成墨西哥比索。所以，Libra 将汇款作为侧重点还是存在一定问题的，它应该更注重其在零售系统中的应用。据说 Libra 2.0 以美元为后备，但是即便 Libra 以货币篮子为后备，由于发展中国家担心本国货币美元化或出现其他问题，事情也不简单。所以，Libra 跨境支付不只是技术系统存在障碍。

其他数字货币的应用障碍，如国际上关心的反洗钱、反恐融资、毒品交易等，都值得我国关注。除此之外，我国还要关注一个问题：赌博交易。

数字货币如果要做跨境交易，那么应以零售为基础。在以零售为基础的情况下，数字货币的交易要尊重各国政策和法律规定，尊重各国货币主权、汇率制度以及相关兑换和汇款规定。依靠技术措施，很多问题在支付瞬间都可以解决。例如，在支付环节，不管用不用区块链技术，都可能有智能合约或者支付条件控制。

在数字货币领域，亚洲地区对此比较积极的是东亚，此外是东盟，其中各个国家或地区条件差异比较大，政策法规等环境差异也比较大，发展水平也不一样。在这种情况下，我国的数字货币发展可以稳步向前推进。我们首先建立坚实的零售支付系统，然后重点解决跨境旅游等经常项目的支付。在这个过程中，我们一定不要强制人民币国际化，应把主要精力用于维持跨境支付合作的清算环节。

八、数字人民币与支付宝、微信支付是合作竞争关系

数字人民币是币，有法偿性；支付宝、微信支付是账，没有法偿性。如果你到商店买东西并用数字人民币支付，那么商家不能拒收，就像不能拒收纸币一样，但商家可以拒绝使用支付宝、微信支付。

数字人民币最大的用途就是支付，这与支付宝、微信支付在功能上有竞争关系。数字人民币肯定会抢占一部分支付宝、微信支付的市场。另外，数字人民币等同于现金M0，没有利息，也没有手续费；而支付宝、微信支付可以设计余额宝理财经营模式，有利息也有手续费。在这方面，数字人民币和支付宝、微信支付有差异化竞争。由于习惯问题，大家习惯了使用支付宝和微信，何况它们跟淘宝、微信等其他服务绑定，因此支付宝、微信支付未必不会干过

数字人民币。

但数字人民币与支付宝、微信支付也是合作关系。支付宝、微信支付以后不用绑定银行现金账户，而是可以直接绑定数字人民币。

综合来看，数字人民币是用来替代现金M0的，它与支付宝、微信支付是合作竞争关系，其共生发展的面还要更广阔，合作机会更多。

第4节
数字人民币的重要意义

数字人民币既是货币形态演变的必然趋势，也是数字经济发展的内在需求。数字人民币将在解构国内外诸多挑战的基础上，重构我国货币与支付体系。

一是提供币值稳定、无限法偿的数字货币。数字人民币由中央银行依法发行，具有人民币现金所具有的全部特性，发挥价值尺度、流通手段、支付工具等功能，有助于规范货币交易行为，节约社会成本，使现代金融和经济活动更加便捷、高效和安全。数字人民币发行后，拒收现金行为或将减少。

二是增强货币与支付体系的公平性和普惠性。数字人民币不向用户收费，是面向全体公民的公共物品。作为法定货币，数字人民币会打破支付壁垒，在全部支持的银行和支付工具间实现流通。数字人民币不用绑定银行账户或支付账户，还可以在没有网络的情况下使用，使用场景和范围更广。

三是更好地维护金融稳定和防范金融风险。数字人民币中心化管理、可控匿名等特性，在保护用户信息和隐私安全的同时，将支付活动置于有效管理之下，交易数据留存在金融管理部门，解决现金交易中信息不对称问题，有助于打击洗钱和腐败等犯罪行为，有助于金融风险监测和防控。

四是数字人民币是我国数字金融经济发展的重要金融基础设施。数字人民币不仅大大节约了人民币发行成本，提高了人民币的使用效率，对金融体系的提质增效将带来脱胎换骨的积极影响，也会加大改进货币金融政策的实施效果，对于改进金融赋能实体经济、建立广泛有效的激励机制、防范金融经济风险、保护国家金融经济安全、助力人民币国际化等也将起到积极的作用。

第8章

金融区块链与DeFi

目前工业时代的金融体系有很多问题，很难适应数字时代经济社会发展需要，必须进行改革，而塑造数字时代的新金融体系已提上议事日程。

区块链出现后，我们有了改造金融系统的新武器。金融链改通过分布式代码信用增强机构权威信用，对银行、证券、保险以及货币政策等各个领域进行改革，能够有效实现金融为实体企业输送资金、维护金融经济稳定安全、激励和调动各方积极性的作用。

金融区块链从记账通证背书开始。数字人民币使用UTXO技术，就是用记账通证背书实现对账和平账。如果银行使用记账通证做支付结算背书和存贷背书，对接企业记账通证，优化迭代，那么这是否可以大大提高银行存贷能力、信用水平和风险防控能力呢？如果证券市场每一只股票都用记账通证做背书，那么整个证券市场和上市公司的质量是不是都有可能提升？

央行数字货币、跨境支付、区块链银行、供应链金融、证券市场、保险、票据等是区块链最主要的应用领域。美国证交会主席杰伊·克莱顿说，未来所有的证券都是通证。实际上，未来所有的金融企业都是区块链企业，未来所有的货币、证券、资产等价值都是通证。

如果说比特币的价值在于挑战美联储尤其是SWIFT，那么DeFi的价值在于取代华尔街。DeFi将会成为未来杀手级金融区块链。DeFi正在快速创新试错，我们必须密切关注并紧跟它的趋势。DeFi一旦成熟，就要立马引进、消化、吸收，为我所用。

我国金融链改就是在继续完成市场化改革、对外对内开放的同时，进行数字化转型，这里不能简单照抄西方国家已过时的工业金融作业，而要利用区块链换道超车。

第1节
金融改革和数字化可利用区块链换道超车

我国在推进市场化改革、数字化转型等方面，采取"慎重务实"的策略是英明选择。随着数字化转型加快，金融科技需要加快发展。区块链是效率逻辑、分布式共识逻辑、市场逻辑和数字杠杆逻辑，在简化金融业务流程、提高信用度、提高风险防范能力等方面具有强大优势，可以率先在金融领域加快应用。

一、金融数字化转型也要摸着石头过河

自2008年金融危机以来，为了对冲金融危机的负面影响，以美国为首的西方国家采用了量化宽松政策，大量印制美元，释放流动性，试图刺激经济增长。而十余年下来，世界经济仍然处于低迷状态，贫富差距逐渐拉大。富裕阶层在危机中没有损失反而获利，美国中产阶层和低收入阶层的利益严重受损。量化宽松政策不仅没有

拉动实体经济增长，反而导致世界经济出现三大泡沫：美国股市、中国房市、全球债市。全球金融体系出现严重问题。目前，西方大规模实行负利率，美国政府债台高筑，全球金融已经危在旦夕，新冠疫情更是加剧了金融风险程度。可见，西方的金融体制存在较大缺陷。

我国是市场化转轨和数字化转型并存的国家。在从计划经济向市场经济的体制转轨过程中，我国已收获了四十多年的改革红利。前不久，国务院发布要素市场化改革，包括土地、劳动、资本、技术及数据等要素，这基本上是最后一个市场化改革的领域。我国是发展中国家，正在从农业化向工业化、数字化转型发展，正处于农业化、工业化、数字化三化并存的经济社会时期。

对于我国现阶段而言，转轨和转型是红利也是课题。在转轨方面，对于金融体制的市场化改革，我们原来还有西方经验可以借鉴，能选择适合我国国情的部分加以利用。可问题是，我国金融体制还没完成转型，西方的市场化金融体制就已经危机重重。而在转型方面，金融数字化改革也是难题，并没有成功的经验可以借鉴，就像新冠疫情防控一样，全球各个国家和地区都处在同一条起跑线上。

摸着石头过河曾是我们改革的方法论，而且被实践证明是正确的。金融体制改革既要解决市场化转轨问题，也要解决数字化转型问题，不能简单照抄西方国家作业，更需要摸着石头过河。重构数字经济时代的新金融理论与体系，用更先进的区块链和链改换道超车，直接打造数字经济时代的新金融，这是有可能的。

二、金融改革要保障三大功能的有效实现

虽然没有成功的经验可借鉴，但有一条思路是对的，那就是要多从金融本质入手，勾勒未来金融体制的模样。金融最主要的功能是为实体经济输送资金、维系金融稳定、营造激励机制。这应该是

金融的本质特征，也是金融体制改革的目标。

金融的第一大功能是为实体经济输送资金。当期国民产出的一部分供消费，结余的另一部分储蓄起来，并转化为对未来的投资。如何实现这一功能呢？一是要有记账的货币，就是人民币等法币；二是要有融资通道，这就需要银行、证券等金融中介；三是要有信贷（低风险的债权）和股票（高风险的股权）等金融产品。

金融的第二大功能是防范风险。因为印钱是最容易的事，经济不景气时，很多人往往首先想到印钱。但印钱对经济来说是兴奋剂，短期刺激一下，长期来看来副作用很大；反复使用，系统还会出现"抗药性"。实际上，从长期来看，金融最理想的状态是保持合理稳定的货币供应率。而刺激经济的工作应该交给其他政策工具，如税收、政府购买等。

金融的第三大功能是建立激励机制，这也是我们过去容易忽视的一个问题。过去我们总是把激励目光放在企业层面，更多考虑金融在服务实体经济、维护金融经济系统稳定方面的功能，也会根据宏观经济形势需要，考虑适度收紧和放松的货币政策，但极少考虑金融还是一个激励武器。实际上，激励才是金融最有用的功能。金融激励能够激活微观经济主体的创新、转型、升级，从而使金融发挥其应有的功能。金融激励还体现在收入分配上，可以保障多劳多得和人人有机会获得工资外的财产性收入。金融激励也需要公平的财富分享机制。

三、链改助力金融改革换道超车

实际上，金融是适应性的，要服从实体经济发展需要，也要输送资金、防范风险、提供激励。因此，借鉴西方金融体制经验也好，拥抱金融科技也罢，市场化也好，数字化也罢，金融改革都必须符合这些要求。

长期来看，人类经济社会结构正在进行数字化大转型，以前的工业金融体系无法适应数字经济需要，被数字时代新金融体系取代是必然趋势。发挥区块链安全可信计算、高效价值网络、分布自治组织功能，以及链改互信、共识、协作、激励、分享五力，与金融赋能实体、防范风险和营造激励目标十分契合。

到目前为止，已有80%的西方国家中央银行在研发数字货币，我国数字人民币也已开展试点应用。境外加密币的发展如火如荼，比特币行情火爆，分布式金融风起云涌，分布式存储大有一统天下态势，Cosmos、波卡、Layer2等跨链轮番上阵，链币圈创新取得突飞猛进发展。区块链金融带着热浪扑面而来，已显露出未来金融主体模式的气象。区块链、加密币以及DeFi，为未来人类社会的金融体系开启了一扇大门。

在2021年两会上，一位福建代表以比特币为例，表示许多基础理论已经无法全球共享了。美国控制着区块链技术，那么未来十年，我们不能跟美国共享基础理论，如何应对？这是十分艰巨的任务。

我们必须要加快区块链技术研发，特别是要加强区块链金融理论研究，而不是"谈币色变"甚至"谈链色变"。这样，有了基础理论和核心技术的充分发展，我们就有可能平视美国，换道超车。

第2节
未来所有的金融企业都是区块链企业

曾经为工业化财富迅速增长立下汗马功劳的金融已千疮百孔：

一方面，金融制造危机和贫富差距；另一方面，热钱在金融领域空转，就是不流入实体经济。金融已失去为未来创新买单的功能。新冠疫情暴发后，这种情况更是雪上加霜。

金融业立身之本在于其信用和风控。传统金融业依赖权威机构的信用，其背后有很多人为因素，这些人为因素很可能加剧了风险，降低了效率。但是，这个问题没有办法用传统的方法来解决。区块链出现后，未来金融业依赖代码信用，背后是机器、数据。因为客观的数据更公正，所以区块链能够很好地解决问题。

区块链的代码信用逻辑比传统金融权威机构信用要高级。区块链用代码信用代替传统全面的权威机构信用，改造甚至颠覆传统货币、银行、证券、保险、投资等金融系统。而且，除了信用更靠谱，它的风险防范控制机制也更强。因为所有数据都是在链上的，是不可篡改的，可以避免信息不对称、造假、欺诈行为的产生，从而杜绝了不安全因素。同时，它的速度、效率要高得多。除了增强信用和风控，金融企业可以建成DAO，即共有、共商、共建、共营、共享的组织模式，实现个性化、精细化、智能化治理，从而实现激励。

所有的金融企业在未来都要被区块链改造，否则就会被淘汰。区块链可以降低现阶段金融企业背后的高昂成本，它把所有的数据中心串联起来，利用加密共识的代码信用来形成一种新型业务体系。未来，所有的银行都会变成区块链银行，保险公司都会变成区块链保险公司，股票都会成为区块链股票。

用区块链的代码信用增强现有金融体系的信用，逐步完成工业时代金融体系向数字时代新金融体系的转变，是必然的趋势。这样，从上网到上链，链改可以最大限度地发挥资本对创新的巨大支撑功能，从而焕发经济活力，再造经济长周期繁荣。

这里有一个认知误区：如果区块链颠覆传统金融，那么传统金融是否要停业，员工是否会失业？答案是否定的。传统金融必须积极拥抱区块链，完成蜕变式的升级改造。因为在未来，数字经济是无形资产大爆发的经济，机会是海量的，这些都是金融的用武之地，都需要通过金融来实现。只不过数字经济时代要求金融更高效、更简便、更信用、更安全、更公正，如果不拥抱区块链，不进行数字化转型，那么传统金融恐怕很难适应数字经济时代的新要求。转型快的金融企业会发展得更好，转型慢的金融企业自然会被淘汰。金融如果主动拥抱区块链，主动链改，那么与链币圈自货币、自金融相比还是有相当大的优势的。毕竟金融科技在本质上还是金融，金融是特种行业，专业性极强，有自身规律，需要监管和牌照。但如果金融系统故步自封，那么拥有强大生命力的链币圈会冲击传统金融行业和市场。虽然蚂蚁金服被反垄断制裁，我国政策也禁币，但境外自金融、自货币的气势不减，最终会形成强大冲击力。"十四五"规划中已经有区块链金融科技设计，这是很好的时机，金融机构必须乘势而上，抓紧链改，因为留给传统金融改造升级的时间真的不多了。

第3节
典型金融区块链应用

一、央行数字货币

央行数字货币是数字化法币，本身就是币。2020年，世界各国80%的中央银行都开始研究央行数字货币，且都有发行计划。我国数字人民币正在试点中。数字人民币可用于商业模式设计，比如数字人民币可以给企业积分背书、跨境支付等，未来潜力巨大。

二、跨境支付

以前做一笔国际贸易，我们可能需要各种证明，支付结算也需要几个月。而当区块链成为底层后，依托它所累积的代码信用记录，人们分分钟就可以完成国际交易和跨境支付。

例如，你卖给美国人1万美元的产品，美国人支付产品费用的程序非常复杂。在正常情况下，他要将款项从美国开户行账户转到美国有跨国结算业务的银行户头，然后由美国跨国结算行转账给中国有跨国结算业务的银行账户，最后再由中国跨国结算行转账到你的开户行账户。美国跨国结算行与中国跨国结算行还需要通过SWIFT的通知确认操作。因为需要采信，每一道手续的相关证明材料都必须备齐。而且，银行不提供免费服务，每道程序都需要手续费，中间还有美元兑人民币的汇兑问题，整个交易流程时间长、成本高、烦琐（见图8-1）。而有了区块链，因为链上有信用，人们可以在链上转账，整个交易简便、快速，这就是区块链的巨大魅力。

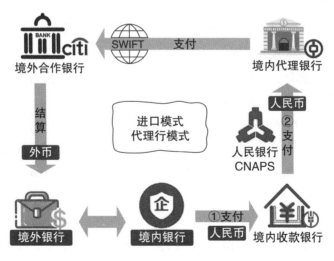

图8-1 传统跨境支付过程

比特币原本是用来替代美元的，而现在看来，比特币最有用的地方是支付结算。后来出现的加密币（以太币等）等都有支付结算功能。实际上，加密币或多或少都有支付结算功能。脸书的Diem也主攻支付结算市场。摩根币走的是另一个支付结算之路（内部支付结算），这也属于稳定币概念。

三、区块链银行

银行在全球范围内都是价值的储存和转移枢纽。作为一种数字化、安全且不可篡改的分布式账本技术，区块链能够承担同样的功能。原先银行放贷款，需要复杂的信用背书。但是，由于区块链的信用记录不可篡改，人们在区块链上进行贷款不需要那么多的信用背书。

区块链的速度与效率是传统金融机构所不能比拟的。在这种情况下，用区块链进行融资、存贷、贸易金融、支付结算等，正成为一股世界潮流。

瑞银集团和英国巴克莱银行都在尝试将区块链作为提高后台功能和加快结算的一种方式，这可能会减少中间成本。巴克莱投资了Crowdz，这是一家基于区块链的B2B（企业对企业）支付初创公司，可以帮助公司收款并自动执行数字发票。区块链公司Ripple（瑞波）与桑坦德银行和Western Union（西联汇款）等金融机构合作，旨在降低跨境交易成本，提高跨境支付效率。区块链初创公司BanQu与AB InBev合作，以方便向赞比亚的木薯种植者付款。BanQu通过供应链跟踪农民的产品，然后通过农民的手机向没有银行账户的农民提供数字付款。

2021年年初，美国货币监理署对外宣布加密币托管公司Anchorage通过了银行牌照申请。Anchorage也因此成为全美第一家获得设立"联邦级"银行许可的加密公司。美国第一家加密银行就此诞生，具有里程碑的意义。链币圈也开始拥有合法身份并向传统金融迈进。另外，近20家数字资产支付处理商正在积极开拓类银行服务。目前，直接向数字资产公司提供服务的银行已超30家，其中90%位于欧美地区。数字资产和金融正在实现创新融合，加密银行逐渐成为金融机构加速布局的全新赛道。

四、供应链金融

供应链金融是区块链最典型的应用场景之一。"十四五"规划商用领域只提到了供应链和金融科技，两者的叠加就是供应链金融，可见供应链金融将是"十四五"期间最优先发展的区块链业务领域。

根据中商产业研究院的预测，我国供应链金融的市场规模将呈稳健发展态势，从2017年的13万亿元增长至2020年的15万亿元，行业发展空间巨大，用区块链做供应链金融的市场潜力巨大。

在区块链下，如果信用信息不对称的问题能得到解决，资本就能够建立有效的优化迭代机制，为有前途但缺乏资金的项目输送资金，同时获得丰厚的利润回报。区块链促进了金融领域的去中介化，缩短了资金从大众消费结余到企业扩大再生产的链条，推动了资本市场中的直接融资需求与供应。区块链可以使资金流通和配置的效率得到革命性的提升，大大减少了资本过剩。

在传统金融中介模式下，由于信息不对称和金融机构的逐利性、强烈的风险规避性，许多需要融资的领域得不到匹配的资金支持。但是，在区块链的代码信用下，资本可以在链上向融资洼地流动，并且无须担忧信用与风险问题。

融资难、融资贵的问题在中小微企业身上尤其严重，这是我国经济发展的一个大痛点。企业可以在区块链平台上做信用背书，用资产、应收账款、仓单、合同等做抵押物，从银行等金融机构获取贷款，从而解决"萝卜章"等骗贷行为，并且能秒批秒贷。

企业用区块链做担保，可以助力动产融资。据统计，我国中小企业约60%以上的资产为应收账款和存货，但向金融机构担保贷款时，约60%的金融机构要求提供不动产担保，且动产担保融资不足40%。形成错配的一个重要原因是，我国动产和权利担保登记机构相对分散，登记查询效率较低，影响了动产融资的发展。

根据发起方的不同，基于区块链的供应链金融平台可以分为核心企业搭建的区块链平台、金融服务机构发起的区块链平台、多方共同维护的供应链金融生态圈、政府引导发起的供应链金融生态圈，其中有大量商机。目前，我国有不少基于区块链的供应链金融平台应用。

五、证券市场

目前，证券市场主要基于互联网技术平台。如果证券市场利用区块链进行技术升级，那么这对于提高信用度和透明度，以及提高证券市场和上市公司质量和治理水平，都有积极作用。

证券市场通过区块链化改造，与企业资产通证化对接，这是理想图景。如果证券市场再吸收 DeFi 先进技术，那就更完美了。改造后的证券市场将为数字经济2.0各资产品种提供出口。

目前，我国股权市场区块链化改造正在试点。2020年7月7日，证监会发布《关于原则同意北京、上海、江苏、浙江、深圳等5家区域性股权市场开展区块链建设工作的函》，原则上同意了北京、上海、浙江、江苏、深圳等区域性股权市场参与区块链建设试点工作。

深交所已进军区块链业务，海南积分交易也在试水。证券市场的链改大戏已经开始，未来包括证券市场的区块链化、企业资产通证化及合规交易等一系列金融市场的升级改造非常值得期待。

从某种意义上说，用区块链做证券市场的登记系统打造了一个全球化民间自由的登记系统，给民间投资和企业直接融资提供了便利。区块链的不可篡改性决定了数据的可信度，不至于出现IPO抽查和大量企业临阵脱逃的情况，能够提高上市公司IPO质量，对投资人的权益保护十分重要。

2020年9月，深证通联合北京股交中心上线了全新的基于区块链的股权登记托管系统，搭建区域性股权市场业务链，并与证监会中央监管链实现成功对接。

2020年11月1日，海南省地方金融监督管理局批准的三亚国际资产交易中心有限公司开业，推出跨境资产转让和旅游消费积分交易两大创新产品线，其中旅游消费积分交易平台为全国首创，有破冰意义。

区块链降低传统网络安全风险的一种方法是，消除对人为中介的需求，从而减少黑客入侵、腐败或人为错误。例如，声称有MIT（麻省理工学院）和Flybridge Capital Partners（浮桥资本分位公司）支持的Enigma[1]是Catalyst的开发商。Catalyst是一种链下的分布式交易所和投资平台，无须第三方就可以充当清算机构。另一个分布式交易所是基于以太坊的0x[2]。

多年来，很多公司一直致力于简化买卖股票的过程。如今，以区块链为中心的新兴初创公司寻求比以往更有效确保交易过程安

---

① Enigma，可用于隐私数据存储计算的去中心化平台。

② 0x是一个基于以太坊的点对点交易所的开源协议，目前主要促进以太坊区块链中ERC20代币的交易。

全的解决方案，以实现自动化。例如，荷兰银行的投资部门与投资平台BUX[1]合作，创建了一个名为STOCKS的区块链应用程序。该应用程序将用户的ABN AMRO资金保留在区块链银行账户中，用于股票交易。私有区块链的使用旨在为用户和银行节省资金。Overstock[2]的子公司TØ.com希望使用区块链技术实现在线股票交易。t Zero平台将加密安全的分布式账本与现有交易流程集成在一起，以减少结算时间和成本，并提高透明度和可审计性。

与现有交易网络和交易所的合作关系将帮助区块链实现跨越。区块链初创公司Chain协助协调了实时的区块链集成，成功将纳斯达克的证券交易所和花旗银行的基础设施连接在一起。

六、加密信托

从2020年开始，比特币等数字资产已经成为主流资产的一部分。成立于2013年的灰度公司通过合法渠道买入比特币等数字资产的行为令世人瞩目。2020年1月21日，灰度比特币信托（GBTC）成功在美国证交会注册登记，成为首个符合美国证交会标准的数字资产工具。2020年10月12日，灰度以太坊信托（ETHE）在美国证交会提交的注册申请也正式通过，它的资金流入与资产规模都实现翻倍增长。目前，灰度公司已是全球最大的数字资产管理机构。大量的传统资本以灰度加密信托作为主要投资渠道，纷纷涌入加密币市场，持续推高市场热度。

当前，灰度公司共持有10只信托基金：9只单资产信托产品，分别对应比特币、以太币等9种数字资产；另外还有1只数字大

---

[1] BUX是欧洲增长最快的新经纪商，其旗舰平台BUX zero为用户提供免佣金投资服务。

[2] Overstock是美国知名的网上购物平台和品牌折扣销售平台。

盘基金，包含4种数字资产，根据市值加权确定比例，分别是比特币（81.63%）、以太币（15.86%）、比特现金（1.08%）、莱特币（1.43%），收取的年管理费为2%~3%。2020年年初，灰度公司的资产管理规模为20亿美元。但是到了2021年1月14日，灰度公司已经拥有超过277亿美元的资产，增速颇为惊人。

大型基金通过灰度公司投资比特币等数字资产，无须投资者亲自购买、转移和存储数字资产，也无须额外管理个人账户、钱包和私钥，安心省心，并具备IRA（退休账户）投资资格。

七、对冲基金

境外通常用分布式和加密币管理对冲基金。例如，在First Round Capital[1]和Union Square Ventures[2]这样知名企业的支持下，Numerai[3]采用对冲基金模型，雇用大量分布式管理交易员和量化专家，发送了成千上万个不同位置的量子加密数据集，并要求他们建立预测模型，而最佳的贡献者将获得Numerai的加密币Numeraire奖励。

八、众筹

众筹行业的出现将融资过程实现去中介化，让支持者或个人投资者可以直接资助创客和创业者。因此，众筹行业应用区块链是非常合适的。例如，电影 *Braid* 是第一部在以太坊区块链上通过加密

---

[1] First Round Capital，成立于2004年，是一家著名的早期投资机构。

[2] Union Square Ventures，成立于2003年，是美国最知名的风险投资机构之一。

[3] Numerai，成立于2015年，是使用AI技术的对冲基金金融技术公司。

币众筹实现融资的故事片，在Weifund上筹资170万美元。

在初始加密币融资过程中，公司售出加密币的行为类似于公开上市企业发售股票，是另一种区块链技术推动出现的众筹模式。像OpenLedger这种创业企业使这种模式成为可能。个人也可以使用加密币众筹投资房地产。新加坡的REAL（Real Estate Asset Ledger，房地产资本账本公司）试图使用区块链技术为房地产投资注入更多的流动性和透明度。

区块链众筹平台Pledgecamp是Kickstarter[1]和Indiegogo[2]的竞争对手，旨在通过分布式流程（智能合约）提高透明度并给支持者提供保险。随着项目达到目标资金，资金会被转移到安全的托管钱包中，从而逐渐释放资金。支持者可以看到他们投资的资金如何被使用，并且可以提供有关项目方向的投入意见，比如对是否开始新的开发阶段进行投票。

九、保险

对于保险企业而言，从承保、理赔、核赔、查勘、定损的整个流程来看，区块链都将带来颠覆式的改变。

例如，传统保险企业面临的一大痛点是骗保。如果引入区块链，那么投保人的所有数据都是不可篡改和可追溯的，在这种情况下，骗保是不可能发生的。再如，保险企业经营链比较长，各个环节之间需要有效的协同。过去，各个环节协同不好的原因就是数据会形成孤岛，无法相互采信，导致业务处理效率比较低。但现在，

---

[1] Kickstarter，成立于2009年4月，是一个专为具有创意方案的企业筹资的众筹网站平台，于2015年9月22日重新改组为"公益公司"。

[2] Indiegogo，成立于2008年，总部位于旧金山，是美国最早的众筹平台之一。

我们可以用区块链将数据管理起来，让数据相互采信，使得业务的处理效率得到迅速提升。除此之外，区块链能够通过加密记账和智能合约的方式，让业务协同各方的贡献得以自动记录，让激励可以自动分配，这就大大提升了协同的效率。因此，目前很多保险公司已经开始用区块链做业务管理和运行的平台。

区块链在金融业得到大规模应用还需要几十年的时间，正如互联网在刚出现时被看作改造世界的力量。但是，真正收获果实和大规模应用也就在最近几年。区块链也需要这样的过程。

例如，Airbnb（爱彼迎），Tujia（途家）、Wimdu（德国在线租房平台）等公司为人们短期内利用私人资产（包括私人住宅）赚钱提供了一种方式。可问题在于，在没有公开记录的情况下，人们几乎不可能在这些平台上确保资产的安全。

专业服务公司德勤（Deloitte）、支付服务提供商 Lemon Way 与区块链初创公司 Stratumn 进行合作，帮助开发人员构建由区块链功能支持的可信赖应用程序，推出了一种被称为 LenderBot 的基于区块链技术的解决方案。LenderBot 是共享经济的小额保险概念证明，展示了行业中区块链应用程序和服务的潜力。LenderBot 允许人们使用脸书的聊天工具 Messenger 注册自定义的小额保险，使区块链在个人之间通过共享经济交换高价值项目时，也可以作为个人之间合同的第三方。

十、信用记录

贷款人通常会使用小企业信用报告来评估小企业的征信历史，由此将贷款或授信额度引起的风险降到最低。其中的第三方报告（报告发行方）不会接触小企业主。这会使企业主认为征信部门对贷款条款拥有很大的权力，即便征信部门会评估过时或用不准确的信息来决定其报告内容。

　　Lumeno.us是其中一家创业企业，利用区块链技术让企业信用报告更准确、更透明且可以共享。Lumeno.us使用专有的协作标注应用和先进的分析应用，将半结构化的财务数据标准化。由此，其可以为企业主提供工具以获得贷款，可以找到可信的合伙人，或通过管理组合及网络分享数据。

第4节
DeFi的创新价值

　　DeFi已风生水起，正如火如荼开展。DeFi概念来自借贷产品Dharma（达摩协议）的联合创始人布兰登·福斯特，他于2018年8月31日在媒体上发表了一篇文章，宣告了DeFi的概念诞生。

一、金融科技的短板

　　自20世纪90年代起，互联网日益普及，金融数字化获得极大发展。现在，我们可以在舒适的房间中访问银行账户，进行电汇或购买股票。这就是所谓的"金融科技革命"。

　　但是，基于互联网的金融科技有很多短板。

　　一是低效率高成本。股票、债券和其他金融工具的结算通常需要几天的时间才能完成，且需要大量人力成本。国际银行业务和汇款服务效率低下、成本高昂。银行雇用数千名员工只为维持低效流程和遵守不断变动的银行法规。金融科技公司提供漂亮的用户界面不过是掩饰金融系统基础陈旧且低效的事实。对用户而言，本应瞬间在后台处理完毕的业务可能需要花费几天时间。

二是信用缺失。少数特权人士可以暗中操纵影响数百万人甚至数十亿人的重要行动。牵扯几十亿美元的银行业丑闻，需要数月甚至数年才能让真相浮出水面。

三是扼杀创新。金融对于新进入者来说门槛极高，人们几乎不可能在没有大量资本支持下创办金融公司，因此扼杀了创新。整个金融基础架构由专有技术和算法构建的孤立系统组成，每个公司都必须从零开始搭建。大型计算机并未在金融系统基础架构中有太多应用。

四是普惠金融不足。全球数十亿人口没有银行账户，无法平等地获取金融服务。

二、我们需要创新技术来解决问题

抵押借贷、流动性挖矿、分布式交易所、自动做市商、预言机等各种传统金融模式都可以在区块链平台上进行。十种DeFi的主要类别如下。

1. 稳定币

众所周知，加密币的价格极不稳定，其日内价格波动通常会超过10%。为了减缓这种波动，锚定诸如美元等稳定资产的稳定币被创造了出来。

目前，稳定币大体分为三种模式。

第一种是法币储备抵押模式。该模式通过抵押法币，发行与法币价值锚定的稳定加密币。目前在稳定币市值中稳坐头两把交椅的USDT、USDC，都属于这类稳定币。这类稳定币为法币与数字资产之间的流动搭建了重要桥梁，不过它们也存在不少弊端。龙头稳定币USDT的背后推手Tether（泰达）多次增发USDT，这让投资者们担忧不已。这也促使人们渴望更加稳定的稳定币出现。

第二种是数字资产抵押模式。该模式通过在区块链的智能合约上质押数字资产，发行锚定法币价格的加密币。这个模式的代表案例是MakerDAO发行的DAI[①]，它初期专注于以太币质押，经历了一系列"黑天鹅"事件后，开放引入如wBTC、USDT、USDC等一篮子数字资产作为质押。这种模式虽然获得了更强的稳定性，但也牺牲了部分分布式特性。

第三种是算法模式。该模式通过事先设定的算法机制，实现对稳定币供给数量的调节，从而使稳定币的价格与法币锚定。这类弹性稳定币就是通过算法调节加密币供应量来使其价格稳定的，可谓DeFi世界的一种创新型稳定币。这些稳定币无须使用抵押品，试图通过市场供需来构建加密币行业的原生通证。

但这一模式没有抵押，也没有任何价值支撑，仅仅通过弹性调节稳定币的供应量来维持币价锚定某个价值附近波动，对投机行为造成价格波动的抵御能力弱，偏离锚定价格的时间高于50%，不稳定才是它的常态。

关于算法稳定币的未来，行业内有许多预测。有观点认为它的锚定点将会低于1美元，也有观点认为将会出现锚定一篮子法币的算法稳定币，还有观点认为在DeFi和其他加密币的加持下，一个基于算法稳定币的完整的加密经济体即将出现。总之，放在历史长河中来看，仍处于混乱状态的算法稳定币虽然不能输出"稳定"，却为我们揭示了另一种秩序与规则。

虽然稳定币本身并不是真正的金融应用，但是它们具有重要的

[①] MakerDAO，成立于2014年，是以太坊上自动化抵押贷款平台。DAI是其发行的稳定币。

意义。稳定币作为稳定的价值存储手段，使得DeFi应用更方便大众。

2. 抵押借贷

传统金融体系要求用户拥有银行账户才能享受它们的服务，而当前全球有17亿人没有银行账户。用户想要从银行获取贷款还存在其他限制，比如要有良好的信用评分、足够的抵押品，要使银行相信申请人信誉良好且有能力偿还贷款。

分布式借贷消除了这一壁垒，允许任何人抵押其数字资产，然后利用抵押资产获得贷款。同时，用户还可以从他们的抵押资产升值中获得收益。这是通过把资产注入借贷池赚取利息的方式参与贷款市场。通过分布式借贷，借贷者不再需要银行账户或进行信誉检查。

3. 流动性挖矿

流动性挖矿是指按要求存入或者借出指定的加密币资产，为金融产品的资金池提供流动性而获取收益的过程。

例如，用1枚以太币在DeFi协议上进行资产抵押，协议会返还A项目的加密币n个，这个加密币是作为A项目平台治理币而存在的。参与协议的人可以用加密币来投票。相对于传统的中心化资金池，流动性挖矿提供了一个流动的、分布式的资金池模型。

流动性挖矿能得到的币种是多种的，并非单一的。以当前主要提供流动性挖矿的Balancer、Compound、Curve、Yearn、mStable、Synthetix、Uniswap等协议为例，用户通过这些协议可以挖出BAL、COMP、CRV、FYI、MTA、SNX等加密币。

由于挖矿形式是质押资产获得加密币，所以收益模式是可组合的，即质押资产获得A加密币，可以再次质押A加密币获得B加密币，如此类推。

更有甚者，在加密借贷平台Compound或Aave用以太币等加密资产借入稳定币，然后在DEX上将USDC换成SNX，并在Synthetix平台上抵押SNX，挖出sUSD，然后用sUSD买入更多的SNX，重新抵押SNX，挖出更多的sUSD，最后将生成的sUSD在Curve的y池中进行流动性挖矿，将挖矿所得的YFI存入Balancer的YFI-DAI池中，这样可以赚取SNX、CRV、YFI和BAL。其年化收益远高于当初借贷的利息。

参与流动性挖矿的人不只享受套利行为，其实也承担了加密币流通的义务，也起到了预言机的作用。简单来说，DeFi协议需要智能合约来运行，智能合约其实是一种用一段计算机指令实现自我验证、自动执行，并产生可以验证的证据来证明合约操作有效性的计算机协议。虽然其名中含有"智能"，但智能合约的作用只是对数据做出响应，其本身是无法搜集外部数据的，所以需要预言机这种第三方来提供外部信息。因而，参与DeFi挖矿的用户在整个生态中扮演着数据提供者的身份。

4. 分布式交易所

用户可以使用诸如Coinbase或币安这样的交易所进行加密币兑换。这类交易所是中心化交易所，意味着它们既是交易资产的中介，又是托管方。这类交易所的用户不能完全控制其资产，一旦交易所遭到黑客攻击并导致其无法偿还债务时，用户将会面临巨大损失。

分布式交易所旨在通过允许用户在不放弃其资产保管权的情况下交易加密币来解决上述问题。由于无须像中心化交易所那样存入资产，用户也无须信任分布式交易所能保持其偿付能力。

5. 自动做市商

自动做市商是分布式交易所最为关键的技术之一，这已被证明是最具影响力的DeFi创新之一，它能够为一系列不同通证创建、运行可公开获取的链上流动性。

做市商又称流动性提供者，指的是需要在交易平台上提供流动性的实体。它们为分布式交易所中其他交易用户提供流动性，从而获得其他用户的交易手续费，在部分平台也可同时获得平台的激励通证。

自动做市商不需要用户去挂单，而是直接通过算法计算出两个或几个资产之间交易的汇率，从而实现不用挂单等待的即时交易。但这样的交易池需要做市商预先存放一定数量的资产作为底仓，才能够有更好的流动性以及更小的交易滑点。

自动做市商必须克服一些关键挑战，比如无偿损失、被迫多币种敞口和低资本效率的问题。但值得肯定的是，自动做市商不仅实现了交易自动化、无人化，更重要的是，它为金融市场引入了一种全新的交易模式和理念，将为金融市场带来一场范式革命。

6. 预言机

预言机其实是一个将数据从系统外传输到系统内的工具。提起区块链，人们总是说它所有的交易记录链上可查、安全透明。但是要知道，区块链是一个确定性的、封闭式的系统，运行在区块链上的智能合约是无法直接从外部获取数据的，只能在一个封闭、孤立的环境中执行任务。而预言机可以作为智能合约和外部世界之间的桥梁，将链外数据真实输入链内，从而保障链上数据的真实性。

以预言机领域比较受到关注的Chainlink为例。Chainlink是一个分布式的Oracle（甲骨文）网络，由数据的购买者和提供者组成。购买者请求数据，提供者以安全可信的方式返回数据；购买者选择他们想要的数据，供应商竞标提供这些数据。供应商在出价时必须质押一部分LINK通证，如果供应商行为不当，那么购买者可将其质押扣除。同时，Chainlink会使用Oracle信誉系统对提供的数据进行汇总和加权。Chainlink共有21个信任节点，也就是21个现实信息的收集者。在信息传递过程中，Chainlink要求必须有不少于14个节点提交信息才能计算可信答案。为防止信任节点团伙作恶，Chainlink引入节点声誉以及抵押通证的机制。

目前来看，预言机最主要的作用是，将数字资产的报价传输到链上智能合约当中，帮助智能合约判断结算依据。而预言机这个赛道，也将随着行业的不断发展持续衍生迭代。

7. 聚合器

聚合器是流通性挖币的盈利优化器。YFI通过数学模型将存入的加密币按照不同加密币资产动态行情进行投资组合优化。LINK是首例参加YFI加密币总池子yVault的流通性挖币的加密币。

客户将LINK加密币存入yVault，接到yLINK加密币。yVault总池里的LINK会作为抵押物存进借贷合同，比如Aave，并借出当今盈利最大的稳定币USDC（这会依据销售市场的转变开展调节），随后将USDC存进yVault，进而得到年化收益率20%左右的盈利。

最终是盈利的清算，用USDC获得的盈利换取LINK，随后回到Vault中，这就等同于池中的LINK加密币总量提升。我们选择LINK很重要的缘故是，其总市值高，有益于锁住更具规模性的财产，有益于YFI协议。

为何大家会参加YFI的流通性挖币池，关键取决于它的优化策略。它能够不断提升储存对策和挖币对策，进而产生更高回报。而手动式操作不便，且盈利也不一定高，将这种繁杂的工作交给YFI的优化器更便捷。除此之外，对客户来说，经常实际操作的服务费十分高昂，而参加YFI的yVautl池，花的只是存进和获取费。

无论是流通性挖币、Staking（权益质押）、借款，还是分布式交易所的自动做市商，其实质都是将加密币存进储存池，随后获得盈利。这代表盈利越高，就越有可能虹吸大量的加密币。聚合器更合乎用户权益，更灵便，盈利也更高。当然，聚合器也有高风险，由于聚合器涉及大量的协议书，其中的一些协议书存在风险。

8. NFT

2020年，以区块链为基础的新型IP文化形态NFT开始崛起。我们常见的通证如比特币、以太币等都是同质化的，每枚比特币之间没有任何区别，可以互换和分割。而NFT的重要特征在于，每个NFT都拥有独特且唯一的标识，两两不可互换，最小单位是1且不可分割。我们可以把批量印刷的明信片理解为FT（同质化通证），那么明星签名的明信片就是NFT。因为这张明信片是明星在特别的时间、地点、场景签名的，赋予了它特殊的意义，所以这张明信片是独一无二的，具有收藏价值。

2021年3月，数字艺术家Beeple（Mike Winkelmann，迈克·温克尔曼）以6 934万美元（起拍价100美元）的价格在英国著名拍卖平台佳士得上卖出了其耗时14年创作的作品（见图8-2）。他从2007年开始每天作图1张，最终把5 000张图片拼接成1个316 MB的JPG文件，并将其作为NFT出售。佳士得表示，这是该拍卖平台第一次出售NFT艺术品，这一成交价格也成为在世艺术家拍卖作品的第三高，连作者本人都没能预料到有如此高价。

目前，NFT主要应用场景有区块链游戏、数字艺术品、加密收藏品、音乐、门票等领域，而未来则可以扩展到知识产权等诸多领域，一切皆可NFT。从短期来看，以NFT方式实现资产上链，主要是实现以数字艺术品、游戏道具为代表的数字商品的链上确权和流转交易，让这些数字化商品也能有明确稀缺性、所有权和交易机制。从中期来看，未来传统非标资产也可以通过NFT这种方式进行上链和数字化流通，NFT会加速实现资产数字化和数字资产化。

图8-2　作为NFT拍卖出售的画作

9. 衍生品

衍生品是一种价值源于股票、商品、货币、指数、债券或利率等其他标的资产的合约。

交易者可以使用衍生品来对冲头寸，从而降低他们在特定交易中的风险。举个例子，假设你是一个手套生产商，想要对冲橡胶价格的意外上升。你可以从供应商那里购买一份期货合约，约定在未来某个特定的交割日以当前商定的价格交割一定数量的橡胶。

衍生品合约主要在中心化平台上进行交易。目前，许多DeFi平台开始构建分布式衍生品市场。随着DeFi不断进化，创造性和颠覆性的金融应用将出现，它们将会实现金融服务获取的大众化，并移除中介机构。结合了DeFi的彩票可以将资金池的托管转移到以太坊智能合约上。通过DeFi的模块化，我们可以将一个简单的彩票类DApp链接到另一个DeFi DApp上，并创建出更有价值的应用。

10. 保险

保险是一种风险管理策略。当发生不幸事件时，用户可以从保险公司获得财务保障和赔偿。个人为家人和汽车购买保险是很常见的，然而DeFi中是否有分布式保险？

由于可能存在大量资金转出的情况，所有智能合约中锁定的加密币都容易受到智能合约漏洞的影响。虽然大多数项目的代码库都经过审计，但是我们永远无法得知该智能合约是否真的安全，黑客攻击造成损失的可能性总是存在的。这些风险凸显了购买保险的必要性，尤其是当用户在DeFi上处理大量资金的时候。

三、DeFi的优点

DeFi可以更有效、公平和开放地完成付款、借贷和交易，从而构建新型金融体系。

一是高效智能节约。各国交易员的各种操作，在DeFi中几乎能够立即处理完毕。最重要的是，大多数DeFi协议都可以在无人干预或少量人力参与的情况下进行。DeFi可以自动调整利率，依据是协议配置资产的供应、需求和风险参数。每个记录都可以在区块链上公开获得，这使会计工作变得非常容易（很可能完全自动化），从而大幅削减人力成本。为了在全球范围内汇款，用户需要支付银行转账金额10%～30%的费用。这个问题怎么解决？利用DeFi，用户只需支付一小部分费用即可发送基于美元的稳定币。更方便的是，款项可在几秒内到账。用户完成资产清算以秒而非天为单位，交易对手的风险大大降低。

二是无须许可，不受审查。所有服务均完全自愿参与，任何能使用浏览器和接入互联网的人均可访问，无须文件验证，也无须提供收入证明，不限国籍或种族，每个人都被平等对待。

三是民主防作恶。任何人都无法篡改分布式系统的规则，没有人可以禁用或更改平台的交易功能，没有权威能代表用户做出决策。DeFi让交易民主化。即使一些DeFi借贷平台允许更改风险参数，但所有决策公开可见，且需要经过管理协议的多人表决后才能实现。

四是开放普惠。任何人都可以构建新的DeFi应用程序，为生态系统做出贡献。与传统金融相反，新应用程序可以利用现有协议，构建于现有解决方案之上。如何解决不平等的金融服务机会？DeFi协议并不关心用户身份，只遵循每个人完全相同的预定义规则。

五是公开透明。像区块链上的交易量、未偿还贷款数、总债务等，所有信息和数据都可以在区块链上进行检查并获得可靠答案，而且不能被篡改。

四、DeFi获得巨大增长

以太坊作为一种智能合约平台，可以创建任意金融应用程序，因此它成为绝大多数DeFi活动的首选区块链。

锁定在DeFi中的总价值（借贷平台、分布式交易所或衍生品协议中所有加密币的价值之和），从2020年4月的不到10亿美元增长到2021年2月的逾320亿美元。分布式交易所的交易量从2020年4月的5亿美元上涨到2021年1月的500亿美元以上，增加了100多倍。到2020年，以太坊清算总价值高于1万亿美元，超过PayPal。高增长并不仅限于本质上可能非常不稳定的加密币，锚定法定货币的稳定币在DeFi生态系统中也经历了大幅增长。DeFi中颇受欢迎的稳定币USDC市值从2020年4月的不足10亿美元升至2021年的60亿美元。另一种稳定币DAI从2020年4月的不到1亿美元涨至2021年的近20亿美元。

五、DeFi面临的挑战

分布式要求用户承担更多责任。作为资产的真正拥有者，用户必须确保以安全的方式存储资产。这里没有很多手把手的教导，特别是在与新DeFi协议交互时。

此外，监管风险仍然存在。尽管无法在DeFi协议中强制执行KYC（充分了解你的客户）或AML（反洗钱）规则，但监管机构可能会迫使负责协议的钱包提供商或开发团队向用户界面添加KYC要求。

同时，扩容是另一个亟待解决的问题。DeFi的流行导致以太坊区块空间需求大幅上升，反过来造成用户需支付高昂的矿工费。在分布式交易所Uniswap上，10美元甚至50美元的交易成本并不少见。ETH2和Layer 2扩展解决方案已经解决了扩容问题。

黑客攻击是DeFi领域的另一项挑战，这让使用某些协议（尤其是新协议）具有风险。

各种DeFi协议也在探索不同治理模型，但是巨鲸和投票者不积极是常见问题。

无抵押贷款和按揭贷款是传统金融的主要领域，但在DeFi中难以实施。幸运的是，Aave等协议探索了各种可能性，如信用授权和加密币化抵押。

最后的问题是，当DeFi处于涨价周期时，其收益可观；而当DeFi处于下调行情时，其风险也会急剧扩大。

六、DeFi是未来新金融的模式

由于DeFi的出现，传统金融在用区块链逻辑重新操作一遍后，虽然像"套娃模式"那样币中有币、层层嵌套，但它是全新的模式。

如果DeFi如此快速地不断创新和发展，那么传统金融将会面临什么局面？传统金融必须迅速适应这一变化，否则它们可能将逐渐变得不再重要。重大技术变革通常是逐渐起步，然后突然爆发。

我们可能很快会看到一些老牌公司试图利用DeFi协议的流动性获得更优惠利率。这些改变很可能从已经涉足加密技术的金融科技公司开始。如果银行在几年后使用DeFi，那么这也不会令人吃惊。

未来，传统金融业进军DeFi，也会受益匪浅。例如，公司可以发行证券加密币，获得全球流动性，而不是在股票市场上公开发行股票。最重要的是，这些加密币投资者可以放款并获得额外收益，或者将加密币用作贷款抵押品。

DeFi很可能成为金融系统的新基石。大多数人甚至并不知道自己在使用DeFi的简洁用户界面，正如他们不知道传统交易应用程序背后发生的事情。至此，DeFi将成为更高效、更公平和更开放的金融。

DeFi基于公链共识用智能合约写成，就像是将传统金融都搬到区块链平台上操作一遍一样。最初操作是抵押借款，如抵押比特币借某平台币，用户有可能获得比特币和平台币的双重升值收益（也可能承担两种币值都跌的损失）。因为需要交易，用户还必须有交易所、币池、做市商机制、预言机。一般交易所会按分布式交易所设计。

DeFi创设了传统金融没有的流动性挖矿，投资人不仅能收获平台币升值收益，还能收获流动性挖矿收益。DeFi还创设了具有特色的聚合器业务，就是用算法将各类币种的涨跌收益进行优化，提供组合投资服务。此外，DeFi还涉及锚定币、稳定币、公链、支付、保险、衍生品、合约等业务。

第9章

新基建

新基建是指代替铁路、公路、机场和房地产等旧基建的数字基建。新基建已经发展到了第二代，是新一代信息技术ABCDIS5G的基建。

政府选择加大力度搞数字新基建，有两重意义：一方面是短期对冲经济下行压力，特别是新冠疫情下经济深度调整的压力；另一方面是长期适应我国经济社会从工业化向数字化结构大转型的需要。旧基建只是对冲经济下行压力，目前已接近饱和。新基建在拉动经济增长的同时，还能促进经济结构数字化转型，一举两得。

区块链首次被纳入新基建，从财富逻辑来看，5G是必要条件，区块链是充分条件，只有区块链才能让新基建有激励、有活力。区块链与其他数字技术是相融互补的，但与其他数字技术不同，区块链既是生产力，也是生产关系，是支撑数字经济新基建的基建。

第1节
什么是新基建

所谓的基础设施主要包括交通运输、机场、港口、桥梁、水利及城市供排水供气、供电设施、通信等。

一、新基建是新一代信息技术的基建

时下新基建的"新"，主要体现在两个方面：一是指用数字基建代替铁公机（铁路、公路、机场等）旧基建；二是指用新一代信息技术ABCDIS5G代替互联网ICT基建。

新一代信息技术已取得很多技术成果，正处在大规模应用的时间窗口，可以有效支撑新基建，拉动经济增长。

旧基建往往需要大规模土建，需要重资产，属于资本密集型产业。新基建更多需要智力资本、轻资产，属于智本密集型产业。

过去，经济不景气时需要政府投资拉动，政府往往在铁路、公路、机场和房地产这些旧基建上发力。但是，旧基建有后工业时代特征，已出现天花板现象，甚至有过剩。例如，我国铁路已经饱和，高铁也已经四通八达，只有少数城际和城市地铁还存在一些发展空间。我国水电设施和房地产建设也都空间有限。值得一提的是，中央在提倡用新基建拉动经济的同时，强调"房住不炒"，以摆脱经济增长对房地产的依赖。另外，铁路、公路、机场等传统基础设施越来越智能化和自动化，与数字技术的结合也越来越紧密。

目前，政府选择加大力度搞数字新基建，因此依托于新基建的数字经济是未来发展方向。这与2008年世界金融危机时期的"四万亿"政府投资刺激有明显的不同。新基建不仅是我国的国家战略，也是全球各国正在努力争夺的战略高地。

二、中央及各地关于新基建的政策

2018年12月19日至21日，中央经济工作会议在北京举行，会议重新定义了基础设施建设，把5G、人工智能、工业互联网、物联网定义为"新型基础设施建设"。随后，"加强新一代信息基础设施建设"被列入2019年政府工作报告。

2019年7月30日，中共中央政治局召开会议，提出"加快推进信息网络等新型基础设施建设"。

2020年1月3日，国务院常务会议确定促进制造业稳增长措施的同时，提出"大力发展先进制造业，出台信息网络等新型基础设施投资支持政策，推进智能、绿色制造"。

2020年2月14日，中央全面深化改革委员会第十二次会议指出，"基础设施是经济社会发展的重要支撑，要以整体优化、协同融合为导向，统筹存量和增量、传统和新型基础设施发展，打造集约高效、经济适用、智能绿色、安全可靠的现代化基础设施体系"。

2020年3月4日，中共中央政治局常务委员会召开会议，强调"要加大公共卫生服务、应急物资保障领域投入，加快5G网络、数据中心等新型基础设施建设进度"。

2020年3月6日，工信部召开加快5G发展专题会，提出要加快新型基础设施建设。

2020年4月央视报道，新基建主要包括5G基站建设、特高压、城际高速铁路和城市轨道交通、新能源汽车充电桩、大数据中心、人工智能、工业互联网七大领域，涉及诸多产业链。

2020年4月20日，国家发改委创新和高技术发展司司长伍浩在国家发改委新闻发布会上表示，新基建包括信息基础设施、融合基础设施和创新基础设施三方面。

2020年5月22日，《2020年国务院政府工作报告》提出，重点支持"两新一重"（新型基础设施，新型城镇化，交通、水利等重大工程）建设。

2020年6月，国家发改委明确新基建范围，提出"以新发展理念为引领，以技术创新为驱动，以信息网络为基础，面向高质量发展的需要，打造产业的升级、融合、创新的基础设施体系"的目标。

2020年10月29日，《中共中央关于制定国民经济和社会发展第十四个五年规划和二〇三五年远景目标的建议》更是明确把推进新型基础设施建设作为扩大投资空间、构建新发展格局的重要内容。

2021年1月31日，中共中央办公厅、国务院办公厅印发的《建设高标准市场体系行动方案》进一步提升了5G在投资者心中的高度。方案在加大新型基础设施投资力度方面做出指示：推动第五代移动通信、物联网、工业互联网等通信网络基础设施，人工智能、云计算、区块链等新技术基础设施，数据中心、智能计算中心等算力基础设施建设。

2021年两会，新基建再次被写入政府工作报告。国家发改委在两会期间也表示，2021年将出台"十四五"新基建规划，"大力发展数字经济，拓展5G应用，加快工业互联网、数据中心等建设"。

2021年3月24日，工信部印发《"双千兆"网络协同发展行动计划（2021—2023年）》，统筹推进"双千兆"网络发展。该计划提出，以5G、千兆光纤网络为代表的"双千兆"网络是新型基础设施的重要组成和承载底座，在拉动有效投资、促进信息消费和助力制造业数字化转型等方面发挥着重要作用。该计划还提出，用三年时间基本建成全面覆盖城市地区和有条件乡镇的"双千兆"网络基础设施，实现固定和移动网络普遍具备"千兆到户"能力。到2021

年年底，千兆光纤网络具备覆盖2亿户家庭的能力，千兆宽带用户突破1 000万户，5G网络基本实现县级以上区域、部分重点乡镇覆盖；新增5G基站超过60万个，建成20个以上千兆城市。到2023年年底，千兆光纤网络具备覆盖4亿户家庭的能力，千兆宽带用户突破3 000万户，5G网络基本实现乡镇级以上区域和重点行政村覆盖，建成100个千兆城市，打造100个千兆行业虚拟专网标杆工程。

2021年6月，国家发改委开启"车数两算"国家级工程，发布《全国一体化大数据中心协同创新体系算力枢纽实施方案》，在京津冀、长三角、粤港澳大湾区、成渝、贵州、内蒙古、甘肃、宁夏等地布局国家级枢纽节点。

北京在2021年的政府工作报告中列出，要新增5G基站6 000个。北京还提出要建设基于区块链的可信数字基础设施，组建国际大数据交易所，推进高级别自动驾驶示范区建设。上海则聚焦推进城市数字化转型，大力推进经济数字化、生活数字化、治理数字化。广东提出要打造珠三角5G网络城市群，推动人工智能、大数据、区块链、物联网等产业发展壮大。

2020年5月7日，我们从上海市政府新闻发布会上介绍的《上海市推进新型基础设施建设行动方案（2020—2022年）》获悉，上海初步梳理排摸了这一领域未来三年实施的第一批48个重大项目和工程包，预计总投资约2 700亿元（各级政府投资约600亿元，其余2 100亿元是社会投资）。此外，在产业链方面，上海提出，2021年重点强化高端产业引领功能，着力增强产业链、供应链自主可控能力，大力构建一批战略性新兴产业增长引擎，开展民用飞机制造、高端医用材料等补链强链行动，推动集成电路、新能源汽车、高端装备等先进制造业集聚发展。

广东提出，推进大湾区干线铁路、城际铁路、市域（郊）铁路、城市轨道交通"四网融合"，推动珠三角地铁互联互通，努力实现主要城市间1小时通达。

重庆提出，认真落实双城经济圈建设规划纲要，加快重大事项落地，配合国家有关部委编制双城经济圈国土空间规划和科技创新中心、西部金融中心、多层次轨道交通体系等规划方案，编制万达开川渝统筹发展示范区、川南渝西融合发展试验区等建设方案，提速建设31个重大项目，实施双城经济圈交通基础设施建设行动方案。

三、央视新基建与国家发改委新基建

央视版新基建包括5G基站建设、特高压、城际高铁和城市轨道交通、新能源汽车充电桩、大数据中心、人工智能、工业互联网七大板块（见图9-1）。

图9-1　央视版新基建

2020年4月20日，国家发改委版新基建公布（见图9-2）。新型基础设施是以新发展理念为引领，以技术创新为驱动，以信息网络为基础，面向高质量发展需要，提供数字转型、智能升级等服务的基础设施体系。

新型基础设施建设

| 信息基础设施 | 融合基础设施 | 创新基础设施 |

图9-2　国家发改委版新基建

一是信息基础设施，主要是指基于新一代信息技术演化生成的基础设施。比如以5G、物联网、工业互联网、卫星互联网为代表的通信网络基础设施；以人工智能、云计算、区块链等为代表的新技术基础设施；以数据中心、智能计算中心为代表的算力基础设施等。

二是融合基础设施，主要是指深度应用互联网、大数据、人工智能等技术，支撑传统基础设施转型升级，进而形成的融合基础设施，比如智能交通基础设施、智慧能源基础设施等。

三是创新基础设施，主要是指支撑科学研究、技术开发、产品研制的具有公益属性的基础设施，比如重大科技基础设施、科教基础设施、产业技术创新基础设施等。

国家发改委将联合相关部门，深化研究、强化统筹、完善制度，重点做好四方面工作。

一是加强顶层设计，研究并出台推动新型基础设施发展的有关指导意见。

二是优化政策环境，以提高新型基础设施的长期供给质量和效率为重点，修订完善有利于新兴行业持续健康发展的准入规则。

三是抓好项目建设，加快推动5G网络部署，促进光纤宽带网络的优化升级，加快全国一体化大数据中心建设，稳步推进传统基础设施的"数字+""智能+"升级，同时超前部署创新基础设施。

四是做好统筹协调，强化部门协同，通过试点示范、合规指引等方式，加快产业成熟和设施完善，推进政企协同，激发各类主体的投资积极性，推动技术创新、部署建设和融合应用的互促互进。

第2节
中国为什么要搞新基建

2008年，政府推出四万亿计划刺激经济，那么这些钱主要花在了什么地方呢？

一是高铁。我国修了3.5万公里高铁，现在我国的高铁里程总量在世界上排名第一，大概是其他所有国家高铁里程总量的一倍还多。

二是高速公路。我国现在大概有17万公里可通行里程的高速公路。

三是地铁。地铁建设费用也很高，我国大概建设了6 000公里地铁。

四是机场和航空。中国的机场和航空增量是世界第一，存量世界第二，大概再过3~5年，会变成世界存量第一，增量第一。

一、产业链必须要有高附加值

我国一年物流（包含仓配在内）的产业总规模大概是14.6万亿元，如果GDP按100万亿元算，那么物流相关行业占GDP的14.7%。美国的物流行业占GDP的比例大概是8%。大概在7年前，我国物流行业占GDP的比例约为17.8%。

很明显，我国物流相关产业占GDP的比例下降了，但不会降到与美国相似的比例。因为我国物流运送的东西多，而且在每一个环节上都要进行传送，如钢、煤、水泥等。我们需要把原材料进行加工，加工化工品、中间品、工业品，使其成为最终产品。最后，我们要把最终产品运到港口，做外贸出口，或者分散到各个地方做内贸。

我国的物流行业占GDP的比例高，是因为物流环节多、运量大。那么，为什么纵向来看物流产业占GDP比例却下降了？这是因为物流成本占整个生产过程的比例下降了，意味着全行业都在提质增效，总量增加了，因此物流行业占比降低。此外，当运送的产品越来越值钱时，物流成本也会下降。

过去的40多年，除了高附加值工业品和高附加值服务，我国所有的工业消费品都做到了世界第一，规模最大且完整性最强。不管是消费品、工业品，还是其他相关的化工产品，我国都已经是世界第一。

现在，我国的产业链走到了高附加值工业品与高附加值服务共存的阶段。我国需要搭建一个高效、低成本的物流网络，使得这些产业链相互之间的连接既能保持规模，又能保持较低成本。

二、新基建究竟有什么价值

习近平总书记号召建设世界科技强国，"十四五"规划强调以新发展理念引领高质量发展，这是我国未来的方向。

第一，新基建能够提质增效。原来我们的操作和运输流程是，首先进口一定量的石油和煤，并把它们运到各个需要的地方，然后再把它们加工出来，接着再考虑把产品运给谁，最后再考虑把产品卖给谁。但现在，如果我们知道每一个环节和每一个节点上的供需状况，知道需要进口多少油、能产出多少油，也知道应该把这些原料或能源分别运给哪些地方，哪些地方多一点、哪些少一点，并利用高效网络满足就近的需求，那么这在成本效率上是最高的。

新基建是数据基建、智慧基建，可以解决这个问题。新基建是高技术密集型的，虽然需要的投资总量不一定很大，但它产生的结果会比以前高效很多。

例如，在输变电技术上，我们有1 000千伏的特高压输电站。特高压输电站有以下几个优势：一是电的损耗少；二是传输距离长；三是需要的塔少，占地相对较少。

再如，我国从2017年开始成为石油进口第一大国，每年进口5亿吨原油，大概花费2 000亿美元，其炼成的汽油可以供我国2.6亿辆左右的汽车使用。

该怎么分配能源呢？最节约效率的方法是，尽量把所有进口原油都运到一个港口，在港口建一个巨大无比的石油炼化厂，直接把5亿吨石油变成1亿多吨的汽油，然后用运油车把炼化厂的汽油运到全国各地的加油站，在加油站完成产品的最终销售。这是一种能源循环方法。另外一种方法是，假定用石油来发电，在石油到港之后，我们在港口就地建一个火电厂，把石油变成电，然后把电变成特高压或者智能电网。根据电网的分配，我们把火电厂生产的电通过特高压输送到车用充电桩上。

通过这两个能源循环对比，我们可以发现，电网的智能化和输电低损耗、高能量的传输过程可以很大地提高能源流转效率。

新基建体量够不够大，绝对规模够不够大，能否刺激经济，这些都不是最重要的，最重要的是它能够最高效地被使用，最低程度地被浪费，完成最高效的全局调度。

从物流网络来看，我国的物流网络是全世界效率最高、成本最低的。如果再加上一个最好的调度网络，那么没有国家能在短时间内超过中国的物流效率。因为我们运送的东西又多又全，而且成本低、效率高，我们还能从整体上调动大量的供需关系和物流过程。

第二，新基建是高附加值。例如，五六年以前，没有人会想到华为可以成为一家世界级的电子消费品牌企业。华为手机在问世之初，显然不被认为是高档有品位的礼物，但今天别人送你一部华为P40手机，你会觉得这个人有情怀、有品位。为什么会这样呢？这是因为华为手机现在是高附加值的工业品和消费产品。

苹果、华为赚取了其产业链上绝大多数的利润，是高附加值产品。微软和谷歌是全球大公司，它们的所有产品中没有所谓的实物产品，而是技术服务和知识产权，这叫高附加值服务。

美国之所以打击华为，是因为美国不能接受中国在产业链结构上拥有并诞生出像苹果、微软、谷歌一样的国际企业，这个问题已经上升到了国家层面。再比如抖音，抖音在国外叫TikTok，并且正在竭尽全力做国际化，这个美国也暂时不能接受。很多美国国际化公司在产业链结构上占据高附加值位置，而中国像华为那样的公司寥寥无几。拜登上台后，在对华打压政策方面沿袭特朗普的政治遗产，并且在科技方面更狠辣。

我们说，附加值来自新基建。因为有华为、小米、OPPO这样的公司存在，我们才能够让手机的装配制造产业链在中国较长期、较大规模地存在。反过来，如果没有这样的企业，只有苹果和三星，那么很多跟手机装配有关的产业链会被转移。不管是芯片还是生物医疗，我们都要逐步占领高端产业。

在某种原材料或者能源材料运进来之后，我们对其进行加工再卖出去，这叫增加值。我国制造业的增加值占全球的30%，相当于日本、德国、美国的和。我们知道，日本是一个制造业强国，其制造业增加值的增加率为33%～35%，而我国在21%至22%之间。因此，我国的制造业大而不强。

再举一个汽车的例子。比亚迪从1995年开始做电池，2002年成为诺基亚在中国地区第一个合格的锂电池配套厂商。2003年，比亚迪开始造车，取得了不错的成绩。2016—2018年，比亚迪一直是全球电动车产量的第一名，但在2019年被特斯拉超过。

丰田在汽油发动机、氢能源和锂电池这三个技术方向上都是全球最好的公司之一。在2019年的中国畅销车榜单上，不管是广汽还是上汽的两款丰田汽车，都榜上有名。但丰田在"允许外资车企在中国投资汽车企业占比超过50%"这条规定下，于2020年4月初与比亚迪在深圳成立了一个合资厂，研发下一代新能源车。而且，这次合作有如下几件事听起来匪夷所思。一是丰田完全有能力控股或独资成立汽车企业，但它这次却和比亚迪1∶1合资。二是将来研发的电动车企业将会用丰田的品牌来卖车。三是以丰田品牌来卖的车运用了比亚迪的底盘和三电技术。也就是说，一个代表全球最先进技术和销售水平的车企，在中国做合资企业没有限制的情况下，仍然只做1∶1，并且愿意用自己的品牌来卖车，卖的车还是由中国企业提供的主要技术。这是中国在产业链环节上走到最后两个环节的代表。

再比如具备更长产业链的阿里巴巴，历经了20年的发展，从最早做工业中间品的流通，消费品的销售、流通和国际化，高附加值的工业品平头哥（做芯片），到最后开展了服务贸易、云计算业务。

这些厂家在生产供应的链条上一步一步往上爬，最终变成能生产精密零部件的代工企业或生产企业。随后中国的手机产业进入升级阶段（从普通的诺基亚手机换成了智能手机），而在换智能手机的同时，中国终于开始快速扩张消费市场。

在讨论国际政策时，有人说美国的产业空心化来自三四十年前的产业战略规划，而这一规划有错吗？不一定有错，因为在当时的产业规划过程中，把低劳动力、低附加值的产业都转移出去不一定会产生太大的问题。

但是我们发现，今天的核心技术应用大部分发生在产业中。换句话来讲，投资行业在五年以前认为，最热、最时髦、最难做的技术是自动驾驶，很多厉害的人都去研发自动驾驶技术。五年过后，所有人都知道，发展自动驾驶有一个非常重要的前提，即所有做自动驾驶算法和数据的公司必须跟造车的公司合作，得先把这些东西放在车上，且有足够大的市场，有人愿意购买，然后才能循环使用和调教这些算法，最终才能使自动驾驶技术变得成熟。

今天美国市值前10名中的大部分企业是什么？是信息技术企业，如微软、谷歌、亚马逊、脸书。它们不研发自动驾驶，而是提高信息效率、传递和处理的技术。这与你看到的大部分技术需要跟产业结构结合，从而提高生产效率的模式不同，这是最大的差别。

所以，机器人也好，自动化也好，甚至是5G当中的一些应用也好，可能都需要跟产业或实体结合，才能产生效率。有实体且赶上这个特定的时间段，是极其重要的。

所以，不是因为我们要做这件事，这个结构才有用，而是因为我们凑巧走到了这个时间节点，凑巧这些新的技术应用（含芯片在内）都是为了提升具体产业的效率或者跟产业结合之后的效率，而不是纯粹的信息效率本身。

上文举了几个简单的例子，如果我们只讲新能源汽车，那么我国从2014年开始就已成为全球最大的新能源汽车市场。事实上，我国自2009年开始就成为全球最大的单一汽车市场。只不过从2009

年到2014年最大的不同是，我们的跑道从燃油发动机换到了电池。电池的核心技术是正极、负极、隔膜和电解液。电池、电机和电控这三项加起来，占汽车成本的70%~75%。

中国用了非常短的时间，在多个领域都发展为全球第一。例如，我们在电池行业就是全球第一。由于疫情影响，在2020年一季度，宁德时代第一次从第一的位置降到第二。在过去的三年里，宁德时代一直是第一名，比亚迪是第三或第四名。

第三，新基建是工程师红利。中国赶上了一个非常特殊的阶段，我们在讲产业链结构又全又大又完整的时候，也要讲产业链升级。产业链升级依靠的是技术，技术依靠的是人才。人才依靠什么？依靠数量，也就是我们今天常说的"工程师红利"。

以化工为例，虽然中国的化工产业占全球产能总量的40%，但我们的精细化工还不够好，关键是缺乏人才。

中国现在平均每年约有37万名化工专业毕业生，美国化工相关专业的毕业生每年大概有13.1万人。当然，这些毕业生都获得了高等教育或以上学历。在这个基础上，中国开始每年扩招。尤其是2003年之后，化工专业毕业的学生越来越多，现在每年有接近40万名化工专业的毕业生，他们的平均劳动成本暂时是美国的1/3多一点。

换句话说，我国有便宜且数量多的工程师，再加上产业工人，已经形成最大的产业链结构，我国不想从化工大国变成精细化工大国都难。

在中国排名前12的高校毕业生的选聘单位中，华为排名第一。其实，从20世纪90年代的中后期开始，华为就持续校招。中国从2003年之后就开始大量培养工程师，我们广义上的工程师有多少呢？高校扩招从1999年开始，2002年的毕业生是67万人，2003年大概是120多万人。我们认为，2019年人口结构已经发生改变，年轻人变少了，但2019年的高校毕业生仍然很多，有1 000万人。1 000万是什么概念？2019年中国的高等教育毕业生人数是全球高等教育毕业生人数的1/4。在这个基础上，以华为为例，其享受了20年的工程师红利，才有今天这些技术。

这是因为在全球范围内，在过去的20年中，再也找不到这样一个国家，有如此多的本科、硕士、博士毕业生，而且还可以用比较便宜的薪资雇用他们。美国想同时拥有1.2亿~1.6亿高等教育毕业生总存量是不可能的，因为美国只有3亿多人，其中50%是劳动力，也就是说大概有1.5亿劳动人口。而我国仅高等教育毕业生就达1.6亿左右，此外还有约4亿的产业工人。因为这个特殊性，其他国家一时半会儿是复制不了中国模式的。

第四，特殊的地缘经济优势。东盟现在是我国的第一大贸易伙伴，已超过了欧盟和美国。对此，很多人问，中国会不会进行产业链的转移？中国相对劳动密集程度高且附加值不高的装配产业确实会转移。那么，转移到哪里去？转移到东南亚。对于东南亚很多国家来说，虽然具有产业链和劳动力成本价值优势，但是需要从中国买中间品进行加工，同时再把终端产品卖回中国。为什么要卖回中国？这是因为中国正变成全球单一最大规模消费市场。为什么要从中国买？因为在产生链条上，中国在每一个环节上都具有最大产量，所以其他国家要从中国购买半成品。

简单来讲，东南亚国家把半成品从中国买回去，加工为成品后再卖回中国。因为这是较低工业附加值的生产过程，所以其结果是，这些东南亚国家的企业对两端成本都敏感，既对运进来的原材料或者中间品成本敏感，又对卖出去的成品成本敏感。所以，从各方面来看，从中国购买原材料进行加工，然后再卖回给中国是最划算的。因为东南亚国家离中国较近，中国消费市场足够大且能承受。除此之外，物流成本占比低，这也是东盟成为中国最大贸易伙伴的原因。

三、新基建需要解决的问题

第一，保障网络安全、经济安全。互联网的硬件（比如13台根服务器）是美国控制的，包括美国本土9个和美国境外4个。如果美国断网，那么我国将如何应对？前段时间的IPV6（网际协议版本6）和IPV9（网际协议版本9）争议，也涉及这个问题。美国为什么能控制全球金融体系，美元是一个原因，美国通过互联网控制全球支付结算也是一个原因。例如，在芯片行业，我们落后西方二三十年，关键核心技术最终要看自主研发。习近平总书记讲，关键核心技术是要不来、买不来、讨不来的。

第二，举国体制和市场力量有机结合起来。新基建必须转化为良性商业循环，健康可持续业务必须要有闭环的商业逻辑。对于新基建，政府要做好规划指导，善用投资引导，完善财政金融政策扶植，支持示范应用。新基建要可持续运营，市场要积极参与，有序操作，有可持续的商业循环，切记泡沫化运作。我们可以探索PPP（政府和社会资本合作）、BOT（建设－经营－转让）、BT（建设－转让）等多种投资方式。

第三，投资需要长短结合。新基建都是高科技，短期效益不明显。投资需要耐得住寂寞，做长线。我们可以设计接力棒式，按时间段分散风险。这就需要大量投资模式创新。

第四，注重数字产业化和产业数据化应用落地。智慧医疗、智慧教育、智能交通、智能制造、国家治理等，都是新基建的落脚处。

第五，把核心技术掌握在自己手中。新基建核心技术包括：一是芯片，含5G芯片、AI芯片、服务器芯片、物联网芯片、IGBT（绝缘栅双极型晶体管）控制芯片等；二是工业软件，含CAD（计算机辅助设计）、CAE（计算机辅助工程）、PDM（产品数据管理）等研发设计软件，MES（制造执行系统）、SCADA（数据采集与监视控制系统）等生产制造软件，ATCS（先进交通控制系统）等工业控制软件；三是装备，含5G基站、服务器及数控设备。

第六，重视人才培养。我国ICT人才缺口500万的问题必须解决。

第3节
新基建的5G和区块链分析

有研究报告指出，2020年，我国国家层面在工业互联网、大数据中心、5G、人工智能等新基建重点领域的投资规模约达1万亿元，其中大数据中心、5G基础设施、工业互联网、人工智能的投资规模分别约为52%、27%、11%、10%。此外，在大数据中心投资方面，2020—2022年总投资约1.5万亿元；在工业互联网投资方面，2020—2025年累计投资将达到6 500亿元左右。2020年4月20日，国家发改委首次明确新基建范围，将区块链纳入新基建。据悉，我国已有25个省区市公布了未来投资规划，总投资额达49.6万亿元。

时下将新基建转化为社会投资，推动工业化与信息化在更广范围、更深程度、更高水平实现融合发展，为疫情下经济恢复和经济发展提供新动能，是经济社会高质量发展的有力抓手。长期来看，新基建构成了数字化时代经济社会的基础架构，为百年财富创造打下基础。从工业化向数字化、传统互联网向新一代信息技术转型是大势所趋。数字经济是以新一代信息技术为支撑的，会逐渐成为我国创新驱动和质量经济的新动能，具有广阔的发展空间。

一、5G是龙头

2G于1991年开始全球商用，1994年开始中国商用。2G的数字终端能力带来了短信、QQ、支付宝。3G于2001年开始全球商用，2007年开始中国商用。3G的数据传输能力催生了智能手机、移动电子商务、微博以及微信。这些应用都是在3G开始商用的时候没想到的。4G于2010年开始全球商用，2013年开始中国商用。4G的宽带能力带来了扫码支付、共享单车、网约车、共享电商、移动智能搜索，还有短视频。

中国于2019年10月31日正式启动5G商用，但是真正的商用网络建设规模化还是在2020年。2020年，新冠疫情催热了国内对5G的需求，中国的新基建战略加快了5G建设力度，5G建设直接进入独立组网阶段。

中国跟全球发达国家在2019年同步开始启动5G商用。5G拥有云端智能融合能力，所以我们现在预见5G会带来超清视频、虚拟现实、智联网、工业互联网、车联网。但是实际上，未来5G的应用远远不限于此。根据移动通信发展的历史，移动通信的新业态是网络能力具备以后催生的，5G一定会产生目前想象不到的新应用。

截至2021年6月，中国累计开通5G基站超过96.1万座，终端连接个数超过3.65亿，千兆宽带用户达1 362万户，网络覆盖全国所有地级以上城市。

二、区块链虽然迟到但不会缺席

新冠疫情后，我们曾说区块链虽然迟到但不会缺席。结果不出所料，众多区块链应用出现，包括疫情信息监控，善款及医药生活物资溯源，小区人员活动轨迹追踪，复工复产项目秒批、秒贷，中小微企业供应链金融（如应收账款贷款、担保、保险），健康码各省通用，等等。

我们曾说数字人民币应用进程会提速，结果不出所料，数字人民币已在深圳、苏州、成都、雄安进行测试。新基建央视版本出来后，大家没看到区块链，但是我们认为数字基建必然从互联网阶段升级到区块链阶段。在新基建国家发改委版本中，区块链首次被列入"十四五"规划，同时被纳入数字经济重点产业。

最近，经济慢慢恢复，区块链再度被重视。在习近平总书记"10·24"讲话后，全国形成区块链规划落实热。在后疫情时期，区块链除了在中央政策中被列入新基建，中国人民银行、中央网信办、农业部、工信部、交通部、人社部、教育部等都有新政出台，成都、海南、广东等33个地区出台区块链政策，区块链产业园达47个。

印象较深的是，人社部新增了两个区块链工种，并已发布职业标准；四川、海南都提到了数字资产交易，其中海南工信厅还将链改写进政策文件，并推出消费积分交易平台；文交所积极探索NFT中国化应用；两会代表提议在香港地区开展跨境数字稳定币，并将香港作为区块链和数字货币国家试验基地；等等。

389亿元区块链新基建规划说明我们对区块链的认知还没到位。5G只是提高了互联网的信息效率，区块链更是提高了互联网的价值效率。区块链是可信互联网、价值互联网、共享互联网，因为只有通过区块链的互信、共识、协作、激励、分享等治理机制，我们才能实现万企链改、亿人致富，才能实现消费互联网向工业互联网的转型，才能将政府投资转化为大众投资，最终实现工业化向数字化转型，迎来经济复苏和繁荣。

新基建这场大戏开始于5G，最后的高潮必然落脚于区块链。5G是现在时，区块链是未来时。

三、财富增值，5G是必要条件，区块链是充分条件

在工业经济时代，要想富先修路；而在数字经济时代，要想富先修数据高速路。

5G不仅是数据高速公路，还是数据高铁。关于5G有一个形象的例子，即利用5G网络下载一部大片只需要1秒钟时间，这与4G动辄卡顿的情况有鲜明对照。5G最大的好处是，使带宽扩大了30～100倍，这相当于原来只有4条车道的高速公路如今扩充到120～400条车道。

可问题是，如此高速的数据道路给谁用？在工业化时代，有了路，农民可以把瓜果梨桃、新鲜蔬菜等运到城里，打通城乡经济联系，用微薄的农业积累推进工业化，从而实现致富。如今，5G有了，谁来用？5G应用起来很难，它是为未来数字经济打基础的。所以我们看到，全国还没铺完5G网络，就出现5G基站因为电费和基站维护成本过高而关站的现象。

5G是数据高速路，但它仅仅是数字经济的必要条件。任何事情光有必要条件是不够的，还需要充分条件。万物互联、工业互联的雷声大雨点小，原因是没有动力。有了路还不够，我们还需要有人使用路来致富，需要有财富空间和激励机制。这就需要区块链加持无形资产来完成财富创造。所以说，5G解决速度，区块链解决激励，5G是必要条件，区块链是充分条件。

我们要让企业用上新基建，实现数据产业化、产业数据化，为企业创造价值。我们说互联网是花钱的，5G等基础设施也会让企业花钱，但企业最需要的不是花钱而是赚钱。为什么80%的企业数据化不成功？这是因为企业没有摸到痛点，没有解决问题。

我们说，区块链是帮助企业赚钱的，是真正的财富机器。链改运用互信力、共识力、协作力、激励力、分享力，使企业先上网后上链，从而解决企业治理难、卖货难、融资难等问题，提高企业协作效率，提高企业产品服务美誉度，提升企业竞争力，让企业从婴儿逐渐长大成人，实现资产特别是无形资产升值。

企业链改需要数据高速路。5G等基础设施能让安全可信的区块链实现高速运转，这样当海量链企业跑起来时，我们才能实现数字经济规模化，才能摆脱经济增长对铁公机、房地产的依赖。

大数据、人工智能、区块链、5G等新一代信息技术共同构成了数字时代的基础设施。而区块链既是生产力又是生产关系，是基础设施的基础设施。这些技术将互联网从简单互联网推进到智能互联网，从虚构互联网推进到可信互联网，从信息互联网推进到价值互联网，从消费性互联网推进到生产性互联网，从地面互联网推进到陆海空互联网，从数据高速公路推进到数据高铁，为企业数字化、产业数字化、金融科技化、政府治理数字化全面升级奠定坚实的基础，为工业经济全面升级到数字经济奠定坚实的基础。

新一代信息技术把传统互联网推向区块链，把数字经济1.0推向数字经济2.0。目前，新一代信息技术已有一定的技术成果积累，已经进入大规模应用的时间窗口。未来经济恢复和复苏，更大程度取决于ABCDIS5G技术及应用。

四、我们对"5G+区块链"的政策建议

对于"5G+区块链",我们有如下建议。

一是加强总体规划设计。当前我国"5G+区块链"处于产业发展初期,在疫情防控常态化的大前提下,我们要保持战略定力,坚持方向不变、力度不减。"5G+区块链"已被列入"十四五"规划和新型基础设施建设的总体规划中,我们要从招商引资、人才培育、减税降费等方面设置更多有力政策。

二是加大专项资金支持。我们要按照工信部512工程总体部署,立足地方产业发展需要,开展公共服务平台建设,遴选重点行业和典型场景,培育解决方案提供商。我们建议设立"5G+区块链"专项资金,探索产业基金、社会资本等多元化投资渠道,为技术突破、应用落地和产业发展创造更好条件。

三是加快园区网络建设。我们要按照"两新一重"战略部署,把5G、区块链、工业互联网新型基础设施建设和相关行业重大工程项目结合起来,进一步培育产业、增加就业。我们建议加快建设高质量园区网络,探索建设融合应用先导区,通过网络共建共享,降低企业建网用网成本,为中小企业提供"先用后建"甚至"只用不建"的探索条件。

第10章

从消费互联网到工业互联网

我国过去的互联网是消费互联网，消费端的电商、互联网金融、社交娱乐等已经发展得很充分。目前更重要的方面是生产互联网，包括供给端的企业数字化、产业数字化等。企业数据化、工业互联网乃至产业互联网是下一步发展的重点，是国家政策重点扶持的领域。

区块链是自带激励的可信价值互联网，产业互联网可以用区块链逻辑和链改逻辑来重新编写。分布式存储、区块链游戏、DApp、电信应用、数字版权与隐私保护是率先试水应用的ICT区块链项目。

第1节
从消费互联网到生产区块链的演进

互联网经济是基于互联网所产生的经济活动的总和。互联网经济是信息网络化时代产生的一种崭新的经济现象。在互联网经济时代，经济主体的生产、交换、分配、消费等经济活动，以及金融机构和政府职能部门等主体的经济行为，都越来越多地依赖信息网络，不仅要从网络上获取大量经济信息，还要依靠网络进行预测和决策。另外，许多交易行为也直接在信息网络上进行。

一、消费互联网流量思维已有充分发展

互联网在当今发展阶段主要包括电子商务、互联网金融、社交娱乐三大类型，呈现消费互联网特征。依靠流量思维，我国出现了BAT等互联网巨头。最近的拼多多和抖音，一个下沉市场，另一个转向多媒体，都有不错表现。

1. 电子商务

电子商务是指以信息网络技术为手段，以商品交换为中心的商务活动，是在全球各地广泛的商业贸易活动中，在开放的网络环境下，基于客户端或服务端应用方式，买卖双方不谋面而进行各种商贸活动，以实现消费者的网上购物、商户之间的网上交易和在线电子支付，以及各种商务活动、交易活动、金融活动和相关的综合服务活动，它是一种新型的商业运营模式。电子商务分为B2C（商家对消费者）、C2C（用户对用户）、O2O（线上对线下）等，其构成四要素为商城、消费者、产品、物流。

电子商务有三个阶段：1990—1997年是电子商务概念起步期，1998—2009年是电子商务实际交易并可持续性发展期，2010年至今是电子商务已提升到国家战略层面的成熟期。

2. 互联网金融

中国互联网金融的发展历程要远短于美欧等发达经济体。目前，中国互联网金融大致可以分为三个发展阶段：第一个阶段是1990 —2005年的传统金融行业互联网化阶段，第二个阶段是2005—2012年的第三方支付蓬勃发展阶段，而第三个阶段是2012年至今的互联网实质性金融业务发展阶段。

在互联网金融发展过程中，我国互联网金融呈现出多种多样的业务模式和运行机制，当前"互联网+金融"格局由传统金融机构和非金融机构组成。传统金融机构主要是传统金融业务的互联网创新以及电商化创新、应用软件等；非金融机构则主要是指利用互联网技术进行金融运作的电商企业、P2P模式的网络借贷平台、众筹模式的网络投资平台、手机理财应用软件（理财宝等）以及第三方支付平台等。

3. 社交娱乐

社交娱乐的典型应用包括QQ、微信、抖音和百度等。

"十三五"期间，我国网上零售额突破10万亿元，年复合增长率为24.6%，其中实物网上零售额对社会消费品零售总额增长的贡献率达45.6%，电子商务成为消费市场的稳定器。我国电子商务从业人员达5 125.65万人，同比增长8.29%。2003年，非典加速了电子商务的发展，目前电子商务正在红利期。

最近几年，国内各种形态的互联网金融蓬勃兴起，很多互联网金融在发展初期都给人们带来了非常美好的用户体验，让消费者感受到和传统金融完全不同的服务模式。

但当市场规模逐渐做大之后，很多互联网金融越走越远，不仅带给人们的体验越来越差，而且部分行业衍生出各种骗局，甚至潜藏着巨大的金融风险。这些互联网平台头顶金融创新的光环，在很长时间里享受着非常宽松的监管环境，而随着这个行业爆发的问题越来越严重，互联网金融也从曾经的政策宠儿逐渐变成监管重灾区。最近，国家对蚂蚁金服等企业实施反垄断举措，互联网金融业务出现变故。

总体而言，电商、社交、娱乐、门户、游戏、广告等，这些具有消费特征的互联网经济模式已经得到充分挖掘，但我国最需要的是企业数字化、数字产业化和产业数字化，即供给端的生产性互联网，这是未来发展的方向。

二、消费互联网经营逻辑不适用于产业互联网

产业互联网就是生产性互联网。如今，我们正处在新一轮科技和产业革命蓬勃兴起、数字经济风起云涌的新时代，新基础设施不断涌现，加上产业互联网成为风口，必然会产生规模更大、影响更广的独角兽企业。

产业互联网主要通过数字技术，将整个产业的各个要素、环节数字化、网络化、智能化，推动企业业务流程、生产组织方式的变革重组，从而形成新的产业协作、资源配置和价值创造体系。

企业是创造价值的载体，产业互联网可以帮助企业更有效率地创造价值。这与消费互联网有着显著的不同。第一，产业链集群内的产业互联网是多方合作共赢的，消费互联网是赢家通吃。第二，产业互联网的价值链更加复杂，链条更长，消费互联网则比较集中。第三，产业互联网的盈利模式是为产业创造价值，提高效率，节约支出；而消费互联网的盈利方式通常是先烧钱补贴，击败竞争对手，然后通过规模经济或增值业务来赚钱。

目前，产业互联网势力还很弱小，作用不明显。比如汽车产业链，一部轿车需要1万个零部件。上万家零部件企业就是一个产业"小锅菜"，可以在不增加投入和原材料消耗的前提下，给产业链带来1%～10%的增值。

产业互联网是个性化的。汽车产业链有汽车产业互联网的信息

架构，医疗产品的产业链也有其独特的信息架构。这里有各种各样的人工智能信息分析方式，其结构、内在意义都是截然不同的。也就是说，在汽车产业链中发明的一些数字技术，并不一定能直接应用于医疗产业链。

不能复制是产业互联网和消费互联网的区别。因此，产业互联网的思维模式要摒弃消费互联网的发展模式，消费互联网的成功经验不一定适合产业互联网。

三、产业区块链担当重任

所谓产业互联网，其核心是企业进行数字化转型，并用区块链逻辑和链改逻辑来赚钱，这是一条可以走出来的道路。区块链的安全可信计算、高效价值网络、分布自治社区逻辑，以及链改的互信、共识、协作、激励、分享逻辑，可以解决企业治理、卖货、融资难题，让企业无形资产升值，从而达到财富创造效果。

这里需要解决互联网协议与区块链协议融合的网链协议问题，从信息上网到价值上链问题，以及产品溯源、工作协作和治理组织问题。不同于消费互联网，产业互联网是一链一策，不能重复使用。产业区块链担当数字经济发展重任是必然的。

第2节
区块链助力工业互联网发展

产业互联网的核心是工业互联网，国家非常重视工业互联网的建设。

新工业革命和"互联网+"发展的交汇，催生了工业互联网。面对新一轮工业革命浪潮，德国推出工业4.0参考架构RAMI4.0，美国推出工业互联网参考架构IIRA，日本推出工业价值链参考架构IVRA，我国则由中国工业互联网产业联盟于2016年发布《工业互联网体系架构（版本1.0）》。

2017年年底，国务院出台《关于深化"互联网+先进制造业"发展工业互联网的指导意见》，这是我国工业互联网发展的纲领性文件。其中，"夯实网络基础"任务明确"在5G研究中开展面向工业互联网应用的网络技术试验，协同推进5G在工业企业的应用部署"。文件同时提出，要加快5G在工业互联网中的应用研究。

2019年年初，工信部出台《工业互联网网络建设及推广指南》，这是工业互联网网络体系落地实施的指导性文件。文件提出，支持建设基于5G网络技术测试床，开展对基础通用的关键技术、标准、设备、解决方案的研制研发、试验测试等工作。2019年6月，我国发放5G商用牌照，国内5G产业迅速发展，5G应用探索脚步加快。

在全国上下积极探索利用5G技术进行工业互联网内网改造升级、融合应用初见成效的产业背景下，2019年11月，工信部出台《"5G+工业互联网"512工程推进方案》，提出打造5个产业公共服务平台，加快内网建设改造并覆盖10个重点行业，提炼形成至少20大典型应用场景，引导产业界提升网络关键技术产业能力、创新应用能力、资源供给能力，培育形成5G与工业互联网融合叠加、互促共进、倍增发展的创新态势。同月，国家发改委、工信部等11部门联合发布《关于推动先进制造业和现代服务业深度融合发展的实施意见》，在"探索重点行业重点领域融合发展新路径"部分，提出"加快人工智能、5G等新一代信息技术在制造、服务企业的创新应用，逐步实现深度优化和智能决策"。

2020年3月，工信部在《关于推动工业互联网加快发展的通知》《关于加快推动5G发展的通知》两个文件中，再次强调实施"5G+工业互联网"512工程，要形成可持续、可复制、可推广的创新模式和发展路径，促进"5G+工业互联网"融合创新发展。

2020年5月，工信部、国家发改委和自然资源部联合发布公告《有色金属行业智能矿山建设指南（试行）》《有色金属行业智能冶炼工厂建设指南（试行）》《有色金属行业智能加工工厂建设指南（试行）》，推进5G、工业互联网、人工智能等新一代信息通信技术在有色金属行业的集成创新和融合应用，引导露天或地下矿山发展无人驾驶、远程协作、移动装备的互联互通等"5G+工业互联网"融合应用。2020年政府工作报告提出，"加强新型基础设施建设""拓展5G应用"，必将更进一步激发"5G+工业互联网"发展内生动力。

2021年2月，工信部发布《工业互联网创新发展行动计划（2021—2023年）》，明确提出推动边缘计算、数字孪生、区块链等与工业互联网的融合技术研究，加强融合产品及其解决方案的测试验证和商业化推广。可以预见，未来区块链和工业互联网将在标识解析、协同制造、供应链金融、边云协同、行业创新应用等多个领域实现融合发展。

"十四五"规划提到，"在重点行业和区域建设若干国际水准的工业互联网平台和数字化转型促进中心，深化研发设计、生产制造、经营管理、市场服务等环节的数字化应用，培育发展个性定制、柔性制造等新模式，加快产业园区数字化改造"。2021年政府工作报告也指出，要"发展工业互联网，促进产业链和创新链融合，搭建更多共性技术研发平台，提升中小微企业创新能力和专业化水平"。过去一段时间的实践深刻表明，工业互联网对构建新发展格局、促进社会经济高质量发展具有重要的支撑作用。

如果说2017年的《关于深化"互联网＋先进制造业"发展工业互联网的指导意见》是我国迈向制造强国的坚实一步，那么2021年《工业互联网创新发展行动计划（2021—2023年）》就是开启国家"十四五"规划发展新征程的关键。区块链作为主要技术，必将发挥重要作用。

一、工业互联网发展前景光明

工业互联网在全球范围内已进入快速发展阶段，位于重大突破的战略关键时期，带来一系列全新的生产要素、商业市场、传播路径、行业生态，蕴含着巨大的潜力。

《工业互联网产业经济发展报告（2020年）》测算，我国工业互联网市场规模增长迅速。2020年，我国工业互联网产业经济增加值规模约为3.1万亿元，实现同比增长约47.9%，占 GDP 比重为2.9%，对GDP增长的贡献超过11%。其中，核心产业增加值规模达到 6 520亿元，融合带动的经济增加值达 2.49 万亿元，带来超过255万个新增就业岗位。

2020年，新冠疫情加速了物理世界向数字世界的迁移，尤其是在工业制造业，数字化、智能化已成为支撑制造业发展的重要力量。

二、区块链与工业互联网结合带来创新应用优势

工业是极具系统属性的行业，参与协同的主体多，信息来源广，数据量大，业务链条长，而区块链独特的可追溯、共享等特性，对工业互联网实现跨区域、多主体、全流程的立体化多维共享协作起到了十分关键的作用，将带来五大突出优势。

区块链在工业互联网中的应用场景众多，前景广阔。区块链自身去中心、去信任、交易透明、节点匿名、不可篡改、可追溯的特点，对工业互联网中的数据确权、价值共享、主体协同、柔性监管有极大的促进作用。工业区块链可以在可信数据采集、云储存、工业平台服务集成等基础设施层发挥重要作用。从主要应用来看，在工业软件的应用层面，工业区块链在产品设计、生产、销售、保险、租赁、二手交易、维护回收等产业生态均有具体的应用场景。

三、"区块链＋工业互联网"仍面临挑战，数据与成本是关键环节

尽管区块链在工业互联网领域优势明显，发展潜力巨大，但不可否认的是，目前工业区块链的广泛应用仍存在一定挑战，具体表现在三个方面：一是数据有效集成与管理难度较大、初期投入成本较高，二是需要多主体协调，三是隐私和数据保护形势严峻。

以数据集成为例，区块链关键性能以及数据有效集成仍需要进一步突破。目前，阻碍区块链技术落地的公认瓶颈之一是交易吞吐率有限，尽管技术在不断优化，而且联盟链的TPS已经获得了大幅提升，但真实的供应链协同应用仍存在不少挑战。此外，当下的"区块链＋工业互联网"数据管理功能更多针对的是规模有限且高度结构化的工业数据，对海量多源异构的工业数据缺乏必要的管理与处理能力。随着信息时代的到来，数据结构将日益复杂，数量也愈发庞大，届时数据有效集成及管理急需进一步增强。

当前，"5G＋工业互联网"融合发展已取得一批成果，已建成的"5G＋工业互联网"项目近1 600个，覆盖20多个国民经济重点行业和领域。

就目前来看，不论是工业互联网还是工业区块链，都处于早期

的探索阶段，需要持续的技术投入，还需要不断兼收并蓄创造新的应用需求以及适应新的监管需求。但从长期来看，云计算、物联网、人工智能、区块链等要素相互联系与紧密融合，已成为产业发展的重要趋势。在此种联系中，工业制造业对跨境、跨地方、跨行业、跨系统的数字化生产需求将被持续引爆，而对于传统工业产业而言，这可能既是机遇也是挑战。

第3节
典型ICT区块链应用

互联网上的业务都可以用区块链重新做一遍，比如百度、微信、抖音等社交服务，以及广告、游戏、存储、知识付费等走流量收费的业务。脸书、BAT等互联网企业都积极开展区块链业务研发，大概感觉到了互联网业务的天花板，这也是顺应时代趋势。

一、公链

经过十几年的发展，区块链技术融合了智能合约、分布式账本、共识算法、密码学原理、分布式存储等元素，形成公链赛道，以以太坊2.0和波卡为代表。

可扩展性一直是困扰以太坊发展的问题，尤其是2020年DeFi应用爆发，网络拥堵导致了高昂的手续费。性能不足让以太坊很难达到"世界计算机"的要求，也影响了用户体验。扩容是以太坊网络的当务之急，2020年以太坊的进展主要集中在扩容方面。以太坊

2.0的重要目标之一就是，对以太坊1.0进行扩容，大幅提高合约和交易的吞吐量，所以开发者设计了64条分片链来并行处理链上事务，从而为以太坊提供高性能与可扩展性。

目前，以太坊2.0信标链已经上线，以太坊2.0整体上线预计在2022年。面对日益增长的扩容需求，以太坊联合创始人V神于2020年10月提出了一个新的以Rollup[①]为中心的以太坊路线图。在Phase 0（第0阶段）上线后，以太坊 2.0 spec（计划）最大的变更就是，让以太坊2.0更快上线。

波卡是由Parity技术公司于2017年11月开始开发的，由以太坊前首席技术官林嘉文（Gavin Wood）主导。波卡是一个区块链协议，旨在支持不同开发者创建的平行链。简单来说，波卡是一个由多条区块链异构组成的区块链集合，其在做的是一套基于区块链技术的操作系统，类似于Windows（微软操作系统）、Android（安卓系统）、iOS（苹果系统）。你可以利用波卡来开发各种各样的应用，也可以把现有的应用通过技术接入波卡系统。波卡系统具有极高的跨链性能，这给其生态上的各种应用提供了极强的交互性，它也被业内人士称为"跨链之王"。

近期，波卡的"平行链插槽拍卖"成为业内热点。2021年1月13日，波卡平行链测试网（Rococo V1）正式开放注册申请，这意味着Kusama[②]和波卡平行链插槽拍卖和上线拉开帷幕。

另外，为了支持链改，我们必须采用"互联网+区块链"的底层协议，即网链协议，网链协议属于公链方向。互联网底层技术有46年历史，技术老旧，必须要改变。互联网与区块链可以形成融合的、集成的网链组合协议。虽然比特币、以太坊是科技创新，但是

---

① Rollup，JavaScript模块打包器，可以将小块代码编译成大块复杂的代码。

② Kusama是波卡的金丝雀网络，是一个实验性的社区研发协议。

其系统架构还是传统的。网链协议打破传统系统的局限，重新设计了一个融合集成的架构，包括底层系统和应用系统的融合、多学科的融合等，将监管机制放在底层系统，支持合规金融市场，为科技界和学术界建立了新方向。网链协议是基于诚信、保护隐私、维持金融稳定、保障数字经济金融市场有序发展的新金融科技和监管科技，有助于社会治理。

二、分布式存储IPFS

存储并不是一个新领域，目前存储行业主要有四类：桌面级存储、企业级存储、云存储和区块链存储。

随着区块链技术的发展与成熟，区块链存储开始愈加受到关注，它旨在解决此前存储市场存在的四个关键问题：一是数据存储成本太高，二是数据中心化管理风险较大，三是大规模数据传输和维护较难，四是容易受到攻击。

区块链存储也称"分布式存储"，是指用区块链激励构建的分布式存储系统，是区块链和存储系统的有效结合。区块链本身是一个分布式账本，是一个分散数据库，这使得区块链技术在存储方面具有先天的应用场景和优势。

提到分布式存储，我们不得不提IPFS。IPFS是一种内容可寻址的点对点超媒体协议，旨在取代传统互联网协议HTTP，创建开放的分布式存储和共享文件的网络传输协议。IPFS网络中的节点构成了一个分布式文件系统，任何人都可以在全世界任何一个地方快速获取存储在IPFS系统上的文件。IPFS具有下载速度快、全球存储、安全、数据永存等优势，可以很好地解决HTTP现阶段存在的问题。时下，IPFS几乎成了分布式存储的代名词。

IPFS最大的特点就是把IP寻址改为哈希寻址。在目前的互联网中，用户如果想从网上找一张照片，那么需要找到这张照片的IP地址或域名，这就叫"IP寻址"。IPFS不是这样的，它是通过照片的哈希名来找这张照片的，这就是"哈希寻址"。不管这张照片存在哪个IP地址里，我们只要知道照片的哈希名就可以了。

IP寻址和哈希寻址是IPFS与现有存储技术和互联网协议最重要的区别。实际上，IPFS对标TCP/IP，并试图取代它。如果真取代了，那么整个互联网底层逻辑就全变了。IPFS最初由胡安·贝内特设计，2014年开始由Protocol Labs（协议实验室）在开源社区的帮助下发展。或许在不久的未来，IPFS将真的取代HTTP，开启一个分布式存储的新时代！

从另一个角度来讲，分布式存储与区块链协同工作，能够弥补区块链的三大缺陷。

第一，扩展区块链存储能力。区块链网络要求全部矿工维护同一个账本，需要每个矿工在本地留一个账本的备份。那么，在区块链中存放的信息，为了保证其不可篡改，也需要在各个矿工手中留下备份，这样是非常不经济的。如果有1万个矿工，即便在网络保存1MB信息，那么全网消耗的存储资源也是1MB的1万倍，即10GB。我们可以使用IPFS存储文件数据，并将唯一永久可用的IPFS地址放置到区块链事务中，而不必将数据本身放在区块链中。因为IPFS的自验证文件系统技术可以保证其内容的不可篡改特性。分布式存储作为存储层可替代现有的中心化数据库，可存放区块链用于共识的重要数据，如加密资产、交易记录等大量的附加信息。这样就避免了链下数据集中被某个中心控制，网络参与者可一起参与存储数据。一方面，用户不用在链上留存附加数据，节约区块链处理能力；另一方面，附加数据存放在IPFS上，可以避免被中心机构控制。IPFS极大地拓宽了区块链的存储能力。

第二，协调跨链需要各个链之间进行的信息传递。IPFS本身就具有其内容不可篡改特性，能够作为可信信息源。同时，IPFS可以将不同链的区块信息获取成可读内容，协助链之间获取区块信息。

第三，用存储贡献参与挖矿，解决了之前PoW无用耗电问题，这是一大进步。

除此之外，IPFS还有很多优点。

一是安全性、去垄断、保护隐私。例如，如果照片分布式存储在多个地方，那么服务器不管是否宕机，仍然可以从别的地方通过哈希名找到照片。所以，分布式存储有安全性高的特点。我们都知道盲人摸象的故事。IPFS把一个完整信息切割成若干块，分布式存储在网络各个地方，用的时候再拼图。假设碰巧某个局部数据泄露，但是完整信息不会泄露，我们可以用这个特点来达到保护隐私的目的。IPFS中每个节点既是客户端又是服务器，是将原来专业机房的大型服务器提供的工作分散转移到了无数普通节点上。每个节点只承担一小部分原先属于服务器的工作，即便某个节点出了问题，它的工作也可以自动由其他节点衔接起来。所以，原来一个服务器出问题可能造成比较大的影响，现在某几个节点甚至几百个节点出了问题都不影响网络运行。

二是节约成本。IPFS下载数据时可以同时从多个就近节点实时下载，数倍提高数据传输速度，大幅度节约宽带成本，网络运行也变得更通畅。

分布式存储跟区块链有共同的价值观，都是分布式，最终因为Filecoin走到一起。因为以算力贡献挖矿，这个理念比较先进，逻辑也是通顺的。但用区块链做分布式存储绝不只有Filecoin一家，大家都可以做。例如，当前云计算市场增长很快，区块链的通证激励是加速度，能够帮助云计算市场更快发展。

在精心沉潜3年后，Filecoin主网已于2020年10月15日正式上线，截至2021年7月15日，Filecoin网络承载了7.5EB的数据量，

1EB相当于2.9亿部1080P电影的数据量。最近，IPFS正在谋求与NFT结合。IPFS创始人胡安·贝内特说："Not on IPFS，Not your NFT（不在IPFS上存储的NFT，不是真正属于你的NFT）。"

三、区块链游戏

有人说游戏不是实体。错了，游戏是幸福产业，不要因为很多青少年游戏成瘾，就说玩游戏是"不务正业"。不让人沉溺的游戏、内容健康的游戏是非常有价值的。

我们不要小看游戏。游戏是科创也是文创。人类永不亡，游戏就不会终止。目前，世界上约有25亿的游戏玩家，开发商为玩家制作的游戏，每年可产生1 600亿美元的收入，比全球音乐和电影收入总和还要高。

爱迪生于1877年发明第一架留声机时，发表了一篇文章，提出他的发明有在法庭上留记录等九种用途，最后一种用途提到可以听音乐，而留声机最后几乎就剩听音乐的功能。虽然互联网在出现后也有许多用途，但游戏绝对是其中的一项大应用。比如腾讯，其收入一靠广告，二靠游戏，而微信、QQ都是不赚钱的生态。

区块链出现后，也会遵从互联网的商业逻辑，游戏是最容易落地的应用。区块链游戏也需要有好的创意，比如曾经以太坊的加密猫、百度的莱茨狗等。区块链游戏能够超越互联网游戏的原因是，区块链有通证激励，可以做激励加速度。游戏币通证化后更能够吸引玩家，游戏玩家很容易转化为区块链生态成员。这也是区块链游戏容易落地的一大原因。当然，企业做区块链游戏必须要合法合规，这是前提。实际上，既能够推动经济发展和社会进步，又能够赚点钱，这样的生意就是最好的买卖，区块链游戏就符合这个要求。游戏促进了互联网的发展，也必然会推动区块链快速发展。

在线游戏会继续呈现爆炸式增长，目前电竞已经被认为是一项体育竞赛活动，有着令人垂涎的冠军头衔以及可观的现金奖励。区块链技术使得游戏玩家能够在电竞比赛中获得奖励，在跨平台交易数字资产方面也拥有更加公平的竞争环境。通过区块链的分布式分类账，游戏玩家可以在数字世界中使用一个完美的角色或一组技能和道具，这意味着他们可以更快地获得奖励，然后通过分布式的网络进行交换。

这些机会已经出现。Huntercoin（猎手币）项目是一个游戏生态系统，玩家可以在其中获得内部加密数字货币奖励。在电子竞技和体育博彩方面，有Unikoin Gold（电子竞技投注代币）。通过分布式的区块链，游戏平台可以促进更安全和透明的货币兑换。

游戏与元宇宙及NFT结合也有广阔的前景。元宇宙绝非简单的游戏，而是人类未来社交、娱乐甚至工作的数字化空间，是未来生活方式的关键载体，是一个人人都需要理解的数字新世界。元宇宙是数字世界的虚拟空间，融合了对5G、VR、AR、脑机接口、区块链、人工智能等最前沿科学技术的最终想象，让每个人可以真正摆脱地理位置和物理空间的束缚，基于资产和身份的数字化，实现生活、社交和创作方式的数字化。

目前的元宇宙类游戏还只是最早期的雏形，多元宇宙将打造去中介、跨平台、多维度的GameFi平台。而区块链是元宇宙中的关键技术，将构建打破原有身份区隔、数据护城河的基础设施，通过智能合约打造经济系统，而元宇宙中的原生资产将主要是以NFT为代表的资产。NFT成为最契合元宇宙的方向。简单来说，NFT是"非同质化通证"，每个都是独一无二、不可分割的，由于其在区块链上发行，因而可实现权属清晰、数量透明、转让留痕。NFT可以使数字内容"资产化"，可以成为赋能万物的"价值机器"，以及连接现实世界资产和数字世界资产的桥梁，因而成为数字新世界的价值载体。

央链游戏基于千腾科技自主开发的《中医世家》游戏以弘扬中医药文化为目的，可以让更多人认识并初步了解中医方面的知识（识草药，认穴位），以区块链游戏的方式培养玩家对中医药的兴趣。游戏以角色扮演为主体，同时结合了探索解谜和模拟经营的方式。故事情节环环相扣，跌宕起伏，沉浸式的剧情体验给玩家带来更深入人心的真实感观。《中医世家》将游戏内的药方作为NFT的切入点，玩家在游戏中收集NFT资产的同时，可以完成对中医药方的学习，具有很好的教育意义。

四、DApp

DApp的核心就是区块链上的智能合同。

以支付宝为例，假设你在支付宝上购买了一个理财产品，你无法确定钱是否进入理财基金池，同时也无法确定到期是否能收回本金和收益。你可能会说，在支付宝上能看到理财余额和每日收益，但这只是支付宝显示给你的，并没有第三方证明。我们之所以敢把每月辛苦工作的劳动所得存到支付宝里，仅仅是因为对其有信任基础。

DApp就不同了。存入DApp的资金一定会进入基金池，因为数据不可篡改。到期本金和收益也是一定可以收回的，因为程序（智能合同）不可篡改。同时，数据和开源的智能合同都是链上可查的。所以，DApp或者说区块链解决了人类千百年来的一大难题，即无须考虑中介方的信任问题，使得价值能够更加自由地流通。

互联网上的App都可以转化为区块链上的DApp。换句话说，互联网上的App商业，都可以用区块链上的DApp重新编写。DApp

商业逻辑最突出的特点就是，虽然它与互联网App吸引眼球的流量思维一样，但区块链DApp自带激励，拥有区块链商业逻辑。这里有海量机会。

Telegram在取消12亿美元初始加密币公开销售计划之前，从私人投资者那里筹集了17亿美元。大约一年后，该公司为其基于区块链的TON启动了客户端测试。

聊天平台Kik已通过其应用内的加密币筹集了超过1亿美元的资金。据报道，日本最流行的即时消息服务应用程序Line，计划拓展进入加密币交易领域。

在加载网页时，广告会增加大量的移动数据使用量，而广告商和消费者都会遭受协议缺失的困扰。

2017年，一款基于区块链的浏览器Brave在其基本注意力加密币ICO期间，在30秒内众筹了3 500万美元，旨在补偿广告商和用户。广告商将直接在Brave基于区块链的浏览器上列出，而不是依靠谷歌或脸书那样的中间平台。选择加入的用户会收到更少但针对性更强的广告，其中没有恶意软件。广告商也可以从他们的支出中获得更好的数据。

Snovio（邮箱地位查找工具）是让人们出售其个人数据并获得SNOV加密币的另一种选择。

提供云存储服务的企业往往通过中心化服务器来确保客户数据安全，这种中心化服务器意味着容易受到黑客的网络攻击。区块链云存储解决方案可以实现存储的分布式，因此更不容易受到引发系统崩溃和广泛数据泄露的攻击行为的影响。

Storj是一个正在进行测试的区块链云存储网络，它可以提高云端信息的安全性，降低云端信息的交易成本。Storj的用户还可以通过点对点方式将其未使用的数据存储空间租给别人使用，这就为众包云存储创造了一个全新的市场。

云服务需要大量的计算资源和数据存储容量，在启动物联网产品时，其效率可能很低。区块链技术可以帮助并促进云服务更加分布式，增加云服务连接性、安全性和计算能力。

最近，为企业提供云解决方案的Salesforce发布了Salesforce区块链。该产品基于Salesforce的CRM软件，以智能合约和基于区块链的数据共享而为人所知。

随着越来越多的行业全面拥抱区块链，研究、分析、咨询和预测行业也可能被区块链方面的技术撼动：凭借稳定可靠的交易记录支持其数据分析和预测操作，将为所使用的机器提供更坚实的基础学习算法，以培养有针对性的预测和见解。

即使到现在，区块链仍在创造一个新的"预测市场"。一个去中心化的预测市场平台Augur建立在以太坊区块链上，使用户能够预测事件并因正确预测而获得奖励。

到2021年，视频预计将占到所有互联网流量的82%。区块链可以通过分布式视频编码存储和内容分发，显著降低视频流量的成本。这可能会颠覆网飞（Netflix）、优兔（YouTube）和视频分发生态系统中的其他企业。

VideoCoin Network（视频币网络）在朝着释放这部分资本前进。分布式网络以点对点算法市场的形式提供云视频基础设施——编码、存储和分发。它运行在新的区块链上，用户可以使用VideoCoins（视频币）租用这些服务。

Livepeer（去中心化的流媒体协议）是另一个分布式网络，它允许用户直接与其他人分享实时视频。用户可以通过执行视频转码赚取Livepeer加密币。

Stream是一个类似的基于区块链的平台，旨在通过允许广播业者直接获得其粉丝给予的Stream通证来"让内容创作者获得权威"。

五、数据版权保护

互联网发展带来了数据内容产业爆炸式增长，同时也带来了侵权问题。尽管我国先后出台知识产权保护的政策与法律法规，但盗版侵权现象仍屡禁不止。盗版作品给产权方带来了巨大经济损失，据艾瑞统计，仅由盗版网络文学造成的经济损失每年可达 80 亿元。

传统版权保护手段以及交易方式效率低，其沟通及各项成本也较高。传统版权交易流程不透明，存在版权内容访问、分发和获利环节，同时维权成本高、侵权者难以追溯。当版权归属和交易环节出现问题后，版权方并不能在第一时间确权或找到侵权主体，维权和清除盗版产品的成本也比较高。数字化背景下版权归属问题更加突出，产品制作千辛万苦，复制成本为零。原创作品在网上传播时面临版权被侵害的风险也显著增大。

区块链与数据版权保护能够完美结合，从而改变盗版横行的现状。

第一，区块链助力微版权保护，迎接全民创意大时代。人人都可版权化，全民创意大时代基本已经到来。但是，传统版权费用比较高，传统登记交易流程也比较复杂，导致版权效益并没有完整地发挥出来。数据版权尤其是微版权的出现，更需要版权保护途径，区块链在版权方面的应用可助力微版权的保护。

区块链的分布式账本和时间戳技术使全网对知识产权所属权迅速达成共识成为可能，理论上可以实现及时确权。非对称加密技术保证了版权的唯一性，时间戳技术保证了版权归属方，版权主可以方便快捷地完成确权这一流程，解决了传统确权机制低效的问题。

同时，版权生产者可以设置相应的权限。例如，用户只能浏览，不能下载、复制等，可以保证原创作品不能被随意保存以及在其他各个渠道传播，这在很大程度上保证了生产者原创作品在链上的唯一性。

第二，区块链有助于优质内容创作，催生文化产业中国创造。通过区块链公共平台来存储交易记录，版权方能够对版权内容进行加密。版权方可以通过智能合约执行版权的交易流程，这个过程在条件触发时自动完成，无须中间商的介入。版权方可以解决版权内容访问、分发和获利环节的问题，在将版权交易环节透明化的同时帮助创造者获取最大收入，从而形成一个良好的闭环，助力优质内容创作。

例如，基于区块链技术，直播平台可以直接建立社区内用户之间、用户与主播之间以及主播与广告主之间的交易联系，改善因直播平台、主播经纪公司等中间者的存在而产生的不平等分账模式，从而鼓励版权创作方做出更优质的原创内容。

2018年3月19日，中国版权保护中心与新浪微博合作，保护原创内容，开启数字版权保护先河。

第三，区块链降低版权交易成本，打造产业新生态。我们可以通过区块链、公钥加密和可信时间戳等技术，为原创作品提供原创认证、版权保护和交易服务，从而大大降低确权和交易的成本。区块链正改变着数字版权的交易和收益分配模式、用户付费机制等基本产业规则，形成融合版权方、创作者、用户等的全产业链价值共享平台。

未来的创作产业将有望基于区块链应用技术打造全新的产业生态圈，实现更加高效便捷的交易机制，更大幅度地降低交易成本，显著提升产业链协同效率，同时也更有力地保护各方参与者的利益，形成更加诚信的产业生态，打造价值互联网时代的创作产业基础设施，甚至彻底改变产业面貌。

第四，区块链减少版权纠纷，维护司法公正。区块链技术可以将数字作品的作者、内容和时间绑定在一起，降低违规造假侵权的可能性。借助区块链技术，版权的开户、登记、交易、支付等信息均可在开放透明的数据库中完成，其全网确权、信息留痕及可追溯的特点，使版权注册或交易的整体链条清晰可查，而这些登记信息又能同步传送到司法鉴定中心备案。

一旦发生版权纠纷，司法部门只需要调取区块链数据库中的相应信息，并根据版权的数字身份进行追溯，就可一键完成传统机制下举证、审验、取证的全部流程，不仅节约人力、时间成本，还降低了人工操作的出错概率。区块链技术保证了证据的精确度、权威性和可靠性，对减少版权纠纷和维护司法公正将起到重要作用。

2018年6月28日，杭州互联网法院对一起侵犯作品信息网络传播权纠纷案进行了公开宣判，首次对采用区块链技术存证的电子数据的法律效力予以确认，这引发行业高度关注。

娱乐领域企业家正在转向区块链，以使使用智能合约的创作者更容易共享内容，从而可以根据预定的许可协议自动分配购买创意作品的收入。

Muzika是基于区块链的音乐流媒体平台，它与币安合作，试图帮助独立艺术家从听众那里赚钱。Muzika计划将收入的90%分配给这些艺术家。

在涉足娱乐智囊团之前，Mycelia（付费音乐平台）的重点是生产受区块链技术和加密币支持的智能歌曲。BigchainDB（巨链数据库）的产品Ascribe.io也致力于提供艺术家及其作品之间所有权的可追踪且可验证的记录。

英国区块链初创公司JAAK还计划与音乐权利人及其他娱乐行业利益相关者合作。提供内容操作系统的JAAK正在开发一个平台，该平台允许媒体所有者将其媒体、元数据和权利存储库转换为可以在以太坊区块链上自动执行许可交易的智能内容。

区块链在出版业也有多种应用，从行业进入到版权管理，再到防止盗版。目前，该行业是由一小部分出版商控制的，使得新生和未被认可的作家很难进入该领域。新平台正在形成，鼓励作者、编辑、翻译和出版商之间的合作。

例如，在线图书商城Authorship帮助作者在平台上发表作品，而读者可以使用基于以太坊的加密币ATS在平台上购买书籍，作者也可以以ATS方式获得90%的版税。作者还可以与翻译人员一起工作（翻译人员也可获得ATS），用多种语言出版其作品。作者拥有作品的版权，可以自由地在其他地方发布其作品。出版商可以通过Authorship平台来发现作者并在买进作品版权后公开出版发行。

PageMajik是一个工作流管理系统，旨在简化发布流程。该系统为所有文件提供安全、集中的目录，可以由作家、编辑团队和发布者轻松访问。每个人的角色、权利和义务可以在实际开始使用该平台之前指定，以最大限度地减少错误。PageMajik正准备在下一个版本的工作流系统中加入区块链技术。

NFT可以为数据版权行业发展提供新机遇，特别是诞生了一个新艺术物种，即数字艺术品。

六、电信区块链

在国外，最早在电信运营领域探索区块链的公司是美国电信巨头AT&T（美国电话电报公司），随后法国电信（Orange）尝试利用区块链来提高结算速度，瑞士国有电信供应商（Swisscom）成立区块链公司，西班牙电话公司（Telefonica）宣布开发区块链智能手机解决方案。

在国内，电信行业公司于2016年便开始涉足区块链的研究。无论是中国移动、中国电信、中国联通三大电信运营商还是华为、中兴通讯，它们在区块链标准、技术研发、应用试点等方面均有布局，以期在区块链领域掌握主动权。区块链技术在电信领域的产值将从2018年的466万美元激增至2023年的9 938亿美元。中国电信已提出第一个ITU-T区块链国际标准，并在基于区块链的电子招投标、省间清结算、可信溯源等创新业务方面进行了探索与实践。

在区块链时代，电信运营商会提供基于区块链的基础设施。互联网公司牢牢掌控着用户的数据，特别是在移动互联网时代，而运营商沦为了"比特管道"。区块链时代来了，电信有机会弯道超车吗？区块链在电信领域有以下几个应用场景。

第一个应用场景是身份认证。实名用户制可以搭建一个桥梁，让实名用户数据和手机号码关联，实现数据高效共享。当然，这种方式可以在用户授权的前提下将用户身份信息提供给需求方，通过非对称加密、智能合约等方式保护个人隐私不被泄露。这样可以结合运营商的码号优势建立一个统一的登录服务，让用户通过一个手机号码就能管理自己所有的数字资产，使用所有的服务。

第二个应用场景是共享征信。运营商可以与商业银行、互联网金融公司形成联盟链，对征信数据有需求的企业可以通过这样一个平台来获取数据。当然，这个过程也是需要征得用户同意的。在区块链世界，私钥就是数字资产的钥匙，你如果把私钥拿在自己的手里，那么不管是将资产保存在SIM（用户识别模组）卡中还是通过其他方式保存，都对自己的资产有掌控权。这样可以把散落在私有部门或者公共部门的数据充分聚合起来，取之于民，用之于民，促进数据的开放和共享。

第三个应用场景跟国际漫游相关。欧洲其实没有国际漫游服务，因为不同国家运营商的话单、对账等方式都非常复杂，人工适配效率比较高，结算成本也比较大。所以，在国际漫游结算中引入区块链技术，能够为运营商共享用户的话费、账单，并通过智能合约实现高效、低成本、安全及标准化的支付方式。我们谈区块链不能光谈技术、思路，一定要谈应用落地。区块链技术只有实现应用，才能体现其价值。国际上有个联盟叫CBSG（运营商区块链研究集团），也在做这方面的场景研究。电信的多云多网协同、可信接入，使"多云+多网"云业务全球无缝漫游。

第四个应用场景是共享计算和带宽。因为运营商自身有海量的数据源和信息结点，那么如何通过共享计算的技术把这些闲置的带宽和存储空间共享出来，打造区块链和共享云的平台。当然，我们可以在区块链中添加激励机制，让参与的用户获得相应的激励。这个激励可以在内部商城兑换运营商的电话卡、积分等类似服务，这样可以激发用户参与生态的积极性。

第五个应用场景是共享基站。随着5G时代的到来，网络建设的投资会比较大，重复建设、资源浪费问题比较突出，部署在不同运营商之间的网络也不能兼容。将不同运营商的网络基站通过区块链进行互联，部署用于网络共享和结算的智能合约，对未来运营商5G网络的共享化、价值化和可变现化都会有非常好的前景。

事实证明，当前的互联网体系结构很容易破解，特别是在涉及物联网设备时。随着诸如发电厂和运输业之类的关键基础设施都配备了联网的传感器，众所周知，这对公民社会的风险是巨大的。例如，像Xage（工业物联网安全平台）这样的公司正在利用区块链的防篡改账本在整个工业设备网络之间共享安全数据。

尽管区块链的账本是公开的，但其数据通信是使用先进的加密技术发送和验证的，从而确保数据来源的正确，并且在此期间没有任何内容被拦截。因此，如果区块链被更广泛地接受并采用，黑客入侵的可能性就会下降，因为区块链技术的网络保护比传统系统更强大。

其他潜在应用包括使用区块链提供大规模数据身份验证。例如，网络安全创业公司Guardtime使用其基于区块链的KSI（无密钥签名基础结构）来标记和验证数据交易。

IBM和三星正在合作，并致力于开发一个概念性项目ADEPT（分布式的自主运作的点对点遥测），该项目使用类似区块链的技术构建一个物联网设备分布式网络的基础。有了ADEPT，区块链就可以成为大量设备的公共账本，不再需要通过中心化的枢纽机构来协调设备之间的通信。没有了中心化控制系统，设备能够自主地进行通信，更新管理软件，补上漏洞，或进行能源管理。

七、数字身份与隐私保护

随着人类社会的发展，生产要素也随之改变。在农业时代，土地和劳动力是主要的生产要素；在工业时代，资本和技术是主要的生产要素；在数字时代，数据成为最重要的生产要素之一。相较于传统生产要素，数据作为生产要素具有独特属性，如易复制性、价值聚合性和多样性、交易关系多变性。基于这些独特属性，我们在挖掘数据价值方面往往面临一些挑战。

我们如何找到高效利用数据资源与实现个人隐私保护的平衡点？实际上，实现数据隐私保护的核心是要建立数据使用者和数据所有者之间的信任关系。当前，利用"区块链＋隐私计算"搭建基于区块链的分布式信任机制，可能是比较好的解决方案。

一方面，我们可以利用区块链技术把各自的数据上链，拥有自己的"数字身份"，从而建立一个多方联合参与共识的场景，同时使用密码学算法，使链上数据难篡改、可追溯，从而实现数据的安全存储和转移，此外再基于智能合约等做一些数据治理和审计，由此支撑分布式商业模式。另一方面，我们可以采用基于场景优化的隐私计算方案，其相较于传统、通用的隐私计算解决方案更高效实用。

总之，区块链和隐私计算相辅相成，可以更好地挖掘分布式场景下数据要素的价值。区块链技术注重多方参与，可以提高隐私保护的安全性和透明度。隐私计算专注于多方参与过程中的用户数据保护，可以实现信息最小化披露，增强区块链的合规性，扩大协作度。

未来，在"区块链+隐私计算"所搭建的生态里，每个个体可以真正拥有自己的数据控制权，可以利用自己的"数字身份"安全存储数据，同时在使用某个业务时可以选择性地披露，从而进行可信安全的社会活动，并真正释放数据价值。

例如，选举需要对选民的身份进行验证，确保安全记录以跟踪选票，并通过可靠的判断来确定获胜者。将来，区块链工具可以用作投票、追踪和计算票数的基础设施，从而通过消除选民欺诈和作弊行为来消除重新计票的需求。

如果将选票当作在区块链中进行的交易，那么政府和选民将拥有可验证的审计线索，可以确保不会更改或删除选票，也不会添加非法选票。一家区块链投票初创公司Follow My Vote已发布了端到端区块链投票解决方案的Alpha（阿尔法）版本。

声网Agora旨在开发一种基于区块链的投票方法，该技术通过使用自定义区块链记录来防止选举欺诈。该平台在2018年塞拉利昂大选期间经过了有限容量测试，其显示的结果与官方统计的很接近。

在当前的网络中，我们很难建立个人的真实身份，并且个人信息存在于个人使用的应用所在的公司服务器上，这些服务器互相操作性差。像uPort这样的平台认为，未来个人的身份经过区块链加持，可以很容易地在互联网上随身携带。

IBM还发布了基于区块链的身份管理工具，即IBM Verify Credentials（IBM验证凭据）。该分布式系统允许某些受信任的组织向用户颁发证书，然后用户可以使用证书向其他组织证明自己的身份，从而增强个人隐私并简化验证过程。

第11章

产业区块链与品质链、价值链

供应链是唯一列入"十四五"规划的实体行业的区块链应用场景。因为无论哪个实体行业，企业的产品服务都有供应链参与，所以区块链千业可用。

数字时代产品、服务的品质化和价值化，是企业竞争力的关键问题，也是产业发展的核心问题。供应链实际上就是品质链和价值链。通过链改供应链，我们可以提升产品、服务的品质和价值。产业区块链用区块链逻辑和链改逻辑提质增效，通过确权、溯源、存证等，解决了信任、共识、协作、激励、分享等问题，降低了成本，提高了效率，实现了产业大幅度增值。

产业有共性问题，比如行业景气度、公平竞争、行业自律、营商环境等，更多的是个性问题，一个行业有一个行业的特性，千业千面，"一千个人心中有一千个哈姆雷特"。所以，我们要针对每个行业的特性专门设计链改方案。

第1节

土地确权与房地产区块链

土地是重要的生产要素。我国正在进行土地制度改革，特别是要激活农地市场化。三权分置和同地同权是原则，区块链在这一原则基础上可以发挥很大作用。2018年，贵州就用区块链做土地确权，在这一领域走在了全国的前面。

通过链改，我们不仅可以实现土地、房屋等不动产确权，还可促成房地产证券化，实现有信用的交易，盘活资产，从而实现其增值。土地的确权不仅让居民的基本生活得到保障，更能促进土地的流通。此外，传统土地登记还存在多种问题，如遗漏率高、过程烦琐、错误频出等。

这些问题从基因上就适合运用区块链来解决。区块链技术使土地登记等流程大大简化。当所有数据都存在区块链上时，数据具备独特的时间戳，因而不会被篡改。其载体不再是一纸文件，因而任何诈骗行为都无所遁形。不管如何改朝换代，哪怕这片土地上所有的服务器都被摧毁了，数据仍然存在。

在全球76亿人口中，仅20亿人有合法、有效和公开的财产所有权。财产如果没有合法记录，就不能用作抵押品获得信用，也不能作为资产转移凭据获得投资。美国土地产权协会的数据显示，约30%的房地产产权信息是有缺陷的，原因之一就是，契约文书、抵押贷款等相关负债文件都需要纸质记录。产权转移费用高昂也是个大问题。例如巴西，产权转移费用是房屋价值的4%，再加上房地产经纪费用和转移税，其房屋总交易成本达到9%~14%。

对于发达国家来说，即使已经有了完备的土地登记制度，应用区块链仍可以带来极大的成本节约。比如产权验证，光是在人力和保险精算上，美国就可节省20亿～40亿美元。

土地、房产信息的上链只是资产确权的基础。而资产确权完成后，资产的交易、流转才是实现盈利的关键。

土地、房产等不动产流动性较差，很多投资者与不动产绝缘，不仅仅是因为交易手续复杂、产权变更不便，主要还是因为不动产的高投资门槛。化整为零的REITs（房地产信托投资基金）能解决这个问题。早在20世纪60年代，REITs就已经在美国诞生。在美国、日本等国家，REITs已经成为一种成熟的金融产品，覆盖住宅、公寓、商业地产等。其最大的优势便是通过资产拆分、证券化的方式，大大降低了不动产投资的门槛。

在区块链出现之前，不动产交易的每一步都需要付出大量的人力、金融、法务成本。房地产区块链应用程序可以帮助记录、跟踪和转移土地所有权、财产契据、留置权等，并可以帮助确保所有文档都是准确且可验证的。

如果用区块链做确权和REITs，那么房地产交易共享数据库可以让房地产产权检索更加透明、高效，从而降低过高的房地产交易成本。如果产权记录在区块链上储存，那便可以避免纸质错误，并且明晰产权的相关信息会得到各方信任并随时可提供，而转移产权会变得更加安全和高效。除此之外，基于区块链的交易方式，交易流程全部可追踪，因而可以避免洗钱、偷税等问题。

买卖物业的痛点包括交易期间和交易后缺乏透明度、大量文书工作、可能的欺诈行为以及公共记录中的错误。区块链提供了一种减少对纸质记录的需求并加快交易速度的方法，从而帮助利益相关者提高效率并降低交易各方的交易成本。

例如，2017年2月，格鲁吉亚政府签署协议，正式启用区块链进行一切土地和房地产登记及交易。为了保护土地产权，洪都拉斯、海地、瑞典、乌克兰、英国、俄罗斯、美国等国纷纷效仿格鲁吉亚。

房地产科技公司Propy寻求通过基于区块链的智能合约平台提供安全的房屋购买。所有文件均已签名并安全地在线存储，同时使用区块链技术以及在纸上记录契约和其他合同。科技初创公司Ubitquity为金融、产权和抵押公司提供了软件即服务（SaaS）区块链平台，公司目前正在与巴西的土地局以及其他隐形客户合作，以通过区块链记录财产信息和相关文件。

第2节
药品溯源与医药区块链

链改可以实现药品溯源和有品质的诊疗，提高医药产业和服务的质量和水平，缓解医患关系，促进全民福利。

药品追溯服务可以涵盖药品生产、流通以及使用的各个环节，尤其是能够实现"一物一码，物码同追"，同时可以追踪物流轨迹、温度湿度、发票以及药品检测报告等内容，还可以通过生产企业内部的生产线改造把生产信息直接写入追溯码，以方便监管人员与消费者直接扫码追溯到药品的源头信息。

从区块链不可篡改、可追溯、准确可靠的特性来看，这一创新技术可以从以下几个方面发力，为医药行业带来价值。

一、研发管理

新药临床试验耗时耗资，区块链技术可以准确记录临床试验数据，保证数据的完整性和可追溯性，避免堆积如山的纸质文件和各方因系统架构迥异而导致的信息共享难题。当试验涉及多家药企或CRO（合同研究组织）机构时，企业或机构可高效管理数据和权限，在避免产生知识产权纠纷的同时，加速药物研发。

制药产业并不是一个快速发展的行业。该行业尽管专注于创新和解决问题，但在临床测试、FDA（美国食品、药品监督管理局）批准等方面存在很多烦琐的流程。企业使用区块链账本可以创建更高效的系统，为快速创新、更好的生产监管和更智能的医疗数据安全打开大门。例如，科学家可以在早期发表研究，而不必担心知识产权问题。因为报告是通过支持区块链的系统发布的，会有永久性的记录，从而防止其他人盗窃其知识产权。

区块链还可以实施更安全的药物生产。如果药物生产存在问题，那么我们可以找到问题并溯源。这有助于避免药品召回，或者至少允许制造商快速联系零售商，以减少不安全药物对患者健康和企业财务的影响。

在研发新药的过程中，基因信息有很大作用，但每个人的基因信息是隐私。如何支持遗传病药物研发又保护个人隐私，过去没有很好的办法。区域链的非对称加密、零知识证明等技术，可以在不泄露个人隐私信息前提下，将基因数据加密后支持遗传药物的临床验证。

二、供应链管理和追溯

曾经的三聚氰胺、假疫苗事件轰动一时，引发人们对药品追根溯源的需求。从原料获取到药品的生产、存储、运输和销售，区块链的开放且不可篡改性可以将药品的各个流通环节记录在案（假药、劣质药品的责任方一目了然）。因而，让患者吃上放心药将不再遥远。

三、处方管理

处方外流成为大势所趋，一套连接公立医院、社区医院、药房、患者和支付方的电子处方体系是实现电子处方流转、助力医药分家的坚实基础。从患者角度来说，电子处方体系不仅简化了开药、取药流程，还能提升药物依从性，智能提示购药周期。对医院和药房来说，电子处方体系可优化集中采购，管理受控药品，提高双方的营运能力。

举例来说，患者在A医院看病拍了胸片，想再去B医院看看，仍然需要重新拍片子。原因是两个医院之间的数据不能共享。这也不能怪医院，医院不能采信本医院外的数据，因为责任不同。有了区块链，在共同标准下，A医院的胸片也能在B医院用，这样可以大大缓解时下紧张的医疗资源，节约病人的时间和金钱，缓和医患矛盾。

四、医疗保险管理

由于区块链可多维度记录被保人的健康状况、体检信息、就医记录，相关方便可根据权限查看所需信息，从而大大简化保险索赔中的调查和审核环节，不仅能有效杜绝骗保行为，也能解决保险索赔中的低效问题。

五、疾病全周期管理

在理想情况下，一旦一位患者的数据（电子病历）建立起来，只要是符合预设标准的利益相关方，如医院、药房、保险公司等，就可以在必要时访问所需信息，从而进行治疗跟踪、药物依从性管理以及赔付管理，真正实现以患者为中心的医院诊疗和互动。患者也可以更好地控制其病史数据，在远程技术的加持下，享受便利、完善、高效的就医体验。健康产业链的各组织和部门相互协作，去冗返简，从而为病人提供更优质的健康服务和更好的治疗结局。

"区块链+医疗"也是我国各地方政府的关注重点，至少有五地政府出台文件，将医疗领域作为区块链技术的重点方向之一。目前来看，国内所谓的"区块链+医疗"的项目大多处于初创期。在医疗行业推广区块链技术，我们仍面临技术和法律法规等多重挑战。

首先，医院的信息化情况相对落后于其他行业，医疗行业内的IT系统复杂多样，面临整合压力，且架构陈旧、流程缓慢，缺乏新技术，存在信息孤岛，这一现象短时间内难以改观。

其次，医药行业涉及多个利益相关方，如支付方、监管方、患者、流通方、服务方等，想要互联互通，实属不易。

再次，数据安全和隐私的重要性对医药行业不言而喻，在技术没有成熟的情况下，行业对新技术的创新应用非常慎重。

最后，我们还要考虑新技术应用的监管、合法和合规性。医疗保健机构无法跨平台安全地共享数据。提供者之间更好的数据协作，可能最终意味着更高的准确诊断概率、更高的有效治疗可能性以及医疗保健系统护理整体能力的增强。区块链技术可以使医疗保健价值链中的医院、付款人和其他各方共享网络的访问权限，而不会损害数据安全性和完整性。

例如，目前，辉瑞、基因泰克等大型药企和药品供应链巨头加入了一项名为Mediledger的试点项目。这是一个封闭的区块链系统，以跟踪各方在何时何地对药物采取了何种行动。该系统允许企业在不实际共享数据的情况下，验证其供应链流程及合规性。

Tierion是一家区块链初创公司，已经建立了医疗保健数据存储和验证平台，它与飞利浦医疗保健公司于2018年在飞利浦区块链实验室合作。另一家区块链初创公司Hu-manity与IBM合作开发了一个电子账本，该账本旨在使患者对其数据进行更多控制。Hu-manity的既定任务是创建"公平贸易数据惯例"，使患者能够从同意共享数据中受益。

第3节
食品安全与农业区块链

链改可以实现食品等农产品溯源和农业提质增效，是现代农业数字化转型的诉求，也是乡村振兴的重要抓手，还是质量经济的重要支撑。

国家工商总局、税务总局相关资料显示，我国每年造假贩假企业多达几十万家，涉及15个经济领域、2 600多个品牌，每年经济损失高达3 000亿元。

习近平总书记讲，要用"最严谨的标准、最严格的监督、最严厉的处罚、最严肃的问责"来确保广大人民群众"舌尖上的安全"。基于此，追溯体系的建设就显得异常紧迫。然而，我国溯源产业还处于初期阶段。以农业部农垦局的溯源平台为例，农垦农产品的可追溯比例不足1%，远低于发达国家水平。

一、农产品为什么要溯源

在数字时代，人们的观念已经从"吃得饱"向"吃得好""吃得安全"转变。在人们对于食品安全越来越重视的今天，农产品成为人们关注的重点。许多人对农产品的产地、品质充满了不信任，导致许多农产品滞销。

首先，对于消费者来说，对农产品进行溯源不仅能让消费者看见产品的大小、外观，而且可以让消费者看到农产品从品种的选育到播种、收获、加工、包装、销售等一系列的生产过程。这不仅可以让消费者吃得放心，还可以让消费者从农产品的播种到收获这一过程中明白农民所付出的心血，从而明白"粒粒皆辛苦"的道理。不仅如此，区块链的不可篡改性可以防止产品被篡改，使产品更让人安心。

其次，对于生产者来说，企业必须要建立农作物种植、生产、流通追溯信息库，强化标准体系，对各环节进行全过程监控管理，通过网络、客户端等渠道提供综合信息服务。企业通过区块链溯源系统，可以在平台设立奖励机制，消费者可通过扫码获得奖励，可以让消费者对产品获得好感，从而提升产品的复购率。

最后，从市场来看，公众最关心的是农产品质量安全。因此，我们应从质量安全入手，借助农产品区块链追溯系统，从生产端狠抓农产品的安全、优质、规范生产；从消费端搭建农村与城市之间的桥梁，让消费者更直观地了解农业生产现场和过程；从产业端提高农业生产智能化水平、管理网络化、管理数据化、服务在线化水平。目前，不少地区将打造本地农特产品牌作为引领当地群众致富、增产增收的途径，它们层层管控，以打造安全、健康的名优特产，促进产业更快更好发展。

二、农产品如何用区块链溯源

目前，很多企业都将产品追溯系统融入 ERP 和 SCM（供应系统管理）当中，除了采用 RFID（射频识别），也使用二维码技术、人工智能传感器技术、区块链技术等以实现"人、机、料、法、环"生产信息实时自动采集，并建立相关部门对所有硬件设备进行实时监控。这些数据在上下游企业中流动，以追求更小的交易成本。

作为一个可以记录、存储和跟踪数据的分布式账本，区块链提供了一种监控食品供应链并追踪污染问题的方法。区块链有利于食品加工商，可以避免其向经销商发送有害物品。区块链有利于零售商，可以减少中间环节或更快速有效地召回。区块链还有利于消费者，可以使消费者相信他们所购买的东西是安全的。

只要各方同意，区块链就可以作为一个问责平台，可以帮助减少食品召回、产品错误标记等问题的发生。例如，基于区块链的跟踪可以轻松应用QR（快速反应）码，当扫描QR码时，产品到客户购物车的过程可完整显示。

在"区块链+农产品"溯源网络中，种子商、农户、批发商、零售商、农产品质量检测机构以及提供融资信贷的金融组织都可以通过链上实时共享数据。由于链上账本、身份验证的严格加密特性，通过链上的各种接口，我们便可以享受区块链带来的便捷、高效和信任，同时这些节点为了提高对这些权利的享有程度，也肩负着共同维护数据可靠性的义务。这些接口包括只有借助区块链才能完整实现的溯源查询接口、范围数据查询接口等，而这一切都借助底层共识协议、虚拟社区管理和API（应用程序接口）等技术。

食品（尤其是日常必需的食品）与每一个消费者息息相关，食品安全也成为现阶段公众最为关心的问题之一。而正是这一环节目前存在诸多痛点，用传统方法进行食品溯源已不再适合当前现状。区块链技术以它独特的优势，为食品溯源带来了柳暗花明的新希望。尽管目前商业模式和工具完全成熟有待时日，即使是大型企业也面临前所未有的挑战和不确定因素，但技术上的可行性和市场缺口表明它有潜在的巨大商机。一旦区块链在食品溯源上落地，借助公众的体验，区块链就将迎来属于自己的新时代。

很多人质疑区块链的溯源功能，认为如果上链数据是假的，那么溯源毫无意义。针对这个问题，我们提出强溯源和弱溯源概念。所谓强溯源，比如名画，我们可对名画进行360度全息摄影，提取名画图片资料，建立大数据库，然后对名画大数据做哈希计算，提取特征小数据，把小数据上链保护，使小数据与大数据关联。如果有新画作，我们可提取360度全息摄影资料并与其进行比对，不同即为赝品。如此，博物馆无法作假。无论名画如何转手，我们都能对其溯源。如此溯源是彻底的溯源，不用检测鉴定。

但是，这种溯源成本较高，只能对名贵商品适用。价值不大的商品，比如一瓶水2元，如果强溯源的成本是200元，那么谁会去溯源呢？这里采用弱溯源。所谓弱溯源，就是让产品与物主关联。产品从生产商到批发商，再到零售商，最后到消费者，产品易手的物主的身份数据是真实的，被放在链上，从而把商品数据与物主数据关联。这样我们就可以发现哪个环节出了假货。我们不需要烦琐的检测环节，也可达到溯源的目的。这个的溯源成本就很低。一瓶矿泉水从2元涨到2.5元，但保障了水是真货，由此可见万品可溯。农产品溯源大多可采用这种方式。比如，为了让北京人民吃放心猪肉，进京的猪肉有八道检测，费时费力费钱。如果用上了区块链溯源系统，我们就可免了这八道检测环节。溯源在农产品领域有很大潜力。

三、区块链在农业领域的其他应用

一是用区块链管理物联网与大数据。目前，制约农业物联网大面积推广的主要因素就是应用成本和维护成本高、性能差。而且，物联网属于中心化管理，随着物联网设备数量的暴增，数据中心的基础设施投入与维护成本难以估量。物联网和区块链的结合将使这些设备实现自我管理和维护，这就省去了以云端控制为中心的高昂维护费用，从而降低了互联网设备的后期维护成本，有助于提升农业物联网的智能化和规模化水平。

随着信息进村入户工程的进一步推进，以及政务信息化的进一步深入，农业大数据采集体系的建立如何以规模化的方式来解决数据的真实性和有效性，将是全社会面临的一个亟待解决的问题。而以区块链为代表的这些技术，对数据真实有效、不可伪造、无法篡改的要求，对于现在的数据库来讲，肯定是新的起点和要求。

二是用区块链做供应链管理。在农业产业化过程中，生产地和消费地距离远，消费者对生产者使用的农药、化肥以及运输、加工过程中使用的添加剂等信息根本无从了解，因此对生产的信任度降低。而在基于区块链技术的农产品追溯系统中，所有的数据一旦记录到区块链账本上就不能被改动。可见，依靠不对称加密和数学算法的先进科技从根本上消除了人为因素，使得信息更加透明。

产品从生产到销售，再到客户手中，其整个过程涉及的所有环节，都属于供应链的范畴。区块链技术可以在不同分类账上记录产品在供应链中涉及的所有信息，包括负责企业、价格、日期、地址、质量以及产品状态等，因而交易会被永久性、分布式地记录。

除了在食品和饮料行业中讨论的安全性和可追溯性，区块链还有促进农业发展的潜力。分布式的区块链系统可以改善整个农业供应链中的交易、市场扩张和产品物流情况。

在农业方面，区块链在商家之间建立了一定程度的信任，这些商家以前可能彼此之间没有发生过交易。区块链允许市场扩张并鼓励商家进行健康竞争。

农业是个大市场，农产品溯源与供应链结合将是区块链的巨大应用场景。除了生产端，未来区块链技术在农产品供应链方面也有重要的应用前景。

三是用区块链做农村金融和农业保险。农民贷款整体上比较难，主要原因是缺乏有效抵押物，归根到底就是缺乏信用抵押机制。区块链建立在分布式的P2P信用基础之上，超出了国家和地域的局限，在全球互联网市场上，能够发挥出传统金融机构无法替代的高效率、低成本的价值传递作用。

农业保险品种小、覆盖范围低，因而经常会出现骗保事件。在区块链与农业保险结合后，农业保险在农业知识产权保护和农业产权交易方面将有很大的提升空间，而且会极大地简化农业保险流程。

农业区块链对接乡村振兴与农业数据化双国家战略，也是一些地区创造经济增长点的助手。

例如，全球零售业巨头沃尔玛早在2016年10月就开始启动区块链支持下的食品安全协议，以满足占有相当比重的现代中国消费者需求。IBM正是沃尔玛这项计划最大的技术支持方，清华大学稍后也加入了这一计划。另外，正大集团做的菠萝养猪溯源标准，优质高效，可信度高。

安永（Ernst & Young）的TATTOO Wine 平台的工作方式是，用户可以扫描葡萄酒上的QR码，从而实现从葡萄藤到玻璃酒瓶的追溯过程。

一家位于澳大利亚的创业公司AgriDigital已经在使用区块链技术对谷物的购买、销售和储存进行数字化，并计划增加其他商品。这样便可以集中管理从农民到股票交易员的关系，并且确保其安全。

《华尔街日报》报道，渔业是世界上使用强迫劳动的最大行业之一。基于区块链的系统可帮助该行业更具可持续性、合规性。在区块链上登记渔网的类型和数量将使当局能够跟踪船只是否返回停靠港，核对渔网数量是否和其离开时的一致。区块链也可以用来识别和跟踪鱼本身。2018年，世界自然基金会与ConsenSys和SeaQuest（Fiji）合作应用一个区块链系统，可以确认金枪鱼在何地、何时以及如何被捕获的。最终，消费者能够使用智能手机扫描QR码以追踪鱼类"从诱饵到盘子"的整个过程，并确认他们正在购买合法捕获的金枪鱼，而捕获这些金枪鱼不涉及奴役或强迫劳动。

第4节
分布式电力与能源区块链

链改可以将区块链分布式特点与电网等分布式结构结合，从而提高电网效率，特别是促进太阳能等清洁能源的发展。

一、区块链在能源行业应用很广

能源区块链在整个能源行业有广泛用途。2019年出版的《可再生能源与可持续能源评论》（*Renewable& Sustainable Energy Reviews*），将全球许多国家能源领域的至少140个区块链研究项目和初创企业分为八类。

（1）绿色证书与碳交易。

（2）通用倡议和联合体。

（3）计量（计费）和安全。

（4）电动汽车。

（5）加密币和投资。

（6）物联网、智能设备、自动化和资产管理。

（7）分散式能源交易。

（8）电网管理。

由于能源行业复杂程度较高，以上八类不涵盖未知领域。

目前，能源区块链项目主要集中在发达国家。美国依然具备能源区块链创业的最佳土壤，美国的硅谷以及纽约聚集着大批能源区块链创业者。欧洲尤其是德国也有不少能源区块链项目，德国对区块链技术整体持较为支持的态度，加上德国较为发达的分布式可再生能源，使得区块链在德国能源领域的应用前景十分广阔。此外，柏林较好的创业环境和氛围也聚拢了大量欧洲极客。

二、区块链适合分布式能源

分布式能源通常是布置在用户所在地且耦合连接在区域电力系统的发电设施，包含可再生能源系统、热电联产系统、工业能量回收利用系统，并具有需求侧管理功能。分布式能源已成功实现商业化应用，是综合效率最高的一种应用方式，其能效可达80%以上，能有效降低电网崩溃的概率，提高供电可靠性。分布式能源技术主要包括微型燃气轮机、工业燃气轮机、热点联产系统、光伏、风电系统、燃料电池等。其中，燃料电池的发电效率可能会达到80%，燃料电池是未来最具发展价值的领域。这些技术将和智能控制与优化技术、系统优化技术等集成起来，成为能源互联网行业的核心技术。目前，分布式能源在天然气和光伏发电领域已经取得快速发展。

分布式发电是用清洁能源、生物质、可再生能源等一次性能源，将规模不一的发电、热点等设备加以集成，以分散的方式布置在用户附近的能源系统，相当于一个可独立输出热、电等能源的多功能小电站。开展分布式发电市场交易需要遵循信息对等、共享、透明和交易分散等基本原则，而区块链则是一个分布式数据库，与分布式电网同构，将其应用在分布式发电市场交易上将非常有效。

区块链构建能源系统，具有以下三个优势。

一是搭建分布式能源交易和供应体系。电力生产商、配电系统运营商、传输系统运营商和供应商通过区块链网络可以直接联系各个层次上的生产者和消费者进行交易。

二是制定能源管理部门的区块链智能合约。在区块链技术和智能合约的帮助下，智能合约可以有效地控制能源网络。智能合约将向系统发出信号，制定如何启动交易的规则。此类流程基于智能合约的预定义规则，可以确保所有的能量和存储都是自动控制的，这样有助于平衡供给和需求。例如，当产生多余能量时，智能合约可以确保这些能量被自动地传送到存储器中。

三是安全存储能源交易数据。所有能源交易数据分散存储在一个区块链上，将有可能保持所有能量流和业务活动的分布式和安全记录。由智能合约控制的能量和交易能以防篡改的方式记录在区块链上，因此，分布式能源市场的逐步数字化为区块链技术提供了创新开发和新商业模式的难得机遇。

例如，对于太阳能这类新能源，发电厂及用户大多使用太阳能板来进行储能。第一，可以通过区块链和智能电表，对不同主体的发电量进行计量和登记，从而形成一个不可篡改的发电量账本；当这笔交易在区块链中被验证有效时，相关环保和公益机构可以向用户和发电厂发放清洁能源生产和使用证书，以鼓励双方生产和使用新能源。第二，通过智能合约来实现多余电力的点对点认领和交易，可以降低交易成本，保留更有效的记录，从而减少矛盾，实现智能撮合且提高效率，并可以给社会带来巨大的环保价值。

三、区块链的价值在于提高能源行业的交易和数据管理效率

首先是提升交易。区块链能够取代专有系统，保证能源交易的安全、处理速度和不可篡改。例如，区块链记账和智能合约能够大幅度降低绿色证书和碳中和交易市场成本，提高效率。公开透明的区块链交易系统可以最小化对中间商的需求。例如，让用户直接从公用事业提供商那里买电或交电费，从而降低能源零售的成本。加密技术支撑的点对点交易平台可以让用户出售自己用风能和太阳能发的电。

其次是加强数据管理。能源供应链利益相关者众多，区块链可以将各个分散的资产和库存数据管理起来，明晰流程，实现数据共享，同时高度保护相关方的专有信息和隐私。区块链可以跟踪能源输送、储存和订单，如准确跟踪水表、电表流量。对于消费者来说，能源的来源和交付变得更加清晰；对于供应公司来说，统一的分类账可以使能源交付具备可追溯性，更容易实现自动化。

区块链在能源领域有巨大潜力。全球市场洞察（Global Market Insights）的一项研究预测，区块链能源领域的产值从2018年的2亿美元将增长到2025年的30亿美元。

能源管理是历史上高度集中的行业之一。在美国和英国，企业要进行能源交易，必须经过杜克能源公司（Duke Energy）或国家电网公司（National Grid）等成熟的电力控股公司，或从大型电力公司购买能源的转售商。

与其他行业一样，分布式账本可以最小化（或消除）对中介的需求。由位于布鲁克林的区块链创业公司LO3 Energy与位于布鲁克林的以太坊公司Consensys联合成立的Transactive Grid等初创企业，正在考虑重建传统的能源交易流程。Transactive Grid使用以太坊区

块链技术，使客户能够以"分布式能源生产计划"进行交易，从而使人们能够向邻居生产、购买和出售能源。LO3 Energy还拥有布鲁克林微电网和Project Energy等项目。

西班牙的两家主要电力公司Acciona Energy（安讯能能源公司）和Iberdrola（伊维尔德罗拉公司），正在使用区块链跟踪能源的来源，以证明能源的清洁性。

第5节
智能化、电动化与汽车区块链

链改可以连通汽车从生产、销售、后市场等各个环节，有利于巩固汽车的国民经济支柱产业地位。包括整车制造商、供应商、经销商、金融机构和终端用户在内的整个汽车行业都存在较多痛点，区块链可帮助汽车智能化、电动化转型，拥有强大的应用场景。

资料显示，目前包括丰田、本田、沃尔沃、宝马、保时捷等国际车企纷纷涉足区块链领域，而国内的长城、上汽、比亚迪、吉利等也已进入区块链领域。早在2018年5月，宝马、福特、通用、雷诺等汽车制造商、供应商和相关车企就建立了开发区块链技术潜力联盟（MOBI），其涵盖的公司与全球70%的汽车制造业务相关联。本田、通用、IBM等100多家企业和组织加盟的国际团体，利用区块链技术，将在电动汽车和建筑物等方面建立灵活使用的电力系统。马斯克高调进军加密币行业，投资比特币，其在加密币行业的获利大大超过了2020年特斯拉的盈利。

随着行业变革的加速，汽车企业不仅仅再以"制造"为竞争力标准，越来越多的车企由汽车制造商向出行解决方案提供商转型。智能化技术、软件能力的重要性持续递增，拥抱区块链技术对车企布局未来尤为重要。

在汽车行业，区块链技术可应用的范围包括数据追踪、供应链管理、消费者融资以及定价等多个领域。在更遥远的未来，我们甚至还可以将区块链技术应用到自动驾驶和拼车服务中。区块链可以改变消费者购买、缴纳保险和使用汽车的方式。

一、溯源

汽车工业发展到现在，形成了一个庞大而完整的体系。在汽车生产过程中，对汽车配件的管理是车企的一大痛点。例如，货车的配件有8 000多个，轿车的配件有1万多个。这些配件分散在全世界各个加工厂，那么如何让供应的配件保真并对其溯源？这在过去没有很好的解决办法。而在汽车生产过程中使用区块链就可以保证配件的品质，最终保障整车的供应质量。

宝马计划用区块链跟踪和记录来自不同国家的原材料和备件的流动，以避免出现交付问题。

戴姆勒（Daimler）推出了加密汽车钱包，以简化交易过程。这个"钱包"还有黑匣子功能，能够记录车辆的性能、里程、燃料消耗、零件磨损等数据。

二、安全

有了区块链网络，我们不必担心中心服务器的延迟或宕机、因为点对点数据通信可以极大地缩短数据延迟。这对智能汽车而言是一个福音。

三、供应链管理

区块链可以改善企业运营模式，简化供应链，提供更安全和可追踪的交易，以及更好的信息获取和更高的透明度，以促进企业和消费者之间的信任与协作，从而提升现有流程效率以及产品服务体验。

四、市场管理

通过区块链结合大数据，我们能够清晰地知道产品真实且不可篡改的消费人群数据。通过对消费群众进行分析，车企能够更好地了解产品的消费群体和分布区域，并将分析结果及时反馈，从而大大节约生产成本。

五、交通治理

人类最终的移动终端不是手机，而是汽车，或者叫电动车，因为电动车将来是人类活动的办公室，是人类的家，车上有解决人类一切工作和生活的工具。

用区块链管理交通是个很好的想法。例如，人们可利用区块链帮助解决乱停车现象。违规停车或违反交通规则的车辆，就算逃过一时，在区块链上的纪录或数据却没法被抹掉。

福特汽车正在自主研发CMMP（协同制造管理平台），该平台通过交换CMMP加密币使汽车在道路上相互通信，以减少交通拥堵。

六、二手车市场

在二手车交易中，如果有一手人和车的真实合法的数据，并能溯源，那么对二手车市场来讲，交易就要可靠得多。

经济学中有关于二手车市场信息不对称问题的研究，这项研究还获得过诺贝尔经济学奖。虽然我们研究的是二手车市场的问题，但是其本质还是信息不对称性这样一个普遍存在的现象。区块链恰恰就是解决信息不对称性问题的撒手锏。

福特、宝马等为车辆分配"出生证明"，从生产过程就开始跟踪车辆，包括车辆何时转手、维修历史、行驶里程、过去所有损坏情况等记录。这在很大程度上会避免二手车市场的不诚信问题，从而实现更快捷、准确的车险定价。

七、维修与保险

区块链在简化汽车保险流程以及验证汽车所有权、汽车私钥等诸多方面均有相当广阔的应用前景。例如，当前投保车辆出现损坏，需要到4S店去维修，但是我们不能保证4S店所提供的汽车配件一定是真货，也不能保证维修工人的技术水平一定是较高的，而区块链可以把这些真实数据完全记录在区块链上。区块链上真实可信的记录，还可以防止骗保。

八、自动驾驶

自动驾驶需要数亿公里的人类驾驶数据积累，而区块链的分布式账本，可以帮助车辆所有者、车队管理人员和制造商搜集数据，从而缩短实现这一目标的时间。当一辆自动驾驶汽车踏上行程时，它的行驶数据会被记录到区块链上，包括天气、交通状况、路面状况等具有参考价值的信息。

丰田汽车与麻省理工学院媒体实验室达成合作关系，共同探索利用区块链提高自动驾驶安全性、高效性及便利性的方式。

九、共享经济

要共享，首先必须要有信用。举例来说，共享自行车在刚出现时，曾获得高度评价。但是，后来共享自行车的商业模式出现重大问题，废旧的自行车堆积如山。这是什么原因呢？原因是基于中心化的大数据，即所谓的信用模式，出现了严重问题。所以，共享经济的核心还是要解决信用问题，要解决用车的人和提供车的人之间的信用问题。

区块链信用是分布式不可篡改的，是超越大数据信用的。区块链天生就是信用平台，区块链上的信用才是真正的信用，而只有建立在真正信用平台上的共享经济，才是真正的共享经济。

区块链的分布式、点对点网络、时间戳、不可篡改、共识机制、智能合约等技术特点与共享出行经济在属性上共通，具有天然的亲和性，可成为解决共享出行经济症结的可行方案。

像Uber（优步）和Lyft（来福牙）这样的共享租车应用平台是分布式的反面典型，因为它们本质上是作为调度中心来运行的，并使用算法来控制驾驶员车队（按规定标准收费）。区块链可以为这种模式提供新的选择：借助分布式账本，驾驶员和乘客可以创建一个由用户驱动的、价值导向的市场平台。

例如，创业企业Arcade City可以通过区块链系统促成所有交易。Arcade City的运营方式与其他共享租车公司类似，但允许驾驶员通过区块链记录所有互动来确定其费率（收取乘车者费用的一部分）。这一模式使得Arcade City能够吸引专业的驾驶员，他们宁愿建立自己的运输业务，也不愿受公司总部控制。Arcade City上的驾驶员可以自由设定车费，建立自己的经常性客户群，并为其提供附加服务，如送货或路边援助。

租车、买车或卖车的体验往往非常糟糕，因为交易的整个过程非常碎片化，但是区块链可以改变这一切。

2015年，Visa和交易管理创业企业DocuSign合作开展项目，该项目使用区块链简化租车过程，将整个过程简化为"点击鼠标—签名—开车"三个过程。有了VisaDocuSign工具，未来的客户可以选择想租的汽车，整个交易会记录在区块链的公共账本上。然后，司机在座位上就可以签署一份租赁协议和保险，区块链会对这些信息进行更新。如果区块链技术可以应用，那么类似的过程便可以用于汽车销售和注册。

十、供应链金融

最近，供应链金融发展很快。区块链能够创造出很多的商业模型。例如，在新车组装过程中，我们可以搭上供应链金融。我们可以用区块链记录造车过程，因为区块链上的数据不可篡改，且真实可信，所以金融机构才会提供资金支持。这样就有可能加快汽车生产过程，大大提高生产效率。

第6节
在线旅游2.0与旅游区块链

链改可以使在线旅游升级到2.0版本，能够解决旅游行业诸多痛点，使购物型、知识型旅游向个性化、品质化旅游转变，从而支持旅游行业快速发展。

我国2020年旅游总规模接近7万亿元，"十三五"期间年均增长率达11%。从这一数据可以看出，旅游仍然是一个新的经济增长点。旅游行业也在从过去的购物型旅游、知识型旅游向个性化旅游、品质化旅游方向发展。虽然新冠疫情对旅游行业有重创，但随着疫情逐渐得到有效控制，旅游行业恢复增长的态势指日可待。

在线旅游是一个非常好的区块链应用场景。我们把互联网时代的在线旅游称为在线旅游1.0版本，把搭建在区块链上的在线旅游称为在线旅游2.0版本。区块链能够解决传统互联网解决不了的旅游品质问题。对于消费者和供应商来说，他们之间要建立互信关系。旅游基本上不是高频的，是一次性的，特别是跨境旅游，因而互信关系非常重要。区块链中的分布式账本和智能合约等相关技术，可以把旅游行业的业务逻辑进行重塑，建立互信机制，从而产生激励，还可以提高协作效率。这种办法可以对在线旅游的商业模型进行系统的升级。在区块链基础上做旅游模型，比传统的互联网要有优势。

一、区块链解决旅游痛点

第一，没有中间商赚差价。由于具有专业性与地域性的门槛，不少旅游业内的交易均设有多个环节或多个中间商，不透明的价格与环节成本都是降低旅客体验感的因素。若与区块链技术有效结合，其分布式、可信赖等特性在减少交易环节、降低中间商分成上将提供不少助益，还将杜绝强制性消费这类现象，提升游客出行体验。

第二，克服信息不对称。在互联网时代，各类虚假消息、虚假评论横飞，给旅客选择出行工具、居住酒店都带来了不少迷惑性。

当行程中的各类服务商信息上链、评论上链时，利用区块链技术的不可篡改性及可追溯性，每位参与者都是监督者，人人可查验，各类真实评论清晰易懂，而对于虚假信息或票据，则可溯源并保留证据，从而及时讨回公道。

第三，保护个人信息安全。在旅游的过程中，游客通常需要提供个人资料给旅游提供商，以便能够获得预期的服务。区块链技术的加密特点可以对游客身份信息进行存留与验证，能够保护个人信息不被泄露。

第四，有助于大幅提高管理效率。通过区块链，在机票订购、预订住宿、票据核查时，原本所需要的重复认证时间都将大幅降低。

第五，有利于监管。将区块链应用到旅游市场监管，可提高旅游市场信息透明度并重构信任体系。

二、区块链具体应用

1. 消费积分管理

吃、住、行、游、购、娱六大旅游领域，都可以利用在区块链上发行的积分吸引客户，帮助旅游消费者利益最大化。例如，当用户的信誉达到一定级别才能租用特定类型的房屋。

链上海南推出的旅游积分，帮助海南提振旅游业。其旅游积分可在有牌照的三亚国际资产交易中心交易。

2. 机票、门票和酒店预订

在区块链上销售机票，可以加快用户的付款流程。基于智能合约预订住宿，服务提供者不用支付任何佣金，可极大降低运营成本，用户将使用更低的价格获取更好的服务。

因为区块链在电子票证一类的应用方面具有非常强大的功能，所以用区块链发放景区门票，不仅能够提高景区运转效率，还能节约成本，也能够避免中间环节的一些纠纷。

3. 数字身份认证

用底层的区块链技术结合互联网创建个人电子数字身份认证，能够更好地存储用户信息。例如，除了常规的用户注册流程，还可以通过扫描用户的身份证、护照并上传人脸识别信息产生世界上独一无二的移动个人身份信息。每个身份都会有一串密钥，每个密钥只有信息拥有者自己知道。

4. 验证身份与房屋信息

用区块链验证房屋和顾客数据，可以优化旅客住宿和租赁流程，可以建立短信交流系统，从而让顾客和房主直接沟通，改善支付体验。

5. 旅游社区点评

在旅游社区点评平台，所有的交易、评论、评分和评级数据都不可篡改、不可销毁、可追溯，并且生态内角色都有明确的身份认证，因此所有角色必须为自己的行为负责。消费者对服务提供方的评价将获得智能合约的基础性评价奖励，该奖励由平台基于智能合约发放。

6. 库存管理

酒店可以利用区块链进行库存管理，通过每一次预订记录收集大量的数据，并确保及时向各方全额付款。

区块链的B2B旅游库存交易平台将供应商（酒店、航空公司等）与销售商（旅行社）连接到同一个市场。供应商将房源、机票信息和价格输入数据库后，销售商即可轻松获取这些信息，也可以立即购买存货，并现场付款。所有交易将自动完成，无须人工操作。

想一想预订航班所需要的数据，如姓名、生日、信用卡账号、目的地，有时还需要酒店或租车信息，航空公司通过区块链技术保护和协调这些数据，从而给客户带来更安全的旅程，而且对旅行者来说更方便。将纸质材料和票证转换为加密币，可提供新的安全层。使用智能合约作为票证加密币的一部分，可以帮助航空公司控制票证的销售和使用，以便为客户提供经过验证的体验。智能合约还可用于创建更准确的飞机维护日志，防止超量预订等。

航空公司忠诚度计划是已经应用区块链技术的领域。新加坡航空公司最近开始使用KrisPay——一种基于区块链的数字钱包，可以安全地将英里数变成积分，可以供商家及合作伙伴使用。该计划奖励经常乘坐飞机的旅客，并让他们在各种购物上安全地使用积分。

大型连锁酒店以支付第三方预订服务佣金的形式，损失了其总收入的10%~15%。小型连锁店和独立酒店将更多的收入（占其收入的18%~22%）分配给第三方服务。基于区块链的平台Winding Tree已与酒店、航空公司和旅游局合作，以提供实时信息系统和市场。该初创公司已与汉莎航空、法国航空、加拿大航空以及阿提哈德航空（Etihad Airways）于2019年建立了合作伙伴关系，以绕开收取高额费用的第三方运营商。

7. 加强游客黏性度

景区可结合元宇宙与NFT，实现物理空间与虚拟世界有效体验。浙江"链上诗路"项目委托央链游戏自主研发的《漫步紫阆》游戏摆脱了传统游戏"低头久坐"的束缚，让玩家通过游戏走出家门来到绍兴诸暨紫阆古村落。游戏独创的"NFT+剧本杀"玩法，将有效提炼景区价值，从而打造一个文旅的元宇宙。游戏剧本中出现的景区景点、道具等以NFT的形式上链，可以获得链上的唯一标识，可以映射到数字世界中，成为真正的数字资产。玩家可在剧本杀中收集各类景区证物道具，收集到的道具会成为玩家在元宇宙中拥有的数字资产，玩家会因为道具的稀有度及附加功能而产生一定的价值共识，从而提升游戏及道具本身和景区的价值。

第7节
PNT与交通区块链

链改可以利用区块链防篡改、社会公众协同，并与北斗PNT（定位、导航、授时）技术融合，从而实现更高效、更智慧的交通升级。

交通问题是一个复杂的系统问题，获得交通信息的渠道涉及社会各个层面。各类交通信息从采集到分析，从发布到更新，由面向原来的交通职能部门发展到面向其他政府职能部门、机构、平台、公众等各个阶层。

我们需要构建一个公众参与的区块链平台，综合利用交通信息资源，通过"PNT+区域链"的方式，充分调动多元力量参与信息采集与发布，实现更灵活、更及时、更有效的交通信息管理模式。

一、实景路况取证平台

时间戳＋空间戳＋影像刻画＝事实机器。

传感器配上区域链技术、PNT技术，可以使实景路况数据具备时间戳、空间戳的可视化和不可篡改性，因此这些数据是足以采信的客观证据，广泛复用在交通违法处罚证据、货运险备证、网络货运平台的税务稽核备证等多个方面，也是车主金融征信的依据。

1. 举报证据随手拍

公众随手拍的违法照片、视频等证据记录不可篡改，包含时间、地点、人物、事件、实名举报人信息、设备编号（IMEI）、通信网络身份（IMSI）以及设备单次校验，并附带海拔、速度、天气等环境信息。

证据审核人凭授权凭证下载证据链数据，数据证据本地保存1年，链上永久保存溯源链接，为后续申诉复议及其他司法证据查找提供备证。

审核平台对使用证据方的操作流程也做了记录，比如审核人员账号身份审核发放、审阅记录、去重投递、下载打包、事后回执、处罚和奖金发放。

2. 货运险备证

电商网购、直播带货等互联网新零售兴起，引发了物流快递业的快速发展，同时拉动了货运险的市场需求。为此，交通运输部、国家税务总局从政策上引导网络货运平台业务的发展，大力推进第四方物流（基于信息的无车承运人物流模式）的进程，并明确要求货运必须购买货运险、涉税时空轨迹数据存证10年。

目前，由于货运车辆风险数据缺失，货运险现场取证难，我们缺少风险控制的手段，从而导致货运险保费收入大，赔付风险也高，造成货运险承保率与市场需求不匹配。基于区块链的多媒体存证技术，加上PNT的定位、导航、授时技术，为货运险风险控制提供了有效的技术保障，实现了反欺诈和远程核保的功能，并将极大地促进网络货运平台业务的发展。

在物流运输过程中，参与运输的平台、车队、司机需要达成数据共识，司机要主动拍摄装卸货物、行驶、停车全过程的照片和采集视频证据，并上传存证到云端区块链，该数据既可用于司机风险自证，又可为保险公司、交管部门提供远程事故责任认定依据，法院还可据此裁定理赔纠纷，实现一份证据多家复用。

二、车联网

随着车联网技术的发展，车辆通过先进的智能感知技术，可以完成自身和周围交通状态的采集。在车辆通信系统和车辆终端控制系统的辅助下，车辆可以为用户提供路径导航、智能避障等功能。区块链分布式密钥管理可以更好地保证车辆信息交互的安全性。

我们可以将车辆VIN（车辆识别号码或车架号码）作为唯一账号，将其接入区块链系统；将采集到的信息上链到"PNT+区块链"平台，从而形成一个分布式存储的大数据共享库；利用共识、封装块来传输密钥，在相同的安全域内对车辆进行重新编码。

由于区块链的不可篡改性，违法信息、车辆故障、交通事故现场信息将会被永久记录在区块链里，这样便可以实现证据的固化，还可以解决车辆数据的诚信问题，并保证数据的安全。

基于区块链，我们可以建设包含7层的智能车辆通信网络架构。

（1）物理层：封装各类通信设备，如智能手机、摄像机、PNT等。

（2）数据层：利用哈希算法、默克尔树等有加密功能的技术处理数据块。

（3）网络层：展示并验证数据点对点的通信。

（4）交换层：提供网络中分布式通信并帮助建立用户间信任机制。

（5）奖励层：无论任何车辆于任何时刻在共识竞争中胜出，即分配给其IV-TP加密数据。

（6）展示层：压缩网络中车辆提供的多种脚本、合约和算法。

（7）服务层：展示智能车辆通信系统的使用案例与场景。

将区块链技术引入车辆通信系统中的密钥管理方案，可移除第三方机构、简化密钥传输交换步骤和提高效率。

安全密钥管理的框架分两部分：第一部分为基于分布式区块链结构的网络拓扑结构，用于简化在异构车辆通信系统域中的分布式密钥管理；第二部分利用动态交易收集，进一步降低在车辆信息交互期间的关键传输时间。

三、北斗区块链

我国北斗PNT技术水平已比肩美国的GPS（全球定位系统），甚至在某些技术性能方面还超越美国。北斗PNT加上区域链，已到了大规模商用的时间窗口。

区块链能够解决溯源问题，可以知道对象从哪儿来，到哪儿去。在数据上链过程中，"PNT+区块链"不仅会用时间戳记录数据产生时间，而且可以采用北斗或GPS定位芯片记录数据产生服务器所在的经纬度，同时在时空两个维度及轨迹上证明上链前后数据的真实性。

例如，时下的健康宝数据如果在北斗区块链上运行，就能够全面掌握一个人的行踪轨迹，包括他的健康状况、核酸检测、疫苗接种等。如果这个数据没有遗漏，并且能够做到全覆盖、共享，我们就可以采取更细微的封闭措施，而不至于对正常经济活动造成大的影响。

北斗区块链可在航天、环保、金融、司法、行政执法、公安等领域使用，为各行各业维护全时空、全流程数据的真实性。

可以使用区块链跟踪和记录的不仅仅是数字交易，还包括实物项目，如运输卡车。虽然我们讨论的许多其他行业都涉及公共记录，但私有区块链网络提供了自己的可能性。区块链运输联盟（BiTA）旨在制定行业标准并培训联盟成员，它是目前最大的商业区块链联盟，其成员正在开发将改变货运和运输行业的网络框架。

区块链可以改善交易、跟踪货物和管理车队以及保护资产和提高车队效率。例如，区块链通过跟踪装有配料的卡车，可以帮助人们跟踪被污染的食品。此外，区块链还可以通过匹配卡车在某个地区与卡车交付的物品来帮助其优化路线。

美国邮政局也正在考虑实施区块链以改善运营和服务。分布式分类账技术可以帮助创建一个跟踪系统，该系统可以降低美国邮政局的成本并节省邮政工作人员的时间。

城市的发展也给交通运输系统带来了压力，这些交通运输系统往往成本昂贵且效率低下。区块链技术可以帮助城市更好地了解居民如何做出公共交通选择。例如，总部位于英国的DOVU[1]允许用户通过区块链支持的应用程序，共享其通勤和公交数据，包括如何使用公共汽车、火车、自行车、人行道，然后通过加密币奖励用户。该公司已与汽车制造商以及大众运输公司Go-Ahead[2]合作。

---

[1] DOVU，一个基于区块链的专门用于移动领域的平台，通过在普通消费者、数据提供者和"数据所有者"之间创建一个价值交换的平台，为运输和移动行业创造一个循环经济。

[2] Go-Ahead，英国领先的公共交通公司之一，通过巴士和铁路网络将人们与社区连接起来。

第8节
人才质量与教育区块链

链改不仅可以打击假文凭现象，还能进行校园管理，最终提升整体教育质量、造就一批高水平的人才队伍。

一、学术记录，用真文凭打击假文凭

一个人读完大学课程并获取文凭起码需要四年时间，而做一个假文凭只要几块钱而已。这跟互联网盗版是一个路数。

关于用区块链记录学历和证书的案例，境外有很多。例如马耳他的"区块链岛"项目，为了推动区块链与教育产业的整合与协作，马耳他政府签署了一份合约，要求将国内的所有教育记录都存储在区块链之上。Learning Machine（机器学习）公司于2017年同麻省理工学院合作，负责向一部分毕业生发放数字文凭，实现教育证明的可验证性与防篡改性。2019年2月，索尼与富士通公司启动利用区块链技术记录课程数据与学生成绩的试点项目。该项目旨在帮助外国学生以及合资企业的人文语言学院轻松交叉验证区块链上的数据结果，从而审查学生提交的教育证书。新加坡政府为18家不同教育机构的毕业生提供数字证书。2019年9月，瑞士圣加仑大学计划利用以太坊区块链验证文凭的真实性。安道尔于2019年2月宣布利用区块链技术推动全国高等教育成绩数字化。加拿大阿尔伯塔技术学院采用了区块链技术，计划为毕业生提供文凭的数字化副本。

二、高校区块链

融合区块链技术的高校信息化建设，可以优化和重塑高校数据共享、教学科研、行政办公、协同创新等，从数据层面、财务层面、应用层面、体制层面等进行重构，并对今后的高校信息化新基建提供新思路。

第一，校园基础网络设施安全。区块链技术能很好地解决部分校园网络安全问题，如解决核心网络基础设施DNS（城市系统）的易受攻击问题。区块链技术具有不可篡改特性，可以将域名和IP地址对应关系的"增""删""改"记录在区块链中，可以在全网达成共识，不可篡改，形成交易记录层。解析地址和真实IP地址的对应关系就是客观存在的智能合约，并被记录在数据库中。

第二，学术资源共享。高校虽然拥有众多优质在线教育与学术科研资源，却不能跨校跨联盟分享。智能合约可以简化认证过程，将校内和校外优质资源进行整合，形成学术资源区块链联盟，师生可以跨区域在任一区块链的资源节点共享联盟内学术资源。同时，区块链的分布式结构使得所有共享的学术资源不会因为某一个区块链节点故障而无法提供服务，从而消除了单独故障，保障了整个学术区块链的数据资源安全性与完整性。例如，圣何塞州立大学信息学院探索利用区块链改善世界各地的图书馆系统，建立并管理图书馆的元数据系统。如此一来，用户就可点对点共享并加密书籍、文档以及信息。区块链还能够根据某些用户的具体权限管理特定资料的访问机制。

第三，学分证明信用体制建设。例如在校学生的课程成绩、学分、项目、科研情况等各种学习数据，学校可以先标注时间戳，再将其分布式存储在学分证明区块链节点中。经授权的第三方机构或用人单位可以在任意区块链节点中查看学生的学习情况，这样一方面可以保证学生履历的权威性，另一方面利用分布式结构可以降低各高校信息化建设成本，同时保障数据的安全性。

第四，身份认证管理。高校各种应用平台可组成应用联盟区块链，各平台之间通过在线协作共同维护联盟区块链。当每个平台成员自身数据变动时，区块链分布式结构可自动通知和同步其他应用平台成员。当高校师生用户在某平台成功登录后，其他平台可同步信用授权认证数据。当访问联盟区块链内其他平台时，用户不需要重复认证。

第五，高校知识产权保护。知识产权保护由于传统登记方式的局限性，还存在确权难、盗版严重、公开性差等诸多问题，而区块链的数字签名可在原作与所有权信息之间建立无法篡改的对应关系。当高校作者把专利、软件著作权等作品发布到知识产权区块链数据库时，区块链生成的唯一私钥可以作为作品所有权的证明，即在区块链上生成唯一真实且不可篡改的存在性证明，这样便使得从作品的产生到版权转让等每一步都能自动记录保存且不可篡改。

三、在线教育2.0

通过区块链，原来的互联网在线教育1.0升级到在线教育2.0。

区块链与在线社区的结合，可以优化和重塑网络学习社区生态。通过嵌入智能合约，区块链技术可以完成在线教育平台合约的生成和存证，构建虚拟教育智能交易系统。交易系统中各种服务的购买、使用、支付等工作全部由系统自动完成，无须人工操作。消费者根据智能合约自动获取学习资料，自动完成支付。所有的交易和合约数据无法篡改、真实有效且永久保存。

区块链在线社区上的应用主要体现在以下三个方面。

第一，通证激励社区成员参与度。我们可以建立社区通证积分产生与流通机制，使学生通过发帖、提问、回答等行为的发生自动赚取积分，并可利用积分购买社区学习资料与服务，从而激励社区成员参与。

第二，保护社区成员智力成果，生成观点，进化网络。区块链的可追溯性可以对社区成员发表的帖子和观点进行自动追踪、查询、获取，从源头上保护社区成员的智力成果，防止知识成果被抄袭，从而有利于创新性、原创性观点的迸发。此外，依托分布式账本技术，我们可以将发表的观点分布存储在网络中，根据各个观点之间的语义联系生成可视化的知识网络图。随着观点的不断生成与进化发展，社区将聚小智为大智，形成具备无限扩展能力的群体智慧网络。

第三，净化社区生态环境，实现社区成员信誉度认证。智能合约可以保证网络社区的自动运行，发帖、提问、回答等内容可自动推送到社区平台，根据预先定义好的规则程序对社区论坛进行自动化监控，自动屏蔽、删除歪曲客观事实或具有误导性的谣言信息，以达到净化社区生态的目的。

同时，智能合约可根据社区成员发帖内容与次数对成员信誉进行认证，信誉度认证较高的社区成员可享有社区特权，如多次下载学习资料或发言无限制次数等，以此鼓励积极向上的发言，从而营造健康向上的社区氛围。

区块链在发证、在线教育、图书馆等方面已有很多案例。

从本质上讲，学位证书必须得到普遍认可和验证。在小学、中学和大学教育方面，验证学历证书在很大程度上仍然是手动过程（繁重的纸质文档和逐案检查）。在教育中部署区块链解决方案可以简化验证程序，从而减少对未获得教育学分的欺诈性索赔。例如，索尼全球教育与IBM合作开发了一个新的教育平台，该平台使用区块链来保护和共享学生记录。

已有10年历史的Learning Machine与麻省理工学院媒体实验室合作推出了Blockcerts工具集，该工具集为区块链上的学位证书提供了开放的基础设施。

教育组织KnowledgeWorks发布了一份关于区块链如何在美国基础教育中应用的报告。该报告描述了如何使用区块链技术来简化管理任务，分发学习材料以使其更易于访问，从而创建供父母共享经验的网络以及存储与学习相关数据的网络。

2017年12月，圣何塞州立大学信息学院从博物馆和图书馆服务协会获得了10万美元的资助，用于资助为期一年的项目——探索区块链技术在信息服务方面的潜力。研究人员在专门的博客上报告了他们的研究成果，圣何塞州立大学的教员桑德拉·赫奇和苏·阿尔曼于2018年会同图书馆学、区块链技术和城市规划领域的专家召集一个全国性的论坛。

桑德拉·赫奇和苏·阿尔曼的工作引起了美国图书馆协会对未来图书馆中心的关注，双方合作开展一个书籍项目，这个项目涉及区块链如何影响图书馆的案例研究，以及其项目未来会达到什么样的成就。

第9节
区块链升级供应链

链改有可能会成功改变供应链，并颠覆商品的生产、市场推广、购买和消费方式，提高供应链的透明度、可追溯性和安全性，从而构建更安全、更可靠的经济体系。

提供增值的产品和服务是企业的天职，是企业安身立命的基础。有产品服务就有供应链问题，而区块链能够提升供应链的品质、协作水平，从而提升行业质量与价值。仅此一项，区块链就千业可用，何况区块链还能帮助企业和行业实现更多价值。

一、供应链数字化趋势

供应链是指围绕核心企业，从配套零件、中间产品到最终产品，销售网络把产品送到消费者手中，将供应商、制造商、分销商和最终用户连成一个整体的功能网链结构。

世界银行数据统计，2017年全球GDP大约为74万亿美元，而供应链相关行业占据其中的2/3，同时供应链也是世界上拥有最多员工的行业。供应链未来数字化发展可参考以下几个方面。

首先，数据可视化。数据可视化可使供应链里的所有企业对商品在流通过程中的状态有同等的查看权，由此消除供应链上信息不对称的情况，从而带来系统整体效率的提升。通过合理地分配利益，数据可视化有可能使各个主体的盈利有所增加，由此可进一步增强数据的可视化程度，并就抵御风险等问题在供应链上下游达成共识。

其次，流程优化和需求管理。通过供应链之间的管控协同、数据可视化，供应链上的实时决策优化、需求预测将变得可能，由此可进一步减弱甚至完全避免"牛鞭效应"带来的影响。目前，该方面的研究有VMI（供应商管理库存）策略。流程优化和需求管理的最终目标是实现需求和供给之间既不存在量的差别，也不存在供应时间上的延迟，甚至能够达到需求预测，还能进行需求驱动的个性化定制生产。

最后，产品溯源。通过供应链与物联网等技术的结合，在物料的生产、运输、加工等环节上进行全面的监控、记录，从而更完整地获取供应链上下游的过程信息，这将有助于解决传统供应链行业取证困难、责任主体不明确等问题。

二、区块链解决方案

区块链是供应链天生的解决方案。首先，区块链的链式结构是一种能储存信息的时间序列数据，这与供应链中产品流转的形式异曲同工。其次，供应链上的信息更新相对低频，回避了目前区块链技术在处理性能方面的短板。企业可实时查看商品状态，可优化生产运营和管理，提升效益。

"区块链+供应链"的优势：区块链上的每一次交易信息（交易双方、交易时间、交易内容等）都会被记录在一个区块上，并在链上各节点的分布式账本上进行储存，这就保证了信息的完整性、可靠性、高透明度。区块链的这些特点，使其在供应链当中的应用有很多优势。

第一，信息共享，有助于提高系统效率。区块链是一种分布式账本，即区块链上的信息（账本）由各个参与者同时记录、共享。在供应链管理中使用区块链技术，可使信息在上下游企业之间公开。由此，需求变动等信息可实时反馈到链上的各个主体，各企业可以及时了解物流的最新进展，以便采取相应的措施，从而增强多方协作。此外，随着信息共享程度的提高，不仅供应链上下游的主体可以获得更多收益，而且处于同一层级的竞争企业可取得更高的总体盈利。

第二，多主体参与监控、审计，可有效杜绝交易不公、交易欺诈等问题。在传统交易中，认证中心因需要较高的运营、维护成本而导致获取的数据受限，并存在数据被不法分子篡改、盗窃、破坏的可能，这对企业进行数据共享有一定的阻碍。与传统的独立中心认证相比，基于区块链的供应链多中心协同认证体系不需要委托第三方作为独立的认证中心。各方交易主体可作为不同认证中心共同来认证供应链交易行为，通过把物料、物流、交易等信息记录上链，使供应链上下游的信息在各企业之间公开，由此监控、审计等功能可由各交易主体共同公证。这样一来，各个节点之间竞争记账、权力平等，由多交易主体构成的认证机构可有效杜绝交易不公、交易欺诈等问题。如果某一个交易主体单独或者联合其他交易主体试图篡改交易记录，那么其他交易主体可以根据自己对交易的记录证明其不法行为，并将其清理出供应链。区块链的不可篡改特性和透明化降低了监管难度：由于区块链的高度透明，不管是对假冒商品、不合格商品的监督，还是对供应链上产生纠纷后的举证和责任认定，相关部门的介入要简单很多，从而使得问题更易于解决。

第三，确保数据真实性，实现产品智慧溯源（见图11-1），还有助于避免交易纠纷等问题。通过应用区块链技术，供应链上下游的信息可写入区块中，而区块与区块之间由"链"连接。区块的内容与区块之间的"链"信息均通过哈希算法等方式加密，这样可确保区块内容不可删改以及区块之间的连接安全可靠。由于采用分布式的结构，供应链上的各参与方均存有链上的全部信息，这进一步确保了数据的真实性和可靠性。以上技术可保证因谋取私利而操控、损毁数据的情况不再出现。

第四，产品服务保真。区块链能够追踪假冒伪劣商品的优势迎合了消费者的需求。产品的质量问题一直是公众关心的热点话题，在未来能做到透明化供应链、追踪假冒伪劣产品来源的企业，其产品必定会受到公众的广泛认可。

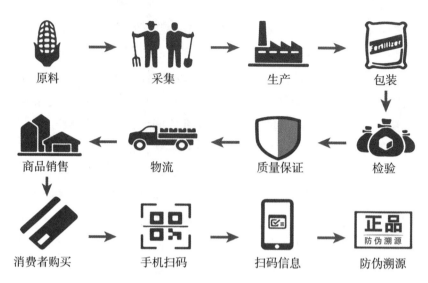

原料   采集   生产   包装

商品销售 物流 质量保证 检验

消费者购买 手机扫码 扫码信息 防伪溯源

图11-1 供应链的智慧溯源示意图

  第五，降低沟通成本。一方面，区块链技术可以帮助上下游企业建立一个安全的分布式账本，账本上的信息对各交易方均是公开的；另一方面，智能合约可以把企业间的协议内容以代码的形式记录分布式账本上，一旦协议条件生效，代码就自动执行。例如，采购方与供应商进行交易时，即可在链上创建一条合约，合约内容是物流数据，当数据表明货物已经抵达地点时，货款支付给供应商。这样一来，只要物流抵达的信息发出，货款就自动转出。由于区块链数据是安全且不可变的，智能合约上代码的强制执行性使得赖账和毁约不可能发生。利用智能合约能够高效、实时更新和较少人为干预的特点，企业可实现对供应商队伍的动态管理，并提升供应链效率。利用区块链技术对零配件供应商的设备等相关信息登记和共享，在生产淡季有加工需求的小型企业可以直接找到合适的生产厂商，甚至利用智能合约自动下单采购，从而达到准确执行生产计划的目的。这些小型企业可以跳过中间商环节，从而节省成本。同时，这样也有助于激活生产厂商的空置产能。

第六，能对接物联网。物联网技术的发展是关键。目前，将实体产品连接网络的技术有RFID、二维码和NFC等。在区块链上，为了确保信息的顺畅流通，供应链上每个物流阶段的操作步骤都必须添加数字标签，标签需要在操作当下进行安装。如何添加数字标签以达到追踪实体产品的目的，我们仍然需要用技术思路加以解决。

第七，能对接供应链金融。企业在供应链上的历史交易信息都由区块链技术保证其可信性，由此可帮助金融机构快速对企业进行信用评估，从而降低企业融资难度，充分体现企业价值。

区块链最普遍适用的方面之一是，可以实现更安全、更透明的交易监控。供应链基本上是一系列交易节点，这些节点链接将产品从某一点移动到销售点或最终部署。

随着产品从制造到销售的整个供应链易手过程，交易可以记录在永久的分布式账本中，从而缩短延迟时间、降低成本和杜绝人为错误。

有几家区块链初创公司正在这一领域进行创新。例如，Provence就是一家建立材料和产品可追溯性系统的公司，该系统可以企业利用供应商收集到的信息，使销售点上的消费者参与进来。初创公司Hijro负责为全球供应链发放贷款提供替代平台，初创公司Skuchain负责为企业对企业的贸易和供应链金融市场构建基于区块链的产品。

沃尔玛和山姆会员店加入了IBM Food Trust网络，该网络使用了区块链分布式账本。其零售商已要求供应商，尤其是绿叶蔬菜的供应商，将产品数据添加到账本中。该系统可以更轻松、快速地追踪食物的来源，这便在尝试追踪受污染农产品的来源等情况下具有关键优势。

第10节
社会服务与公共区块链

区块链的防篡改数据、溯源、去中介等特点，完全避免了慈善物资被截留、冒领的问题，解决了救助模式的一大难题。受灾需要求助的人群可以通过人脸识别领取救灾钱粮。

在新冠疫情下，如果将区块链应用到疫情防控，那么这将大大提高防控效率。如果所有医院集中上链，那么医院在发现患者后，可以把病例及时上链，将数据全国共享，从而起到即时有效的预防作用，而且能够为研究病毒和研发抑制药物留下不可篡改的珍贵数据。如果使用区块链，那么社会捐赠物资的账目数据会公开透明，每笔物资都可溯源，一线医务工作者和患者能做到更好的预防和救助，死亡人数还会少。如果使用区块链来记录每个人完整的出行记录，我们就能以更小颗粒度精准封城、封路、封小区，从而腾出更多时间和空间复工复产。

重大灾害的救援是一个复杂系统。灾害发生后，政府、企业、志愿者都参与救援，大量人员、物资如何有效调配是应急管理的关键。区块链技术与应急管理可以天然地结合在一起，能够解决管理效率、救援物资调配、救援资金结算等多个难题。

首先，区块链智能合约可实现灾害快速响应。灾难发生后，信息要报到政府，政府需要调动物资和资源，并参与抢险救援。区块链智能合约技术可以实现灾害信息的快速响应，从而提供点对点的服务，提高应急管理效率。

其次，区块链中钱款、物流透明，可以避免救灾过程中出现"糊涂账"。救援往往是不计成本地投入大量装备、资源、物资，但这些真正需要多少、用了多少、用在哪里却难以统计，因此容易形成"糊涂账"。区块链具有不可更改的属性，区块链物流技术可以追踪物资流向，有效调配跟踪资源。区块链金融技术还可以解决灾害救援资金的结算问题。

再次，区块链技术要发挥作用的基础是统一的应急指挥信息系统平台，它与指挥通信系统、视频会议和监控系统、大屏幕显示等集成在一起，构成了应急指挥中心的核心功能。

最后，区块链技术可以解决捐赠物资的截留和冒领问题。区块链具有去中介功能，可将物资直接发送到受灾群众手中。

世界粮食计划署推出 Building Blocks 项目，利用区块链解决难民救助，这是一个成功案例。第一，消除了中介机构（如银行）验证支付的需要。以太坊区块链还能让世界粮食计划署不断监测交易，同时直接控制援助周期。第二，世界粮食计划署可以直接与本地零售商沟通，不用通过银行就可获得援助接受者购买食物等商品的流水。第三，这个基于区块链技术的援助计划还可节省资金，节约了向银行支付的佣金费用。

实际上，难民无须出示证明，通过人脸识别就可领取救济粮和生活物资。领取数据记录在区块链上，不可篡改。如果有人冒领，那么此人会在第一时间被识别，因为数据不可篡改。

对于慈善捐助，区块链可以让人们准确跟踪捐款流向。由此，区块链可以解决慈善捐赠过程中长期存在的透明度不高和问责不清等问题，包括导致捐赠资金无法到达预期受捐赠人手中的组织效率低下问题（甚至是财务不当行为）。

基于比特币的慈善捐赠，BitGive Foundation 使用区块链这种安全又透明的分布式账本，让捐赠者对捐款的接收和使用有更清晰的了解。BitGive 已经推出了 GiveTrack（捐赠追踪）的测试版本，这是一个基于区块链技术的多维捐赠平台，提供转账、跟踪服务，并且在全球提供永久的慈善财务交易记录。通过使用 GiveTrack，慈善机构可以提高捐赠者对机构的信任度。

区块链的应用有助于简化公共援助系统，克服官僚主义。

在约旦，世界粮食计划署在难民营内的杂货店设置了虹膜扫描仪，可以安全地识别需要获得经济援助的个人。所有交易都会被立即记录在私有区块链上，并且钱会自动从个人基于区块链的账户中转出。

回收是减少垃圾填埋废物的最佳方法之一，但这可能是一个令人困惑和费力的做法，没有太多的回报。基于区块链的解决方案可以帮助公司优化已经存在的回收系统。

许多公司都在积极推动回收利用。Plastic Bank 提供奖金或加密币以换取旧塑料，并与 IBM 合作在全球范围内扩展回收解决方案。Recereum 是一个更加本地化的平台，允许社区使用加密币来奖励那些进行正确分类回收的人。

遗嘱是非常具体的合约，为区块链智能合约提供了理想的应用场景。除了验证逝者真实死亡存在困难之外，遗嘱相关的诉讼经常会涉及人们对遗嘱"真实性"的质疑，也就是法律对遗嘱的解释是否和逝者的本意一致。区块链尽管不会完全消除这些困难，但会使验证实际信息和提供可验证交易数据变得更容易，还可以消除没有价值的诉讼。

Blockchain Technologies Corp（区块链技术公司）利用区块链技术开发了一个可以自主执行的遗嘱系统，该系统将自动核对政府部门的"死亡记录"，验证某人是否已经死亡。逝者预先通过程序设定的遗嘱会自动地将财产分配给受益人，不需要执行人和法庭介入，也不会出现任何纠纷。

第12章

政务区块链与"一网通办"

区块链通过保真和防篡改，实现政务的数据共享、业务协同，从而实现"一网通办"、财会革命、司法存证和沙盒监管等，有助于实现国家治理体系和治理能力现代化。

第1节
区块链与国家治理

党的十八届三中全会提出："全面深化改革的总目标是完善和发展中国特色社会主义制度，推进国家治理体系和治理能力现代化。"党的十九届四中全会进一步提出："到新中国成立一百年时，全面实现国家治理体系和治理能力现代化。"

而区块链本质上是一套治理逻辑，其核心是基于多种技术组合而建立的安全可信计算、高效价值网络和分布自治社区，能够通过升级电子政务提高政府治理能力，是实现国家治理体系和治理能力现代化的重要抓手。链改通过分布式互信、共识、协作、激励、分享机制，在更广义范围内发挥作用，包括促进改革开放、推动数字化转型、发展数字经济、缩小贫富差距、实现社会文明进步，这也是实现国家治理体系和治理能力现代化的应有之义。

当前，新一代信息技术正如火如荼地推进，我们要因势而谋、应势而动、顺势而为，与新一代信息技术发展的浪潮同频共振，共同发展。

新一代信息技术契合国家治理现代化的内在要求。我们可以通过有效的顶层设计，促进国家治理体系与区块链技术的有效融合，用数字化促进社会治理结构扁平化、治理及服务过程透明化，提高政府、社会治理数据的可信性和安全性。在公共治理中，将区块链技术引入国家治理体系，能有效帮助利益相关者寻求共识和利益的最大公约数，从而更有效地实现治理目标，降低治理成本，提高治理效能，以适应时代发展需要。

第2节
政务业务"一网通办"

2021年两会政府工作报告虽然简短，但专门提出进一步转变政府职能问题。其中提到：要纵深推进"放管服"改革，加快营造市场化、法治化、国际化营商环境；将行政许可事项全部纳入清单管理；深化"证照分离"改革，大力推进涉企审批减环节、减材料、减时限；加强数字政府建设，建立健全政务数据共享协调机制，推动电子证照扩大应用领域和全国互通互认，实现更多政务服务事项网上办、掌上办、一次办。对于企业和群众经常办理的事项，2021年要基本实现"跨省通办"。

数据共享、业务协同、证照办理等政务业务在区块链上开展，让办理群众"只跑一次"，这就是我们所说的"一网通办"。让数字多跑路，让群众少跑腿。这个目标只有在区块链平台上才能实现。区块链政务才是真正的电子政务。

互联网时代的电子政务为什么不成功？原因是条块分割，数据不能共享，因而业务无法协同。原因并不是部门各自为政，而是责任划分问题。数据无法保真，责任就划分不清。有了区块链，其防伪、防篡改特性使得数据在可保真前提下实现共享。

例如，办身份证需要照片，办驾照需要照片，办护照需要照片，办医保也要照片，办学生证、工作证等同样需要照片。凡需要证明"你是你"的地方都需要照片。一张小小的照片，分属于派出所、车管所、出入境管理局、医保办、学校、工作单位等，数据不能共享，我们需要分别照相、留档等。这些都是重复工作，14亿人的工作量加起来不是小数。这还仅仅是一张照片而已，如果放大到全部政务业务，重复劳动就是惊人的。有人说，现在有人脸识别。我们暂且不谈人脸识别是否涉及隐私保护，就算有了人脸识别，也解决不了数据鉴真、采信问题。而有了区块链，照片就能在派出所、车管所、出入境管理局、医保办、学校、工作单位等通用。如果14亿人的数据能共享，那么这将节约海量资源并提高效率。

为什么说只有区块链发票才是真正的电子发票？为什么区块链存证能当法庭呈堂证供？将来也只有区块链信用卡才是真的电子信用卡。互联网做不到的，区块链防伪、防篡改能做到，这就是区块链的魅力。

最近中央文件中提到，数据是数字经济时代重要的生产要素。我国政务信息化建设至今已经积累了大量的政务数据，这些数据占全部数据资源的80%。然而，这些数量庞大的生产要素并未充分释放出潜力。区块链依托身份认证、非对称加密体系、智能合约等技术，打通政务"数据烟囱"，追溯数据流通过程，明晰权责界定，实现政务数据全生命周期管理。结合政务数据信息资源目录体系，区块链可在较细颗粒度上构建政务数据的分类共享体系，推进政府数据共享，释放数据要素潜力。

以北京为例，政务区块链有空港国际物流、京津冀通关便利化、企业电子身份认证、财政电子票据、中小企业金融服务、不动产登记、电子证照等应用。北京率先在西城、海淀、朝阳、顺义、经开等开展数据共享交换、业务协同办理和电子存证存照业务。

2020年6月18日，《北京市区块链创新发展行动计划（2020—2022年）》出台，该文件对政务区块链定义得十分专业、全面。第一，通过完善市区两级目录区块链体系，形成可信区块链服务支撑平台，包括统一数字身份、统一政务数据共享、统一社会信用、统一跨链交互等基础数据。第二，推进基于区块链的政务服务"数据共享、业务协同"，政务数据跨部门、跨区域可信共享，可以提高业务协同办理效率。第三，在供应链金融、资产证券化、跨境支付、贸易融资、智能（沙盒）监管等领域落地一批应用场景。第四，基于全市信用信息平台，用区块链实现社会信用监管，提供公共信用服务，在医疗、家政、招聘等领域应用示范。第五，探索区块链技术在城市交通、电力、水利（城市水资源可信监测）、信息、公众绿色出行、碳普惠等基础设施建设中的应用。第六，推进区块链在食品、危险废物、应急装备物资、救援资金等的行政执法、数据存证和追溯管理等场景中的应用。第七，探索区块链在医疗监管、疫苗管理、医疗废物管理及其他业务场景中的应用。第八，推动区块链在数字贸易、跨境贸易、在线零售等线上线下融合发展业务场景应用。

政务区块链主要应用场景如下。

1. 数据共享

长期以来，敏感数据的安全问题和数据确权问题制约了数据的共享。数据的潜在价值很高，复制成本很低，数据泄露行为又难以追溯，这些都阻碍了数据资产化。区块链技术作为可信底层基础设施，可以实现分布式数据存储与共享，对数据共享全程进行监控，明确各机构数据主权和权责范围，为数据共享提供可信的平台，保障隐私侵权行为的可追溯。基于区块链技术的安全多方计算模型的应用，可以确保数据在不出库的前提下进行安全共享，进一步加强数据共享的安全性。基于区块链技术的政务数据共享、政企数据互联，可以深度挖掘数据潜在价值，促进政府跨机构、跨部门、跨层级的数据互通和业务协作，从而进一步优化政府业务流程，降低维护成本，提升协同效率，建设可信体系。

2. 电子证照

基于区块链技术的电子证照为市民线上办理业务提供了便捷。当前，市民在进行业务办理时通常需要提交多项纸质材料或电子版文档，纸质材料不便保存且业务流程烦琐。基于区块链技术多方维护和实时共享的特性，政府可以打造维护各颁证机构的电子证照库，通过区块链打通各机构系统，使所有者可以线上调用和授权电子证照。

基于区块链的电子证照主要有三个特点。第一，颁发机构直接维护电子证照，可确保证照的有效性。第二，电子证照更多以授权验证的形式使用，安全便捷。例如，当购房需要户籍证明时，客户只需证明本地户籍而无须提供其他户籍信息。第三，证照拥有者成为证照使用的主体，电子证照的使用都需要所有者亲自授权，并通过区块链记录电子证照的使用行为，便于事后溯源与追责。

3. 电子票据

纸质票据和电子票据在使用和验证过程中存在不便保存、验证复杂、二次报销等问题。区块链技术可以串联多部门、多机构之间票据的生成、存储、流转等信息，票据产生和使用的全过程变化状态都可被存储至区块链上。然后，各开票机构加盖电子签章，可以保证电子票据的真实性、完整性和不可篡改性，从而为参与机构打造实时查看和追溯票据信息的可信基础设施，极大地便利了票据使用者，也减轻了票据开具、审计的大量工作。对于票据信息的安全性，区块链上的所有票据数据均加密存储，并贯穿于电子票据流转和使用的各业务场景中，授信访问模式保障了票据持有人的隐私安全。

4. 业务协作

政府部门大多审批工作涉及跨部门协作，当前业务的办理通常以办事者为主导，办事者需到各部门开具材料证明。我国政府推进网上办事、单窗通办等业务办理模式，这在一定程度上提升了业务办理效率，但材料审核的难度和工作量依然很大。基于区块链进行业务模式改造，可以打通各部门业务系统，形成一个安全可信的共享网络，通过业务互联和数据互通优化政府服务流程，精简业务审核模式，为办事民众提供更加优质和便捷的服务。

5. 司法存证

由于网络的虚拟性和即时性，很多电子证据难以即时采集、有效固证和验证真伪。区块链可以进行电子证据的取证、存证、固证和验证，可以对存证和取证各个环节的详细信息进行全面记录和及时共享，从而充分发挥区块链技术不可伪造和不可篡改的优势，确保司法证据拥有较强的法律效力，为电子网站的司法监管提供了有力手段。

6. 资金监管

传统建筑工程行业的工程分包链条长，分包商融资难，如工程款不能及时到位，易造成违约转包、责权不明、资金被挪用、工期延误、工程欠薪等重大风险，最终对工程质量造成影响。我国劳务工薪市场规模巨大，工人数量众多，因此政府对工程款项拨付的监管需求迫切。区块链技术可以串联政府监管部门与银行业务系统，通过智能合约实现资金划拨的穿透式支付和全链路监管，将数据上链存证，这样可有效满足政府部门对工程项目资金监管的需要。

7. 数字身份

区块链能够为个体、企业、机构等实体创建数字身份——作为现实世界中身份的映射。数字身份信息以公私密钥的形式进行验证和确认，由数字身份对应实体持有私钥，通过验证密钥形式进行确认，如电子证照授权、电子资产支付和转让等。数字身份还可以与物联网相结合，对物理实体身份进行标识，对物联网设备的所属主体、基本信息和行为进行确权。

身份认证是区块链天然的应用场景。我们可以用基因做身份背书，用区块链技术（比如哈希指纹、环签名、零知识证明等）保护个人隐私。例如，身份认证可应用到新药研制、新诊疗方案试验、银行账户认证等领域，其用途很广。

8. 市场监管

我们可以建立一个市场监测联盟链，将监管平台与各个司法机构形成信息共识节点，对涉嫌违法的商品和监管行为本身实施电子证据保全，利用联盟链的多中心和高可用的特性，真正实现线上行政管理的穿透式监管。

在公共服务管理上，区块链可以帮助减少书面流程，可以最大限度地减少欺诈行为。公共服务管理是区块链增强监管机构与其服务对象之间责任的另一个领域。

美国的一些州正致力于将区块链的优势落到实处：2016年启动的特拉华州区块链计划，旨在为分布式账本份额创建适当的法律基础设施，以提高注册服务的效率和速度。此后，伊利诺伊州、佛蒙特州和其他州宣布了类似的举措。目前，BitFury Group[①]正在与佐治亚州政府合作，以确保和跟踪政府记录。

第3节
区块链发票与财会区块链

深圳市税务局携手腾讯打造全国首个区块链电子发票系统，开了区块链发票的先河。2018年10月8日，经国家税务总局批复同意，腾讯提供底层技术支持的全国首张区块链电子发票在深圳国贸餐厅开出，深圳成为全国首个区块链电子发票试点城市（见图12-1）。

区块链电子发票具有全流程完整追溯、信息不可篡改等特性，与发票逻辑相吻合，可以解决行业痛点，再造财务会计体系。

---

① BitFury Group，2011年创立于俄罗斯，早期从事比特币矿机芯片研发，后期转型提供区块链基础数据服务和交易处理服务。

深圳电子普通发票			发票代码：144031809110 发票号码：00000001 开票日期：2018年08月10日 校验码：88500				
购买方	名称：深圳萨摩耶互联网金融服务有限公司 纳税人识别号：91440300312526556K 地址、电话： 电子支付标识：			密码区	a74e72a24896403e5124e5 f28c9739c357434640810f bd16faa836274434e88500		
货物或应税劳务、服务名称	规格型号	单位	数量	单价	金额	税率	税额
餐饮服务			1	186.79	186.79	6%	11.21
合　计					￥186.79		￥11.21
价税合计（大写）	⊗壹佰玖拾捌元整				（小写）￥198.00		
销售方	名称：深圳市国贸餐饮有限公司 纳税人识别号：91440300738842749F 地址、电话：深圳市罗湖区人民南路国贸大厦B48-B490755-82214922 电子支付标识：农业银行深圳市国贸支行41008900040066766			备注			
收款人：	复核：		开票人：		销售方：（章）		

图12-1　我国首张区块链发票

首先，破除发票电子化后的信息孤岛。纸质发票电子化从2017年起掀起了一波不可阻挡的浪潮。而目前电子票据的存储，还依然存放在不同的电子票据供应商中，形成了分散的数据孤岛。这些数据之间的集成、验证、追踪较为复杂，也造成了大量成本的浪费。其实，电子票据交易是区块链技术极为天然的应用场景。使用分布式账本，我们可记录跨地域、跨企业的电子票据信息，对于电子票据商业背景的追溯、背书连续性、交易主体身份真实性以及电子票据在中小规模业务中的普及都有重要意义。

通过区块链互联互通的优势，我们可以建立相应的联盟链或公链，可以使这些信息孤岛中的数据真正整合起来，还为链中的所有数据提供了透明、安全的分布式存储方案。而且，这些集成后的数据具有可信度高、不可篡改、可验证性强等特点。另外，将发票流转信息上链，解决了发票流转过程中的信息孤岛问题，实现了发票状态全流程可查、可追溯。

其次，解决发票虚开、错开和造假问题。一些企业常常由于利益的驱使，虚开大额发票，甚至为不存在的虚假交易开发票。通过区块链技术，我们可以将发票数据存储在区块链上。结合交易数据的区块链技术，我们可以使交易数据与发票能够公开、透明以及具备可跟踪性，使交易数据与发票数据能够保持一定的匹配关系，进而快速鉴别虚开发票的现象。另外，发票开具系统其实也能自动使用区块链中的交易数据来开具发票，可以避免因为人工疏忽而导致错开发票的问题。

企业对于发票造假的验证手段单一，而且目前验证方式有一定的滞后性。这使得企业蒙受信息不对称产生的损失，降低了员工与企业、企业与企业的信任。如果企业使用区块链技术来管理发票数据，那么这会使得这些发票数据可以快速地在所有节点中被记录，所有安装了客户端的企业都可以及时地查询到这些发票数据。同时，由于区块链技术拥有透明、去信任化的特点，所以只要是能在区块链中查询到的发票数据，都是真实的发票，从而解决了假票难查、慢查的问题。

再次，实现全流程管理电子化。发票在开票环节已实现电子化，但有些公司财务在报销时还是要把发票打印出来。究其原因，电子发票目前还没有完全实现全链条无纸化，目前一些企业、单位对电子发票的报销制度尚不完善。2016年年初，财政部、国家档案局联合公布的《会计档案管理办法》中已明确了电子会计档案的法律地位，只要满足该办法规定的条件，电子发票的开票方或受票方就可以电子形式对发票进行归档保存。

另外，在当下的环境中，不同的信息化供应商提供了不同的税务管理系统，而这些系统与订单系统、支付系统、财务系统的集成需要分别进行定制化接口对接。

我们可以通过时间戳、哈希算法等对发票进行真伪确认，证明其存在性、真实性和唯一性。一旦票据在区块链上被确定，那么票据的后续操作都会被实时记录，其全生命周期可追溯、可追踪，这为财税全业务流程管理提供了一种强大的技术保障和完整的数据支撑。区块链技术的大规模应用，将优化财税领域的业务流程、降低运营成本、提升协同效率，进而为票据电子化升级提供系统化的支撑。

最后，方便群众和社会各界。采用区块链电子发票，经营者可以在区块链上实现发票申领、开具、查验、入账；消费者可以实现链上储存、流转、报销；作为税务监管方、管理方的税务局，则可以达到全流程监管的科技创新，从而实现无纸化智能税务管理。

要开具电子发票，企业需要购买增值税发票系统升级版税控设备，并且自建或者委托第三方搭建电子发票服务平台需要消耗人力、物力和财力，这些对于企业尤其是小微企业而言是一笔不小的支出。如果商户使用区块链电子发票，消费者结完账就可以自己在微信上开票，完全不需要商家人工开票录入信息，也不用额外的硬件支持，可以将使用门槛降至最低。消费者完成付款后，可以在支付凭证下方的发票入口直接点击"开发票"。如果消费者在手机微信上点击领票，税务机关审核后就能发放发票。这时发票信息会同步至企业和税务局，用户也可以实时查看报销状态。"交易即开票，开票即报销"，商户可以利用电子发票大大节省开票成本，提高店面运行效率和消费者体验。

财税业务公共区块链和分布式账本平台，可以为企业、税务机关、税务师事务所、会计师事务所、银行等财务税务业务的参与主体制定一个更适合电子发票时代的公共管理系统，从而极大提高税务业务的效率。

税务发票是一个大量且主要的会计原始凭证，涉及企业财务管理，又涉及财务、生产、运营多个系统的配合，综合起来是一个金融、财务、税务融合的场景，区块链将改变目前的协同格局和方式。例如，当前的电子发票查验是，先以明文方式提交验证多项已有信息，再得到查验结果。区块链零知识证明可以进一步保护持票人的信息，可以为专票的电子化发展奠定技术基础。当前电子发票的大规模推广面临的重复入账问题，可以通过应用电子发票账本来解决。区块链电子发票从支付开始的所有环节都可以在链上完成，是一套整体的税务管控体系，支持了很多后续能力，如大数据分析预警等。

区块链本就是记账技术，只有区块链发票才是真正的电子发票，之前互联网发票由于容易被篡改经常无法使用。实际上，区块链发票还有更大的"抱负"，即通过区块链记账改写目前的财务会计范式，所有的发票、财务记账都搬到区块链上进行，配上智能合约，链上记账、发工资、报销、交税、审计等就异常简便、高效、节约、安全。这是财务会计体系的一场革命。

2021年3月，中共中央办公厅、国务院办公厅印发的《关于进一步深化税收征管改革的意见》提出：探索区块链技术在社会保险费征收、房地产交易和不动产登记等方面的应用，并持续拓展在促进涉税涉费信息共享等领域的应用；不断完善税收大数据云平台，加强数据资源开发利用，持续推进与国家及有关部门信息系统互联互通；2025年建成税务部门与相关部门常态化、制度化数据共享协调机制，依法保障涉税涉费必要信息的获取；健全涉税涉费信息对外提供机制，打造规模大、类型多、价值高、颗粒度细的税收大数据，高效发挥数据要素驱动作用；完善税收大数据安全治理体系和管理制度，加强安全态势感知平台建设，常态化开展数据安全风险评估和检查，健全监测预警和应急处置机制，确保数据全生命周期的安全；加强智能化税收大数据分析，不断强化税收大数据在经济运行研判和社会管理等领域的深层次应用。

随着银行业持续调整以适应数字货币和区块链技术的要求，会计师开始效仿。会计师使用的文件（从税务表格到银行对账单）包含大量的个人或组织信息。区块链技术中的分层可以使会计公司在处理这些敏感数据时变得更加容易。通过区块链技术实现的数据跟踪还可以帮助会计师利用人工智能实现某些会计服务的自动化，可以减少人为错误和欺诈事件的发生。例如，著名会计师事务所已经加入进来：毕马威投资研究和分享区块链信息的计划和项目，德勤开发了基于区块链的软件，普华永道创建了基于区块链的审计服务。

第4节
存证与司法区块链

针对在线诉讼中电子证据取证难、存证难、认证难的问题，我国已经以互联网法院为试点，积极探索"区块链+司法"模式，创新电子证据在线存证方式，利用区块链技术防伪造、防篡改的优势，大幅提高电子证据的可信度和真实性。

2018年9月7日发布的《最高人民法院关于互联网法院审理案件若干问题的规定》提出，当事人提交的电子数据，通过电子签名、可信时间戳、哈希值校验、区块链等证据收集、固定和防篡改的技术手段或者通过电子取证存证平台认证，能够证明其真实性的，互联网法院应当予以确认。

2020年11月16日，最高法院正式印发《关于加强著作权和与著作权有关的权利保护的意见》，指出要完善知识产权诉讼证据规则，允许当事人通过区块链等方式保存、固定和提交证据，有效解决知识产权权利人举证难问题。

2020年11月9日，《最高人民法院关于支持和保障深圳建设中国特色社会主义先行示范区的意见》由最高人民法院党组会审议通过，正式发布实施。文件突出反映了区块链在法制建设尤其是在审判领域的重要作用，指出将完善技术事实、查明认定体系，推进区块链技术在知识产权审判中的广泛应用，全面推进区块链等信息技术在司法工作中的深度应用，提高司法工作智能化水平，全面加强智慧法院建设。

区块链不可篡改的特性与司法实践中证据真实性的证明要求天然契合。相比依赖公证机构进行证据固定的方式，利用区块链进行证据固定具有操作简便、可即时固定证据的优势，这对于保全瞬息万变的网络数据而言具有极高的价值。

一是确保电子证据存证的真实性、安全性。以北京互联网法院为例，当事人通过电子诉讼平台提交的材料全部通过"天平链"进行存证，目前海量存证材料实现了电子数据的全流程记录、全链路可信、全节点见证。2018年6月28日，全国首例区块链存证案件在杭州互联网法院一审宣判，法院支持了原告采用区块链作为存证方式并认定了对应的侵权事实。这是我国司法领域首例确认区块链存证法律效力的判决。判决书指出，应当认定由此生成的电子数据具有可靠性，因为整个过程清晰地反映了数据的来源、生成及传递路径。

二是显著提升电子证据取证效率。司法机构、仲裁机构、审计机构等多个节点在联盟链上共享电子证据，可以对各类形态电子数据提供确权、云监测、区块链追踪溯源、云取证、司法通道、维权等服务，发现互联网上的违法违规线索，进行违法违规现场证据固定，形成亿万存证量。

三是建立覆盖刑事诉讼全流程的办案平台。通过区块链技术，检察机关内部案件管理、批捕、起诉、执行监督、申诉等业务可以实现流水线式流转，四级检察机关各业务条线可以上下联动，公检法司在侦查、批捕、起诉、审判、执行上可以左右联通。例如，某法院牵头开发、公检法司共同使用的刑事案件智能辅助办案平台应用区块链技术，对刑事案件在公安立案、侦查、报捕，检察院批捕、审查起诉，法院审判，以及司法刑罚执行等环节，进行全流程办理记录及全案证据、全案文书上链，这样不仅保障了办案平台数据的安全可靠，还增强了办案机关之间的信任。

四是强化对司法工作的监督制约。2018年5月，佛山市禅城区正式推出全国首个"区块链+社区矫正"应用，构建"社矫链"平台，该平台有信息查询、信息互通、免除跑腿、实时监管、预防脱管漏管、信用评价等功能。原来各相关部门的业务数据通过邮寄等方式流转，如今公、检、法、司等部门工作人员只需打开平台便能传递各种文书资料，可轻松实现部门与部门之间的数据对接。工作人员打开平台的档案菜单，便能获取社区服刑人员的个人信息，了解社区服刑人员的在矫状态等，便于实时管理和实时监督。"社矫链"平台以禅城区IMI（智能多功能身份）认证平台为支撑，横向打通了与社区矫正相关的公、检、法、司等部门信息壁垒，使各部门的信息从"条数据"变成"块数据"，以安全有效的方式畅通了沟通渠道，纵向对接禅城区自然人数据库，建立纵横联动的共享工作机制。

五是提升司法机关内部管理水平。上海法院作为最高人民法院推行以电子档案为主、纸质档案为辅的"单套制"试点单位之一，正在将区块链技术引入电子卷宗随案生成和档案管理工作中。此举可以实现从电子卷宗到电子档案的全生命周期安全管理，从而确保案件在立案、分案、审判、结案、归档、执行、上诉申请再审等各环节流转过程，以及电子卷宗或电子档案在形成、传输、保存、利用、销毁过程中的安全可信、安全存储、真实防伪、不被篡改，这在一定程度上增强了司法公信力。

2020年，最高人民法院在工作报告中提出，建成全国统一司法区块链平台，创新在线存证方式，推动解决电子证据取证难、存证难、认证难问题。

目前，从区块链在司法领域应用情况来看，司法存证是其主要应用场景，可以用来解决金融、知识产权、电商、交易平台等遇到的存证难、取证难、认定难的问题。如今，北京、杭州、广州、郑州、成都等多地均已搭建电子证据平台并将区块链技术运用其中。

第5节
监管沙盒与区块链社会治理

一、监管沙盒

监管沙盒的概念由英国政府于2015年3月率先提出。按照英国金融行为监管局的定义，监管沙盒是一个安全空间，在这个安全空间内，金融科技企业可以测试其创新的金融产品、服务、商业模式和营销方式，而不用在相关活动碰到问题时立即受到监管规则的约束。通俗来讲就是，监管者在保护消费者或投资者权益、严防风险外溢的前提下，通过主动合理地放宽监管规定，减少金融科技创新的规则障碍，鼓励更多的创新方案积极主动地由想法变成现实，此过程能够实现金融科技创新与有效管控风险的双赢局面。

从英国金融行为监管局的运用案例来看，金融监管沙盒的实施一般由六大环节组成。

（1）企业申请。金融科技企业可以向监管部门提出申请，按照预先准则和要求填报资料，阐述测试产品价值及其测试的必要性。

（2）申请批复。监管部门审核申请测试产品的内容和材料，履行尽职调查和全面审核职责，并视情给予批复。

（3）制订方案。监管部门与企业点对点确定测试方案，确定测试业务、测试参数、测试周期、评估办法、退出条件、报告要求和保障措施。

（4）测试与监控。试点项目在约束条件内运营，企业定期报告测试情况，监管部门跟进项目并提供相应评估、指导、调整。

（5）测试结束。企业提交测试报告，监管机构将测试结果反馈给企业。

（6）结果运用。对于符合测试要求的，由企业和监管机构协同决定是否将合格项目在更大范围内推广应用，对于不符合要求的，则终止项目。

自2016年以来，英国、澳大利亚、美国、加拿大、新加坡、韩国等国家相继推出了金融监管沙盒行动。为了消除金融科技创新活动全球性和各国监管之间的差异化矛盾，英国还提出了"全球监管沙盒"的构想。总之，监管沙盒行动为金融科技创新找到了一条具有高度弹性、包容性和目的性的路径，将成为更多国家探索金融创新的优选工具。2016年5月，新加坡金融管理局、经济管理局、信息通信媒体发展管理局、国家研究基金会等多部门设立金融科技办公室，同年11月发布《金融科技"监管沙盒"指南》，2019年8月又推出沙盒快车计划，进一步加快沙盒试验进程。

早在 2015 年，北京房山区设立互联网金融安全示范产业园，此后江西赣州启动区块链金融产业沙盒园项目，中国电子商务协会在深圳市设立监管沙盒产业园等。随着国家推出金融科技规划后，北京、深圳、重庆、雄安、成都、杭州等地取得金融科技试点资格，纷纷开始实质意义上的金融监管沙盒试验。

中国人民银行于 2019 年 12 月正式启动金融科技创新监管试点工作，探索运用信息公开、产品公示、社会监督等柔性管理方式，打造包容审慎的中国版监管沙盒。此外，深圳、北京、广州、上海、重庆、成都等地还出台了地方性的金融科技创新发展指导意见和实施方案。

自 2020 年 1 月以来，北京（17 个）、上海（8 个）、成都（6 个）、广州（5 个）、杭州（5 个）、苏州（5 个）、雄安（5 个）、重庆（5 个）、深圳（4 个）共公示了 60 个试点项目。在申请主体上，共有 113 家机构参与，其中包括 60 家银行和 27 家科技公司，此外还有少数支付机构、清算组织、征信公司、保险公司。在底层技术上，多数项目以大数据、人工智能、知识图谱、区块链、云计算为主要支撑，少数项目涉及生物识别、TEE（可信执行环境）、物联网、虚拟现实等多种技术。在场景应用上，试点项目主要应用在信贷、运营和支付方面，个别沙盒试点项目涉及身份识别、信息溯源、保险理赔。在机制创新上，突出产业培育和权益保护并重，一方面政府主动提供风险可控的真实市场环境，另一方面综合运用公示、自声明、用户明示等方式保障消费者知情权，采取风险拨备资金、保险计划等补偿措施以保障消费者财产利益。

二、区块链社会治理

个人隐私泄露，电信诈骗严重，带货直播数据频频造假，区块链引出社会治理新思路。

一是在互联网时代私人隐私泄露问题日趋严重的情况下，电信诈骗愈发猖狂，《中华人民共和国数据安全法》和《中华人民共和国个人信息保护法》呼之欲出。区块链可以在数据不移动的情况下实现数据的开放共享和可信安全交易，这个技术实现路径不仅能够从根本上打消数据责任主体的顾虑，更有助于推动形成新的社会治理能力和治理手段。例如，湖南省娄底市利用区块链构建城市级的数据基础服务平台，并利用这个平台支撑起反电信诈骗等多个社会治理应用，创造性地形成"一平台多应用"的娄底模式。

二是区块链可以锁定交通能源运行数据、药品食品质量数据、重点危化品生产和物流数据、重点景区旅游高峰人流车流数据、电商送货员送货数据等，可以更加精准、快捷地对有可能导致社会不稳定的隐患，特别是苗头性、倾向性问题进行存证及溯源式监督，可以帮助政府有关部门将服务和监管提前，从而加强社会隐患源头管理以及社会治理危机预测预警管理。

三是在警察调查过程中，确保证据链条的完整性是最重要的，所以一个分布式、不可篡改的记录可以让整个证据的处理过程更加安全。此外，区块链还可以用于标识某类交易模式——当个人参与可疑的财务活动时，警察会有所警醒。为将这一特性带到执法领域，Chronicled[1]正在开发密封的、篡改防护的容器（装有近场通信芯片），通过区块链系统记录容器的内容，为执法过程中的证据管理提供了一个理想的解决方案。同时，Elliptic[2]正在开发一个系统，可以不断地扫描比特币的注册情况，发现交易之间复杂的关联，标识出交易历史，为可能的支付提供信息。

---

[1] Chronicled，成立于2014年，是最早开发基于区块链技术的商业企业平台的企业之一。

[2] Elliptic，一家总部在英国的比特币监控平台。

四是在构建有关电子政务服务和专业性电子监督监管平台（包括各类社会综合治理数字化平台）时，基于区块链底层技术架构，运用大数据分析、人工智能、分布式存储等技术，克服社会治理多元主体（党委、政府、社会、市场、公众）之间信息堵塞、信息烟囱、数据传输不同步以及数据结构不兼容等问题，助力于社会治理相关的各类数据安全可信地流通、交换和共享。同时，区块链也可以用于涉及法庭判决、执法记录、行政处罚、公证文书、知识产权证明、政府资产交易记录等电子文档的确权和存证，确保在社会治理过程中对各相关主体奖罚分明，验证有据。

五是发挥区块链社群共识机制和通证激励机制的积极作用，引导和支持各类社会治理主体发起和设立各类链论坛、链社区、链平台，鼓励并调动全社会参与社会治理的主动性、积极性，并且共享公平、公正、公开带来的社会正能量和平安成果。同时，通过重塑全社会信用体系及其社会治理新机制，区块链可以使各参与者为其所提供的可量化、可信贡献实现价值增值，促进数字经济带来的社会财富得到合理分配。

区块链技术构建社会治理新模式值得肯定，不过区块链等最新科技成果在应用初期难免出现不成熟、不规范的问题。这要求监管以及标准制定机构进一步加强区块链等技术的基础理论和标准体系研究，制定专门法规，为新技术的应用和发展提供指引。完善与电子数据相关的法律法规，有助于更好厘清开放共享的边界，明确数据产生、使用、流转、存储等环节和主体的权利义务，实现数据开放、隐私保护和数据安全之间的平衡，进而促进科技与社会治理的深度融合。

第13章

地区区块链与智慧城市

我国各个地区都肩负着经济发展和共同致富的重任。区块链作为一个新动能，受到各个地区的热烈和广泛欢迎，各种支持政策频出。智慧城市是地区区块链的典型应用，通过区块链信用机器加持，建立城市信用平台，更能实现城市智慧式管理和运行，让城市居民生活更美好。通过打通城市金融机构和创新企业资金通道，城市经济能够摆脱对房地产的依赖，走上一条贯彻创新发展理念的经济社会发展新路子。

第1节
中国地区区块链政策比较

自"10·24"讲话以来，我国从中央到地方，各种支持政策迎来井喷式增长。因为各地方有经济发展的需要和压力，具有动能和潜力的区块链技术及应用受到热烈与广泛欢迎。

一、各地政策争先恐后，力度空前

根据链塔智库的研究，我国区块链政策支持力度排名自上而下分别为北京、四川、广东、海南、江苏、上海、湖南、山东、云南、河北。

在中央号召下，各地政府相继出台关于区块链、新基建、数字经济、数字政府等方面的规划和政策。

纵观全国，区块链成为2021年省级地方政府工作报告中的热门词，有20个省级行政区将"区块链"写入了2021年政府工作报告，所涉行业领域包括经济、金融、监管、物流、政务、农业等，报告中强调区块链与大数据、人工智能、云计算、5G等前端技术的交互联动。其中，广东、江苏、浙江、北京等省市响应最为积极。湖北、吉林等地定下区块链与产业融合发展目标，重庆、福建等地侧重培育区块链产业集群式发展，湖南、云南等地细化到推进具体的区块链项目，而具有一定产业基础的北京、广东等地则明确提出要进一步巩固、壮大区块链产业规模。

在2020年4月20日区块链被国家发改委正式纳入新基建范围后，全国17个省市地方政府布局了新基建的专项规划，福建、北京、深圳等10多个省市重点提及了区块链技术的应用及发展规划。

从更长远来看，已有多个省份将区块链纳入当地"十四五"规划中。我们可以看出，出于对新兴技术的迫切需求，不少地方政府已将区块链视为发展新经济新业态的有力突破口。

总体上，在区块链产业发展中，不同地区对区块链的定位有所不同，即东部发达地区产业基础好、成效明显，更多侧重技术创新引领；中西部欠发达地区普遍起步较晚，但后劲更足，注重产业带动经济导向。

截至2021年7月15日，我国已有33个省市出台区域链支持政策，全国区块链产业园已达47个。有的地方拿户口、百万奖金抢人才。武汉出台文件，目标是在3年内打造100家区块链相关的创新企业。江西赣州拿出1 750万元奖励境内主板新上市企业，贵阳、南京、上海、南昌的奖励均高于1 000万元。许多省市在现金补贴、利息减免、税收优惠、基金支持、人才吸引等方面，都有很多支持政策。

我国相关监管部门对区块链及加密币的监管思路始终是统一的：积极支持和引导区块链技术的创新与应用，逐渐加强对各类加密币的监管力度，坚决打击代币发行融资和交易等各类非法行为。我国区块链监管的基本框架已经形成，并且保持着相对稳定状态。中央银行、中央网信办、工信部权责分明并积极协作，公安、司法等各司其职，配合主要监管部门开展各类执法规范行为。

当前，区块链政策领域仍面临各地政策同质化现象严重、落实情况不佳、产业目标不清、政策吸引力有限等挑战。我们认为：未来2~3年，赋能新基建和数字经济将成为区块链政策的主要目标；数字人民币落地促进相关法律体系更加完善；"以链治链、全面监管"将是区块链治理的基本原则，沙盒监管正成为区块链治理的重要选项。

二、京、沪、粤、雄齐发力，绘制金融蓝图

据悉，在京、沪、粤三地政府工作报告的金融蓝图中，数字货币成为共同发力点。另外，北京和广东均提及发展绿色金融和数字经济。在具体举措上，三地亦存在不同之处。例如，北京连续多年提及推动新三板改革，上海连续提及培育科创企业上市，广东则连续两年提及深交所和广州期货交易所。

北京将围绕2022年冬奥会稳步推进数字人民币更多试点应用，

持续深化落实"两区"政策,不断完善法定数字货币试验区和金融科技应用场景试验区建设,提升北京智慧城市服务水平,打造国家金融管理中心,为北京冬奥会的支付环境建设做好服务保障。

上海提出建设具有全球竞争力的金融科技中心,加强金融科技研发应用,加快推动以大数据、人工智能、区块链、云计算、5G等为代表的金融科技核心技术研发攻关,推动在沪设立国家金融科技发展研究中心,持续推动金融业扩大对外开放,继续集聚一批功能性、总部型机构,推进数字人民币试点。

深圳提出推进资本市场改革发展,深化创业板注册制改革,推出深市股指期货,探索设立"丝路板",推动数字货币应用,推动监管沙盒试点,全力打造全球金融科技中心。河北将启动互联网产业园、中关村科技园和中科院雄安创新研究院建设,建设中国雄安数字交易中心。2021年7月16日,大数据中心在武汉、交易前端在上海的全国碳市场开张。

三、各地有创意的应用项目闪亮登场

北京推出国内首个自主可控的区块链应用"长安链"。据了解,长安链具有模块化特点,支持按需定制,实现数据"可用不可见",构建共享机制,助力交易、流通、统计等全流程的数据可信存储和共享,并推出供应链金融、碳交易等首批应用场景。

江苏推出区块链农村金融服务平台,支持土地经营权抵押贷款上链,贷款从申请到发放仅需半天。目前,两笔特殊的农村土地经营权抵押贷款在江苏金湖县完成发放。

在加入区块链后,基于农民土地的农村金融服务有了新的技术解法。土地确权、流转等信息上链存证,保证了信息的真实性和不可篡改。江苏农村产权交易市场、金湖农村商业银行、蚂蚁链等作为链上主要节点，提供信息的实时调取和可信验证，实现了蚂蚁链电子证书和传统土地经营权抵押证书的结合。智能合约依据相关约定，自动执行存证、核验、抵押等动作。

另外，江苏将在全国率先推动将司法鉴定数据并入区块链。江苏司法厅年内将在全国率先推动将司法鉴定案件信息、案件办理步骤信息、鉴定意见书信息等并入区块链，利用区块链分布式存储、数据不可篡改、全程留痕、可追溯的特性，有效保障全省司法鉴定数据的准确性、真实性和可追溯性。

四川提出促进数字产业集聚发展，包括推动集成电路新型显示产业整体提升、加快5G和超高清视频产业发展、打造人工智能产业创新高地、推动区块链技术创新应用等任务。具体包括：建设国家数字经济创新发展试验区，培育5个左右数字经济发展先导示范区和10个左右数字经济产业示范园区，实施数字经济赋能升级工程，促进5G、大数据、区块链、超高清等新一代信息技术与传统产业融合发展，推动"芯屏端软智网"全产业链发展。

山东济宁大数据中心自主研发的健康码人像识别核验系统正式启用。该系统所有后台数据与互联网逻辑隔离，采用区块链加密存储，其云平台等相关系统已通过等级保护三级测评，能最大限度地确保数据安全，具有低成本、可复制、可追溯、安全性高的特点。

海南出台了《海南省关于加快区块链产业发展的若干政策措施》，充分利用海南自由贸易港建设大背景下区块链产业发展的机遇和优势，培育打造"链上海南"区块链产业生态。海南实施区块链应用示范揭榜工程，旨在将区块链技术与高新技术产业、电子政务、文旅消费、金融贸易、医疗康养、现代农业等行业有机契合，积极推进区块链在数字资产、数字政务、电子证据、数字身份、旅游积分、大数据交易、数据信用、电子病历、健康档案、商品溯源、跨境贸易数据等细分领域应用的落地。

浙江"链上诗路"项目正在筹划落地,用数字化融合诗路文化,以浙东唐诗之路、大运河诗路、钱塘江诗路、瓯江山水诗路为主线,升级文旅产业,促进浙江高质量发展,建设共同富裕示范区。

第2节
智慧城市用区块链改造升级

在城市建设和管理上,越来越多的国家开始尝试推动区块链技术在智慧城市项目中的应用。中国有杭州聚能城、雄安新区,韩国有区块链首尔城,瑞士有加密谷楚格,新加坡有城市区块链,爱沙尼亚和圣马力诺等国家也纷纷构筑自身的区块链体系。

一、智慧城市升级需要区块链

所谓智慧城市,就是运用信息和通信技术手段感测、分析、整合城市运行核心系统的各项关键信息,从而对包括民生、环保、公共安全、城市服务、工商业活动在内的各种需求做出智能响应。其实质就是利用信息技术,实现城市智慧式管理和运行,让城市居民的生活更美好。

目前,我国正处于城镇化加速发展时期,部分地区"城市病"问题日益严峻。为解决城市发展难题,建设智慧城市已成为我国城市发展不可逆转的潮流。时下,智慧城市建设进入新阶段。城市公共基础设施的感知数据与城市实时脉动数据流将汇聚起来,算力与算法发展将推动视频等非结构化信息与其他结构化信息实时融合，城市实时仿真将成为可能，城市局部智能将升级为全局智能。未来会出现更多的力量进行城市大脑技术和应用的研发，实体城市之上将诞生全时空感知、全要素联动、全周期迭代的智能城市，从而大大推动城市治理水平的优化提升。预计在新的一年，中国会有越来越多的城市具有"大脑"。

作为第二代互联网、价值互联网重要价值传输协议的区块链技术，必将成为智慧城市的基础设施。区块链技术所特有的分布式数据存储、加密算法、共识算法、智能合约等核心技术，使得区块链技术在智慧城市的身份认证、公共事业管理、交通、园区、环保等细分行业和场景中都有可能发挥重要的作用。链改可以激活城市的信息、住房、交通、医疗、教育、水电等基础设施，发挥数据的巨大价值，让城市基础设施运行更高效、更智能、更可信。

智慧城市的发展必将加大公共数据资源（特别是政务数据资源）的公开、共享和利用，区块链技术的天然优势可以分离数据的拥有权和使用权，促进不同政府部门、不同行业、不同企业协同推进数据融合、共享，为智慧城市数据融合共享需求提供解决方案。

智慧城市顶层设计指南建议将智慧城市一级业务划分为"民生服务""城市治理""产业经济""生态宜居"四大类。从区块链技术特点及功能角度来看，当前区块链技术在新型智慧城市建设中的应用场景可归纳为四类：一是数据安全与隐私保护，如个人健康及医疗数据的保护、租客隐私信息保护等，依托的是区块链数据加密存储与防篡改特性；二是数据追溯，如电子发票、地产交易数据管理等，依托的是区块链中天然的链式数据存储结构；三是数据存证与认证，如个人身份认证、电子证照存证等，依托的是区块链的数据防篡改特性；四是数据低成本可靠交易，如个人、企业、政府数据开放共享等，依托的是区块链智能合约对数据使用权、收益权等的精准管控。

　　政府可以用区块链逻辑治理城市：第一，构建一个共享的数据库基础，进行规则化的数据同步，在不需要第三方确认的环境下实现数据共享的安全、可靠、互信、可溯；第二，突破传统的管理方式，创新精准治理、沙盒监管等；第三，优化城市惠民服务管理，推行"一网通办"，让数据多跑路，让群众少跑腿；第四，重构生态宜居的理念，即人人爱城市，人人保护城市。

　　苏格兰创建了世界上第一个私人租赁区数据库，建立了一个分布式账本，以解决苏格兰住宅领域租金上涨的问题。迪拜早在2013年就推出了迪拜智慧城计划，以打造"区块链之都"。在实现智慧城市梦想的过程中，迪拜希望创建一个平台，使企业能够共享资源，使公民能够与公共交通保持联系、减少能耗、为学生创造在线图书馆和资源。

　　我国雄安新区的区块链建设成效显著，包括工程建设资金区块链信息管理系统、征迁资金区块链平台、财政非税收入和电子票据区块链系统和对接场景的应用落地实践。

二、区块链在智慧城市里的主要应用

1. 民生服务领域

　　第一，智慧医疗。区块链技术对原生数据加密存证、隐私保护、授权分享、时间戳溯源、资产确权等技术应用助力医疗信息化发展，可落地医疗数据存储与共享、医疗信息溯源、医疗保险改革等应用场景。

　　（1）医疗数据存储与共享。医疗数据包括患者、医生、医院、诊疗等数据，这些数据大多是隐私数据，医疗机构一方面要保证数据安全存储，另一方面还要实现数据的授权共享。区块链技术分布式存储的技术特点，保证了数据来源的权威和存储的安全。区块链技术匿名性和完善的授权策略，可以确保数据在分享过程中不存在泄露的风险。

（2）医疗信息溯源。区块链技术在医疗信息溯源领域主要应用于药品鉴别以及医疗信息监管与审计。区块链记录不可篡改、共享安全可靠的属性可以有效实现药物防伪。区块链防篡改、可追溯的技术特点可以精准定位医疗信息的全生命周期追踪溯源，包括医用物资供应链监管、药品溯源、医疗信息审计等。

（3）医疗保险改革。区块链记录不可篡改、共享安全可靠的属性使得区块链技术同样可以应用于医保行业。例如，保单数据存储共享、医保核查控费、医疗健康档案上链存储可以保障数据的不可篡改、不可丢失，杜绝隐私泄露。智能合约可以实现医疗保险的快速赔付。

第二，智慧教育。与智慧医疗领域类似，我们可以利用区块链技术的独特优势，构建智慧教育领域教育数据安全存储与共享、教育业务流程优化以及教育智能合约等应用场景。

（1）教育数据安全存储与共享。教育数据包括学生、老师、教育机构等数据，我们可以利用区块链分布式账本技术，将教育数据存储在不同区块中，而链上的节点可以通过特定的协议实现数据资源的授权共享，从而解决教育领域的数据孤岛问题。

（2）教育业务流程优化。我们可以利用区块链技术分布式特点，构建分布式的教育系统，改善传统服务及资源被学校和政府机构垄断的局面，探索具备资质的教育机构关于开展教育服务及颁发授予相关认证的可行性，从而实现正规教育与社会教育资源的互补，促进教育体系改革。

（3）教育智能合约。我们可以利用区块链的智能合约技术，构建高效、智能的网络学习社区。智能合约技术透明、自动执行的特点可以实现教育资源上传、认证、流转、共享等工作的自动化执行，降低资源共享成本，提高资源共享效率，实时监控社区生态环境。

2. 城市治理领域

第一，智慧政务。区块链技术在智慧政务领域的场景包括电子政务、权力监管等。

（1）电子政务。随着电子政务建设工作的推进和政务服务平台的广泛应用，数据共享与安全效率的矛盾日渐突出，同时还存在信息泄露等问题。区块链技术为跨级、跨部门的数据互联互通提供了安全可信的环境，对访问方和访问数据进行自主授权，通过区块链网络完成结构化数据的共享。而对于非结构化数据，区块链技术可通过存储记录其特征值，保证数据传输的安全可靠。此外，我们也可以利用区块链技术处理政务系统的协同流程，实现科学决策、高效指挥，有效提升政务服务管理水平，缩短流转办事时间，提高业务审批效率，实现精细化管理。

（2）权力监管。区块链技术可以用来打破信息孤岛，可以连接各部门文件、数据，实现多部门、多信息的交叉共享，确保信息实时更新，提高流程及数据的透明度，为数字反腐（大数据侦查）提供新的手段和数据。

第二，智慧交通。智慧交通涵盖领域越来越广，各细分领域都存在着数据的透明和不可篡改需求，因此交通领域也是适合区块链技术落地的重点场景。

（1）交通数据安全存储与共享。智慧交通涵盖人、车、路、设施、行为等方面的海量数据。区块链技术多中心化、安全可信、智能合约等特性，可以实现行业主体（政府、企业）、运输装备（车辆、船舶、飞机）、基础设施（道路、桥梁、场站）的数据存储，构建现代交通网络，解决行业数据共享、基础设施智能化管理等问题。在保证数据流通公开透明的基础上，区块链技术保障数据资产权益，提升智能交通运行效率，释放综合交通运输的信用成本。

（2）高效交通治理。物联网可以实时获取道路、交通信息。区块链技术可以在这些物联网设备之间实现较低成本的连接，并通过分布式的共识机制提高设备运行的安全性和私密性。物联网与区块链的结合，可以将跨系统数据传输和共享下沉到区块链层，降低智慧交通系统复杂度，促进整体交通网络高效、智能化运行。

第三，公共安全。

（1）电子证据存证。区块链技术的不可篡改、可追溯等特性，可有效解决传统存证面临的安全问题。区块链的分布式存储可以实现电子证据的安全存储和高效提取，允许多机构共享电子证据，降低取证成本，提高协作效率。区块链技术的时间戳机制在电子证据存储固定过程中通过比对哈希值来验证数据完整性，采用不对称加密技术对电子证据进行加密，以保障传输安全和证据的真实性、安全性。

（2）应急指挥调度。公共安全事件应急指挥调度的事前、事中、事后三个阶段，均可以应用区块链技术提升指挥效率。事前：通过数据采集设备（摄像头、传感器）与区块链多中心化、共识机制技术的结合，实现多源数据安全、及时融合。事中：实现跨团队、部门和机构的合作与实时信息共享。事后：多源信息汇总存证，区块链的不可篡改、时间戳机制，可以确保数据的安全性。三个阶段均需要安全的信息和价值交换，区块链技术可以提供端到端的安全解决方案。

3. 产业经济领域

第一，智慧物联网。

（1）物联网设备规模化接入。物联网数据产业升级带来的是海量设备的接入，"中心云＋小范围部署"的传统物联网通信形式已无法满足发展需求。区块链技术可以解决物联网的规模化问题，通过多个区块链节点参与物联网体系验证，将物联网中信息记录在分布式账本中，以取代中心云的作用，并以较低的成本实现物联设备的互联。

（2）物联网设备安全。传统物联网设备因为存在权限漏洞、不安全的网络端口、信息传输不加密等问题而极易受到攻击，区块链技术的分布式存储、全网节点验证的共识机制、不对称加密算法都可以大大降低物联网设备被攻击的风险。

第二，智慧工业。

（1）工业安全。工业安全主要涉及工业设备身份管理、设备访问控制、设备注册管理、设备运营状态监管等，以区块链智能合约共识执行的方式获取和验证设备身份。设备所有者将访问权限的策略发布到区块链上，并通过智能合约对这些策略进行管理。访问者对设备的访问要符合这些策略。在设备运营使用过程中，借助区块链技术不可篡改账本记录相关运行数据，可以确保产业链中各企业能够访问可信、一致的设备运营数据。

（2）优化工业生产流程。基于多节点、分布式、访问控制的区块链网络，可以记录工业供应链的可视化，实现安全可信、可追溯的供应链数据记录，还可以从分布式账本中通过智能合约接口实现对供应链全过程状态数据的可信查询和追踪。

（3）工业互联网数据共享。区块链技术的分布式存储、不可篡改、加密算法等特点，可用于实现工业互联网各实体间的可信数据交换。各企业的生产制造数据能够以可控可信的方式存储在区块链上，同时实现对其他企业的数据可控共享。

4. 生态宜居领域

第一，智慧能源。

（1）能源生产。能源生产环节数据由各能源厂商硬件基础设施产生、本地化存储，这样往往形成数据孤岛，无法产生信息价值。区块链技术与物联网设备相结合，可以在数据采集基础上实现生产数据的可信、安全存储与共享，提高监测精度，挖掘数据价值，为政府监管统筹、企业协同合作创造信息基础。

（2）能源交易。能源交易分为批发能源交易与零售能源交易，前者具有资金量大、交易周期长、依赖人力、风险较大的特点，后者则具有难于实时支付结算、难于实现需求响应等特点。智能合约能够为批发能源交易市场提供安全交易保障并降低违约率，为零售能源交易市场提供实时支付结算手段。

第二，智慧新零售。

（1）商品溯源。目前，商品溯源面临的问题包括商品溯源信息记录不完整且易篡改、数据孤岛、隐私泄露等。区块链可以将商品全生命周期的参与者（包括原产地、生产商、渠道商、零售商、品牌商、消费者等）纳入供应链管理，通过多方参与数据维护构建数据信任基础，满足商品全生命周期溯源及数据可靠性问题。

（2）零售供应链优化。区块链技术可以构建数字化供应链，特别是跨境贸易中的供应链管理。区块链的分布式记账、不可篡改特性可以将商品的全供应链数据进行分布式存储、授权访问和加密验证，简化供应链流程中的数据交换共享和业务作业流程，实现供应链整体效率提升与优化。

（3）构建良性商业生态环境。零售行业具有交易数据零散、交易节点多样、交易网络复杂的特点，区块链技术的分布式、真实公平、开放共享、难于篡改、安全加密等特点，可以构建一个可信的分布式商业环境。在这种良性生态环境下，合作可以变得更加高效，可以更有效地促进资源整合，进而创造更多的社会价值。

三、以智慧社区为例看区块链的应用

区块链技术可以为智慧城市提供解决方案，那么区块链如何才能更好地为智慧城市服务？我们以智慧社区为例。

第一，立体防控系统。智慧社区的安全是最核心的问题，就像区块链的不可能三角，安全在分布式和性能中必然应该是排在首位的。如果没有安全，那么一切都免谈。我们可以借助高点监控构建实景式立体化社区防控系统。我们可以在应急事件发生的时候通过该系统直观浏览社区的一切信息，并与社区重要部门进行视频互动，从而掌握重要信息。这里，区块链可以通过分布式存储，将视频监控权还给社区用户。只有这个社区的用户，才有权调阅监控视频。

第二，社区车辆管理系统。一个小区的车辆停放始终是个大问题。区块链社区的用户可以自由停放车辆，每家的车辆信息都会存入区块链中，这样可以实现内部车辆无感通行。外来临时车辆可通过临时付费抵押（如社区积分）通行。在车辆离开小区后，抵押将返还给临时车辆。

第三，人脸识别系统。公共区域监控也是社区管控中不容忽视的。在社区公园或主干道路上布设视频监控系统和人脸抓拍系统，能够实现对进出社区的人员进行实时记录，并形成档案和轨迹，方便事后查证。社区用户数据已经全部上链可查询，如果是外来人员，那么同样可以设定需要抵押才能进入（数据上链需要一定的手续费）。当然，每个家庭都有一定的豁免权，超出一定数量的外来人员才需要付费抵押。

第四，垃圾分类系统。为了提升城市健康文明，打造文明化社区，垃圾分类成为社区中最热点的话题。垃圾分类预警系统，通过智能语音提醒的方式提醒居民正确投放垃圾。社区可以使用智能垃圾箱，社区用户在每次投放垃圾的时候如能正确分类各种垃圾，就可以得到一定的积分激励。如果分类错误或者不分类，那么用户个人账户会扣除一定的积分。这种激励方式可以极大缓解社区环境问题。

以上模型可以逐渐扩展到城市每一个系统。一个城市中有多条网络，有水网、电网、天然气网、公交网络、消防网、治安网、教育网、医院网络、商业网络等，它们构成了一个宏大的课题。而用区块链思路治理城市其实很简单，建立城市信用水平和激励机制便抓住了最核心的城市活力。

科技进步改变了人们的生活，区块链改变了城市运行和管理模式，让城市的生活更加安全、高效。

四、区块链是新的城市经济发展模式

如果数据不是集中到互联网大计算平台上，而是改用区块链平台记录个人从教育、就业、升迁到社会活动等真实可靠但又数倍于个人档案的数据，记录企业产品、人员、经营、账目、合同以及各种社会组织的数据，并建立信用数据库，那么这必然会大大提高城市信用水平，从而改善城市形象，提高城市质量。

我们可以用区块链打造城市信用信息平台，通过记账通证实现企业资产数据化，建立城市本地金融机构和实体企业之间的资金通道，建立由政府主导的数据资产交易平台，形成区块链防篡改数据信用、市场共识定价，通过链改创新迭代的供应链克服融资难、融资贵的问题，摆脱城市经济依赖房地产，打造贯彻创新发展理念的城市经济发展新模式。目前，我国很多区块链产业园。如果我们以政府为主导，以产业园为基地，以点带面，对接创新创造和各类传统产业，盘活城市经济，我们就可走出一条创新发展之路。

第14章

国际区块链与多极化

链改逻辑的信用机器、分布式、治理、共赢等与人类命运共同体理念是一致的。链改对于实施"一带一路"倡议也是很好的工具。区块链是国际化的，目前我国在区块链赛道上并不落后，但是我们如果不积极作为，就极有可能在这个赛道上丢失先手。

第1节
链改逻辑符合人类命运共同体理念

　　当今世界面临百年未有之大变局，新冠疫情全球大流行加速了国际格局演变，世界进入动荡变革期。但和平与发展仍然是时代主题，各国人民求和平、谋发展、促合作、图共赢的期待更加强烈。习近平总书记着眼于世界发展方向和人类前途命运，提出构建人类命运共同体和新型国际关系重大倡议，拓展深化新时代多边主义理念和实践，赢得国际社会高度赞誉和广泛支持。

千百年来，随着技术进步，从茹毛饮血的蛮荒时代到农业社会、工业社会，再到如今的数字社会，人类社会不断演化着自身的治理模式，一步步走向富足和文明。建设一个和平、富足、美丽、平等的家园永远是人类共同的梦想。为了实现这个梦想，人类历史上诞生了大量的社会理论，也进行了残酷的斗争实践。时至今日，资源短缺、气候变暖、经济下行、网络攻击、隐私泄露、环境污染、疾病流行、跨国犯罪等全球安全问题依然层出不穷，对人类社会秩序乃至生存都构成了严峻威胁。无论是哪个国家、哪个种族的人，都已处在一个命运共同体中。也正因为如此，人类越来越意识到，和平共处、平等互助的全球价值观才是人类命运的最终归宿。

霍金说：如果人类想要延续下一个一百万年，我们就必须大胆前行，涉足无前人所及之处！国际社会日益成为一个你中有我、我中有你的命运共同体，面对世界经济的复杂形势和全球性问题，任何国家都不可能独善其身。

链改逻辑倡导的分布式与人类命运共同体多极化是高度契合的。链改的互信、共识、协作、激励、分享等动力逻辑以及创新、智能、效率、节约、诚信、民主、开放、普惠、绿色、安全等价值理念，与人类命运共同体合作开放、互利共赢的逻辑和价值观一致。

首先，人类命运共同体强调求同存异、和平相处。大家遵循共同的规则，彼此信任，从而大幅度降低人类社会的交易成本，使人类消费最少的自然资源、创造最大的经济价值。人类命运共同体之所以难于实现，就是因为各个地域人群存在本位主义、缺乏足够的信任机制，人类在"囚徒困境"的选择中自然不会选择全局最优，而是选择局部最优。迄今为止，人类社会始终运行在局部最优的状态下，而中国所主张的人类命运共同体是整个人类社会全局最优的运行模式。所以，建立一个可靠的信任机制是实现人类命运共同体的基础。历史经验告诉我们，仅仅靠梦想和制度设计是很难解决人群之间的信任问题的，信任的建立必须要有可靠的信任保障技术作为基础。区块链是陌生人的互信机制，讲诚信者的交易成本最低，不讲诚信者的交易成本最高。由于区块链，一种可信的社会规则能够被建立，能够高效率地解决人类社会的信任机制问题。

其次，我国以构建人类命运共同体和新型国际关系为目标，以促进世界多极化、国际关系民主化为方向，以维护联合国权威和联合国宪章宗旨和原则为核心，以共商、共建、共享全球治理观为引领，以高质量共建"一带一路"为路径，积极引导全球治理体系变革和建设，推动建设持久和平、普遍安全、共同繁荣、开放包容、清洁美丽的世界。近年来，美国企图将单边主义和霸凌行径凌驾于主权平等、和平解决争端、不干涉内政等国际关系基本准则之上，大搞本国优先，严重损害以联合国为核心的现行国际体系。特朗普走了，拜登来了，但美国试图一手遮天的单边主义和霸凌行径没有变。另外，世界绝大多数国家支持多边主义理念和实践，反对由一国包揽国际事务、主宰他国命运、垄断发展权利，多边主义依然根基稳固、动力强劲。区块链是分布式思想，与人类命运共同体的多极化、民主化理念方向是一致的。区块链完全可以作为实现人类命运共同体的一种技术手段，甚至是消除单边主义和霸权主义的有力工具。

最后，一些国家对多边主义内涵和重点看法不一，但联合国宪章宗旨和原则仍是国际社会理念的最大公约数。新冠疫情肆虐成为世界各国面临的严重挑战，国际社会呼吁团结抗疫的意愿空前强烈。虽然民粹主义和逆全球化思潮上升，但经济全球化仍是大势所趋，世界大多数国家期待全球经济朝更加开放、包容、普惠、平衡、共赢的方向发展。面临疫情肆虐、经济衰退、气候变化等全球性挑战，没有一个国家能够独善其身，唯有团结合作才是最有力的武器，共同走多边主义道路才是正确选择。一些势力固守零和博弈，在国际上炒作意识形态和政治制度差异，企图搞"小圈子"制造分裂，企图以人权、民主等为借口干涉别国内政，这些行径会遭到国际社会的普遍反对。

构建新型国际关系，各国要相互尊重，不要唯我独尊，要公平正义，不要狭隘偏私，要合作共赢，不要以邻为壑。国际社会普遍认为，各国应该走符合自身国情的发展道路，首先要办好自己的事，反对内病外治、转嫁矛盾，反对搞意识形态划线。世界绝大多数国家希望在相互尊重、平等互利基础上加强全球治理，共同破解治理、信任、和平、发展重大赤字，共同建设更加开放包容、公平正义、绿色持续、合作共赢的多边主义和全球治理体系。

区块链强调互信、共识、协作、治理、激励、分享，本身就是开放包容、普惠共赢、公平正义、绿色持续的命运共同体逻辑，用区块链数字共同体是人类命运共同体的一个有效手段。

随着在中国乃至全球的区块链实践越来越深入，我们会用技术手段创造一个更加诚信的社会，建立各种区块链技术应用体系来改变人类社会的治理基础，并通过降低交易成本改变工业时代所形成的产业和社会组织形式，让所有人、组织、国家能够和平共处。"万物并育而不相害，道并行而不相悖。"中国所倡导的人类命运共同体，也必将会在新技术支持下早日实现！

第2节
链改促进"一带一路"

"一带一路"涉及跨境贸易、项目管理和物流交通等领域，其中数据互通非常重要。金融、物流、知识产权保护和法律服务等方面，正是区块链技术可以大展身手的领域。

为了支持"一带一路"沿线经济体的供应链金融业务，我们可以根据供应链的输入数据创建一个智能合同，以此来自动触发交易和支付。一旦贸易船只到达某个地点，系统就会自动付款；或者，合规文档一旦被上传到系统并通过验证，就可以触发支付。此外，信用证相关单据还可以通过区块链平台与不同的贸易伙伴共享，从而提高透明度，降低交易风险。

"一带一路"沿线国家的贸易涉及许多利益相关者、中介机构和银行等参与方，交易频繁且数额巨大。大量资金被跨境转移到不同的金融系统中，而不同系统在合规要求、数据存储、支付货币等方面的标准并不相同。这就使得交易具有复杂性，而目前的交易系统价格昂贵、速度慢、缺乏透明度。因此，流程自动化是大势所趋，越来越多的传统流程将被取代。在当前的金融系统中，文档是基于纸张的，数据是孤立的且缺乏标准，这些不利于整体数据的收集。而利用区块链等数字技术，端到端的数字贸易融资系统能够生成大数据集，这些数据集还可以进一步用来创建各种预测模型和进行行业洞察。数据将在塑造供应链金融的未来方面发挥巨大作用。

随着"一带一路"建设的不断推进，我国与欧洲及沿线国家铁路、口岸、海关等部门的合作日趋密切，中欧班列物流组织也逐渐成熟，成为"一带一路"建设的一张"金名片"。

从全球范围来看，国外一些铁路企业也在积极拥抱区块链技术。美国伯尼顿北方圣太菲铁路、美国邮政局、联邦快递等200多家知名货运、物流企业加盟区块链货运联盟，组成世界上最大的区块链商业联盟。俄罗斯、瑞士、荷兰、加拿大等国的铁路公司也在铁路运输行业开始引入区块链。

我们可借鉴国外先进技术经验，充分利用区块链的公开透明，且无法欺骗等技术特征，减少铁路企业物流服务风险，增强铁路对整个大物流服务的掌控能力，在提升运输效率的同时完善铁路"神经系统"，实现货物精准运输。

我国正在积极推进数字人民币，或将成为全球大型经济体中首个发行数字货币的国家。数字人民币若用于跨境交易，就必须采用更复杂的技术平台来连接境外交易系统。数字人民币或在不久的将来用于"一带一路"建设。

第3节
链改应对全球共同难题

现阶段，传统工业生产对有形资源和能源的过度消耗，导致环境污染、生态恶化以及工业经济文明逐渐衰落。如何实现资源的快速优化配置，实现经济的高质量和可持续发展，已经成为世界性的课题。在这种背景下，数字经济崛起。数字经济的本质就是信息化，就是经济要素数据化，通过对数据的识别、过滤、存储、使用实现资源的优化配置。数字经济产业生态只有通过数字货币才能实现流通，才能实现经济要素的优化配置。以区块链为新基建的数字经济2.0，是人类社会共同的发展方向。

一、克服贸易摩擦

2020年中美贸易摩擦加剧，涉及多个领域和重点行业。庞大的美国市场和迅速崛起的中国市场经贸往来日益密切，使得两个国家之间存在巨大的经济利益，但由此引发的贸易摩擦也给中美经贸关系的发展带来了较大的消极影响。

虽然拜登政府未提贸易战，但特朗普政府对中国出口产品加征的关税短期内也很难取消。贸易摩擦没有赢家。中美双方只有通过平等、诚信、务实的对话，互相尊重，共同维护互利共赢的双边经贸关系，共同维护自由贸易原则和多边贸易体制，才能促进世界经济的繁荣与发展。如何加强全球各国贸易合作？区块链技术的应用为全球经贸合作提供了一种思路。

人们可以不依赖国家、政治、制度等中心化组织限制，利用区块链技术的分布式理念打造经济共同体，建立互信、达成共识，让经济共同体不再跟着资本走、围着制度转，不再体现国家的意志，而是通过智能合约达成共识，通过非对称加密技术建立互信，共建全球区块链产业生态，让全球资源得到最优配置，提高全人类经济效率水平。

二、共同应对新冠疫情

2020年新冠疫情侵袭全球。疫情没有国界，是人类共同的敌人。疫情若不控制好，就会造成全球危机，所谓覆巢之下无完卵！

2020年全球抗疫合作彰显了人类命运共同体理念的深刻意义。在这场全球抗疫考验中，中国与其他国家携手作战，积极分享抗疫经验，彰显大国担当。中国在防疫方面积累了非常重要的经验，有效控制了疫情传播。中国推出的健康码发挥了积极作用。健康码以个人真实数据为基础，个人通过在网上自行申报，经后台审核后，即可生成一个属于自己的二维码。该二维码作为个人在当地出入通行的电子凭证，一次申报，全国通用。

健康码的应用涵盖了社区管理、企业复工、交通出行、教育、医疗、超市商场等使用场景，可以协助社区、企业、学校等做好防疫管理及疫情控制等重点工作。健康码实现了高效率的人员流动管理，避免了过多的人员接触和聚集。

目前，健康码没有在全世界统一使用。因为健康码涉及个人信息隐私问题，不同国家和地区对个人数据隐私的保护和要求是不同的。在公开个人信息的同时，隐私保护和数据的安全性成了一个主要问题，个人数据信息大部分存储于中心化机构的服务器中。任何一个国家都不可能置身于全球公共卫生安全之外，所以不同中心化机构需要用区块链技术建立信任，利用非对称加密做好隐私保护，打造人类命运共同体，同心协力共抗疫情。区块链是数据隐私和安全的防火墙，为人类命运共同体提供了技术支撑。

三、通过区块链分布式组织实现自治

人类只有回归理性、放下狭隘和偏见，才能和谐同生。法律、制度建立的行为规范不能从根本上解决人类社会的信任问题，人类社会的信任最终要归结到机器信任、数字信任，而机器信任、数字信任的实现需要靠区块链的技术和逻辑。只有打破国家、制度和文化的边界，东西方文明交融，创建人类命运共同体的经济生态，人类社会才能和谐共存。

设想人类因共同命运走到了一起，全世界不同人员都加入了不同的社区分布式自治组织，社区管理完全靠自治。同时，组织之间也做到了和谐共处，通过异构多链技术和智能合约实行不同社区的自动治理。在区块链生态体系的感召下，很多人都复制了自己的机器人，把生物芯片植入人的大脑中，采取物联网技术把自己的思维、意识等传输到机器人大脑中，实现人机交流。为了不伤害、干涉其他人，智能合约可以约束机器人的行为。在这种生态治理体系下，世界越来越文明，人类越来越和谐。

四、实现人类普惠发展

普惠金融援助不同于由上而下的传统金融援助。小额金融机构试图让个人能够储蓄，其形式往往是社区储蓄合作，社区居民把钱集合起来，彼此借给短期有资金需求的人。在执行与管理得当的情况下，小额金融机构能够帮助贫困社区减轻困难，增加储蓄与投资，还能为女性提供帮助。不过，现今的小额金融机构有一些问题。

第一，小额金融机构的运作欠缺监管，有时候会出现掠夺性的贷款以及高压的还款方法，导致社区的困境更加恶化。鉴于前述的问题，发展中国家组织认为最佳方法是把小额金融机构全部视为非法或者对其施加严格限制。例如，在印度一家小额金融机构引发争议后，印度地方组织在2010年立法限制微型贷款。因为资金未必总是输送到最有需要的人手上，政府无法确保最需要贷款的社区居民可以取得贷款。这些组织大多是地区性限制贷款的对象，这样也限制了当地居民储蓄与投资的机会。想帮助贫困者的人或组织会思考区块链技术能够提供什么工具，这项技术可以带来什么。区块链能够改进管理问责。跟企业透明化一样，非营利组织可以采用区块链来提高其透明度与问责性，这将更吸引捐款人。此外，如果微型贷款记录于区块链，并且小额金融机构的顾客可以看到这些记录，我们就可以监控小额金融机构的不当行为。

第二，区块链可以为妇女及儿童提供更好的保护。智能合约借款可以进入代管契约账户，女性可以动用借款购买食品、女性用品、医疗及其他必需品，而男性则无法动用这一批款项来买香烟或者赌博。

第三，区块链可以让人们获取全球各地的资金与机会，这有助于吸引全球各地的捐款。社区通常受限于与之合作的微型机构的地区性，而未来借款的人会从网上许多潜在放款人中寻找最佳利率条件及声誉者。当然，小额金融机构将继续存在，但由于人们将更容易通过区块链接触到同类机构，这些小额金融机构存在的必要性将会降低。

第四，区块链的支付机制更有利于小额借款人。例如，比特币基本上是为没有能力的小额借款人量身打造的，让他们可以进行小额支付，并且把成本降低到接近于零。在每一分钱都很重要的情况下，用户能以小额方式偿还贷款。

五、助力全球化可扩展应用

随着区块链技术的发展，基于共识的人类命运共同体将会成为可能。

首先，数字公民和数字身份未来会成为整个区块链世界中很重要的基础设施。

其次，多个国家发行数字货币可能会带来全球福利。中央银行未来发行的数字货币会有三种用途：限制汇款、减少纸币以及使用储备货币。委内瑞拉用石油币、萨尔瓦多用比特币等，全球约18%的国家或地区的一半存款为外币。然而问题是，这些国家可能会失去货币政策控制权，尤其是在商业周期与央行数字货币发行国的商业周期不一致的国家中。多个国家都发行数字货币可能会使全球受益，更多地使用央行数字货币可以降低跨境金融摩擦，有利于全球一体化。央行数字货币可以加速全球重新平衡以走向一个多极化的世界，这可能是一件好事。

最后，未来24小时全球服务的数字化政府、数字化医疗、数字化教育等社会化服务体系，将成为最好的招商引资条件，会吸引全世界最优秀的人才和资本。区块链会让全球真正联为一体，从而出现多赢而非寡头竞争结局。

　　所以，行业公链需要集合大家的力量，众筹大家的资源，共建一个信用的网络。老子的"无为而治"思想可以说是区块链精神的最高典范，像墨子的"兼爱非攻"，儒家的"大同世界"，佛家对施与受的理解，都值得区块链的设计者借鉴。

第15章

国家金融网络安全

随着网络化和世界经济一体化发展，国家网络安全和金融经济安全提上议事日程。美国作为世界头号强国，经常用断网、断币来制裁其他国家。区块链及数字货币、加密资产等的出现和演化使国际竞争又有了新的赛道。我国作为世界第二大经济体，为了保卫国家金融经济安全，必须在数字货币赛道和网络方面有过硬的实力。

第1节
中国金融竞争与安全形势

随着经济全球化、信息化的加剧以及可持续发展压力的加大，国家经济安全越来越像传统的军事安全一样受到各主权国家和社会的广泛重视。国际经济竞争带来了国家经济安全问题，如信息安全、金融风险、引进外资与保护民族工业等问题。

一、疫情期间货币稳定

由于我国经济韧性足、潜力大，经济社会发展还处在战略机遇期，与西方国家相比，我国的财政和货币政策还有很大空间，还不至于搞赤字货币化、"大水漫灌"和负利率。

在新冠疫情期间，最重要的问题是，如何发挥金融功能支持经济复苏？为防控新冠疫情，美国多投放了数万亿美元货币。我国一直在提"去杠杆"，但在实际操作中又不得不"加杠杆"。

虽然疫情让我国经济停摆两个月左右，但随着疫情得到控制，经济运行开始出现恢复态势。2020年，我国GDP增长2.3%，是世界上唯一实现经济正增长的主要经济体。2021年上半年，我国GDP增长12.7%，形势仍不错。2021年两会确定2021年经济增长目标为6%，一般预测我国经济增长会接近8%。这为我国金融政策留下空间。对于我国来说，短期宽松一点的金融政策是必要的，但也没必要搞"大水漫灌"。

二、我国采取慎重务实策略有效地防范了金融风险

当然，金融政策有从属性质，金融宽松与否以及宽松尺度，要根据经济体系实际流动性而定。美国的国情是超前消费，国民不储蓄，所以要印钱和实行负利率；而我国相反，国民重储蓄。我们认为，短期政策要和长期体制改革结合起来考量。

我们学习了西方的金融体系，但因为我国是社会主义国家，有党的领导，有中国特色，有体制优势，我国不会出现西式金融危机。然而，在利率市场化、货币发行机制、破产和存款保险、金融业对外开放、民营金融破局、股市注册制和退出机制、P2P清理、防止资本无序扩张、人民币国际化等方面，我国还有大量改革未

完成。

我国在加入世界贸易组织后，采取了一个明智的相对"保守"的金融策略，没有同步开放金融市场。目前看来，这个一张一弛策略是成功的。一方面，它保障了我国享受到世界贸易一体化、自由化的红利；另一方面，我国没有受到世界金融危机大的影响，只受到小的影响，没有发生不可控的系统性金融风险。

金融是超强的财富配置系统，流动性很强，而当今美国等发达国家有着非常强大的金融实力，我国还没有很强的金融国际竞争力。而且，我国民间金融缺乏足够的试错积累。因此，无论对外对内，我国选择相对保守的金融开放策略是明智的。

我国金融体制有两道防火墙。一道是分业经营，银行资金不能直接从事证券投资业务；另一道是对外对内都没开放，外资和民营机构不能从事金融业务。所以，我国不会出现西方那种自由金融市场的危机。有人认为，危机也是资源配置调节。这个也并非绝对，因为市场调节也会失灵。我国金融体制虽然管制较多，运转效率不高，但没有伤筋动骨的危机。我国有党的领导，一旦市场出现波动苗头，国家就会集体对冲。例如，前几年银行发生"钱荒"，各银行主动拿出资金来平衡。再如，疫情期间，实体经济停摆，银行等金融机构主动让出1.58万亿元利润。这就是我国特色金融，与西方金融机制完全不同。

三、我国金融必须面对市场化和数字化双重挑战

未来，我国金融必须直面市场化和数字化挑战，特别是要积极谋求国际金融赛道的竞争。

长期不试错、不试水，马厩里出不来千里马，温室里长不出栋梁材。我国金融机构没有在高风险市场中搏击的经验，如果与国际

金融接轨，那么肯定是没有竞争力的。随着我国经济体量的增大，我国不可能关起门来搞金融，让外资（事实上已经打开了大门）和民营机构进来是必然的。而走出去，也就是在国际金融赛道上竞争，是我国需要直面的问题。

我国在市场化、对外对内开放、证券市场放开、人民币国际化等各领域的改革，往往会因各种内外因素失去最佳时间窗口。

我们总想在金融改革方面的力度大一点，但总是觉得时机不成熟。之前我国一直有金融去杠杆压力，现阶段有经济下行压力，疫情下更是雪上加霜。我国货币政策实际并没有多少纵深和腾挪空间，改革也都没有好时机。之前我国清理P2P，禁止ICO，后来又强化反垄断和防止资本无序扩张。金融必须要适应实体经济发展，否则就要出大乱子。这是金融改革的大前提。

数字货币的兴起将对全球货币体系及跨境支付体系带来革命性的重大改变。比特币等已经受到广泛、热烈的追捧，而越来越多的国家开始加入央行数字货币研发的竞争。比特币区块链出现后，国际金融竞争更加剧烈。

第2节
美国断币威胁理论上是存在的

在金属货币出现后，铸币权基本归国家所有。统一铸币权是指国家垄断货币铸造权，禁止地方政府及民间私自铸造货币。

法国经济学家安德烈·傅颂说过，印钞是利润最高的生意。美国前国务卿基辛格曾说："谁控制了石油，谁就控制了所有国家；

谁控制了粮食，谁就控制了人类；谁掌握了货币铸造权，谁就掌握了世界。"美联储前主席格林斯潘说过："不用过分担心美国还不起国债，美国可以随时开动印钞机印发美元还钱。"这等于赤裸裸地昭告天下，美国通过印发美元向全球征收铸币税。这是典型的经济霸权主义。

自2009年后，美联储一直量化宽松、开闸放水，大量没节制地印制美元。美国政府持续卖出国债。疫情期间，特朗普政府已超量举债，拜登上台后，继续举债。美国1.9万亿美元刺激方案获得通过，拜登还在筹划4万亿美元的基础设施。如此，美国国债高达30多万亿美元，而美国GDP才21.6万亿美元。有人说不用担心，美国人持有最多的美元资产、美国国债，但新印制的美元对美国人来说是有补偿的，而对持有美元资产的其他国家和地区来说是净亏损。另外，美国在美元过剩时低价买入其他国家的资产，然后在美元紧张时再高价抛出，并以此来获取巨额利益。

国际支付领域也有名堂。在拜登就任总统的新闻发布会上，记者故意向拜登提问怎么看切断中国对国际支付系统的使用。拜登没有回答。但是，既然有人提出了这样的问题，就说明这并非空穴来风。中国必须有所警惕。

在金融世界，两个国家之间的银行要汇款，必须得先通过SWIFT系统发送代码、接受代码、解码再结算，最后两家银行才算完成交易。说白了，如果一个国家想与世界其他国家做生意，该国就必须成为SWIFT的成员，或者通过SWIFT的成员银行进行交易，否则就不能开展对外贸易。

不过，SWIFT本质上是一个电文传送系统（见图15-1）。所以，它只是清算指令的一个通道，而不是清算系统本身。

一个国家要想完成整个流程，就必须跟各个国家所建立的清关系统相连接。例如，在中国是跟中央银行主导的CNAPS（中国现代化支付系统）连接，在美国是跟CHIPS（纽约清算所银行同业支付系统）连接。

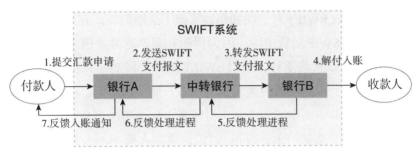

图15-1　SWIFT实现跨国支付

CHIPS是全球最重要的美元支付系统，承担了95%以上的银行同业美元支付清算业务，每天通过CHIPS清算的资金量超过1.9万亿美元。我们知道，美元是最值钱的世界性货币，全球外汇储备的60%、全球跨境结算的42%都用的是美元，所以美元的收付清算在SWIFT中占据了最重要的地位。换句话说，全球绝大部分美元的跨境支付都要在纽约完成。美国只要阻止被制裁国的金融机构进入CHIPS，就等于切断了对方的美元支付清算通道。

而SWIFT本来应该是绝对中立的组织，但因为美元的国际货币地位，美国对其有压倒性的话语权。SWIFT名义上是一个国际银行间非营利性的国际合作组织，总部设在比利时，但在荷兰、美国、瑞士设立了交换中心，每个中心互联，并实时共享所有信息。在日常运作上，SWIFT由董事会进行管理，该董事会设有25个董事席位，每一个席位每隔三年轮换一次董事。美国、比利时、法国、德国、英国和瑞士各拥有两个董事席位，其他会员国最多仅有一个董事席位。当然，其他大部分国家一个董事席位都没有。

对美国而言，掌控美国交换中心理论上就有了信息后门，就能够非法监控所有以 SWIFT 为渠道的交易数据。

目前，SWIFT 储存了世界上超过一万家银行的信息。中国没有自己的世界范围的银行系统，因此在支持领域容易被美国掣肘。

美国通过 SWIFT 对伊朗和朝鲜实施了金融制裁。有人认为，美国不会通过 SWIF 制裁中国，因为伊朗和朝鲜这两个国家在全球贸易的体量可以忽略不计，所以 SWIFT 能听美国的，并在中断贸易往来的基础上中断两国的美元支付体系。而中国不同，中国贸易体量太大，如果中断中国的美元支付体系，那么美国也会受到较大影响。正所谓"杀敌一千，自损八百"，美国大概率不会采取如此愚蠢的做法。

例如，2014 年俄罗斯出兵克里米亚，美国和欧盟同时施压，要求 SWIFT 切断俄罗斯的美元支付通道，但 SWIFT 拒绝了。原因很简单，俄罗斯的 GDP 世界排名第 12 位，制裁俄罗斯将使 SWIFT 服务的国际金融机构利益受损。

不过，这个问题比较复杂。美国可以用断币制裁伊朗，却不敢用断币封杀贸易规模大一些的俄罗斯，而对于全球贸易第一的中国，则更是不敢轻易断币。但美国断币威胁理论上是存在的。

现在假设美国要跟中国中断贸易往来，要求 SWIFT 把中国踢出美元支付体系，SWIFT 会听美国的吗？大概率不会，因为 SWIFT 是服务于全球银行业的，美国以外的其他国家仍然要与中国保持贸易往来。美国能做的是让 CHIPS 不受理中资银行的业务，使中国无法用美元交易。

在这种情况下，中国有三种选择：第一种，改用欧元进行支付结算，比如 2021 年 6 月，欧元结算超过了美元；第二种，在中国自己的 CIPS（人民币跨境支付系统）和 CNAPS 上，增加美元清算功能，建立一个新的跨境美元结算体系；第三种，在原有的 CIPS 和 CNAPS 中，借机推动人民币国际化。当然，这三种选择也可以并行。看到这里，大家应该明白了，只要我国保持与全世界的贸易往来，美国单方面的制裁是行不通的，反而会刺激人民币国际化。

尽管如此，美国中断中国的SWIFT还是有可能的，至少可以中断美元支付结算。在香港选举制度改革之后，美国不再承认香港的"自治地位"（独立关税区），从而废除香港在贸易、金融领域享有的特权，限制香港的公司和金融机构与美国做生意。这样就意味着有相当一部分中资机构会被限制美元结算，"硬脱钩"不是危言耸听。所以，不管是从经济安全角度还是信息安全角度来看，中国都必须尽快建立SWIFT的替代品。

第3节
数字人民币拥抱SWIFT是大手笔

我国数字人民币跟SWIFT联手是大手笔，是对付美国断币威胁、推进人民币国家化的重大举措。

2021年2月5日，国家企业信用信息公示系统披露，SWIFT联合中国支付清算协会、跨境银行间支付清算有限责任公司、中国人民银行数字货币研究所和中国人民银行清算总中心于2021年1月16日在北京成立金融网关信息服务有限公司。该公司的成立与人民币跨境清结算的整体布局，尤其是数字人民币的跨境清结算的未来发展密不可分。

SWIFT是一家金融同业合作组织，拥有覆盖遍及220多个国家和地区的超过11 000家银行、金融机构、金融市场基础设施和企业用户的全球金融网络，每日资金转移次数高达1 500多万次。它是全球最重要的金融基础设施，也是目前全球最为国际化、最有影响力的金融科技公司。目前，SWIFT在中国有超过600家用户，包括银行、金融机构、金融基础设施及企业用户。

SWIFT是国际银行间支付结算的报文指令系统，并不涵盖清算的全过程，也不是国际清算体系的全部，不同国家通过各自不同的支付系统来完成银行账户的资金划拨。当一国银行与另一国银行汇一笔款时，双方同时将有关信息通知SWIFT，另一国收到SWIFT的通知信息后，凭借这个通知得到该笔款项。虽然SWIFT不是直接支付，但它是可信的证明，是国际结算时的依据。CIPS也是一个通知系统，但它是人民币支付结算通知系统，而SWIFT是用美元支付结算的。目前，CIPS的直接参与者都是境内机构，境外机构尚未作为直接参与者接入，因此境外机构必须通过 SWIFT 委托作为直接参与者的境内机构才能办理业务。

目前，中国已经形成了以"CIPS+CNAPS+SWIFT"为基本框架的人民币跨境清算体系，这类似于美国的"CHIPS+Fedwire+SWIFT"体系。我国中国人民银行数字货币研究所与SWIFT合作，应对跨境支付数字化转型的需要，还有助于与国际金融设施标准更好对接，从而推动数字人民币的国际化。

无论是数字人民币还是CIPS，与SWIFT都是一种互补协同的关系，而非竞争替代关系。一方面，通过 SWIFT 的网络优势，无论是数字人民币还是CIPS，与 SWIFT 的合作都有利于各类参与者办理跨境人民币业务，推动人民币国际化的发展。另一方面，数字人民币和CIPS 接入SWIFT，可加强SWIFT的网络效应优势，进一步巩固SWIFT 作为国际金融基础设施的地位。这才是SWIFT与中国人民银行清算总中心、中国人民银行数字货币研究所一起成立新公司的共同利益所在。

中国是全球第一贸易大国，进出口贸易在全球份额接近13%，出口份额超过14%，在全球贸易体系中的中心地位日益增强。中国是SWIFT最重要的全球市场之一。因此，SWIFT对中国市场历来重视，与中国联系与合作非常紧密，并不断增加对中国市场的投入。

SWIFT为金融基础设施和机构提供可靠的互联互通，连接更多的用户以支持中资机构走出去。SWIFT不断优化产品和服务，更好地支持人民币国际化的发展。SWIFT与会员、监管机构在金融创新、合规、反洗钱及网络安全等方面保持密切沟通与合作，促进人民币业务的标准化。

当下，基于银行账户的数字化货币（如银行App或者支付宝中的货币等）已经十分普遍，而数字人民币是不需要银行账户就可存在的，是基于通证范式存在于数字钱包中的。因此，在使用数字人民币进行跨境支付时，我们不需要当前基于银行账户的代理行和清算行，通过数字钱包即可实现转账。数字人民币这条新的跨境支付路径是十分值得我们探索和创新的，可能改变目前以分布在全球各地、各时区的代理行和清算行关系为基础的跨境支付格局。

目前，SWIFT在跨境支付中的主要问题是，资金路径复杂，清算链条长，资金到账手续多、速度慢、费用高、效率低。因此，近年来SWIFT内部一直在考虑引入区块链技术，对传统的跨境支付模式进行技术重塑。中国人民银行数字货币研究所以股东身份加盟新成立的合资公司，其在相关技术领域的创新经验和理念，可以对SWIFT的技术创新和流程改造提供重要的支持和借鉴。

另外，数字货币的兴起将给全球货币体系及跨境支付体系带来革命性的重大改变。越来越多的国家开始加入央行数字货币研发的竞争，SWIFT必须未雨绸缪，为即将到来的数字货币时代的挑战做好制度和技术上的前瞻性准备。而中国在全球法定数字货币竞争中走在前列，将为SWIFT应对全新的数字货币变革挑战提供极为重要的样本和参照。

未来，数字人民币要实现跨境支付和流动，将比在国内推行面临复杂得多的问题：既涉及数字货币的互认、兑换、发行标准、运行架构、技术路线、地区技术条件等问题，也面临各国政府对货币主权的考虑、经济安全的质疑、跨境资金的管控、反洗钱的监管等问题，还涉及数字货币流通机制和技术模式与标准的统一等问题。这些都将取决于各国广泛、深入、紧密的合作与研究。在这方面，我国中央银行，特别是中国人民银行数字货币研究所，与SWIFT的合作将变得非常重要。这既对双方积极探索未来全球数字货币的跨境支付和流动的解决方案具有积极意义，也可为未来数字人民币走出国门、获得广泛跨境使用探索可行的模式与技术路径。

　　随着中国经济在世界经济中的影响力日益增强，各国对改革国际货币体系以及人民币国际化的需求不断提升。我国一直在悄然推进人民币国际化布局，并自主加快人民币跨境支付清算的基础设施建设。中国人民银行于2015年启用了CIPS，该系统对标发达经济体清算系统，采用自己的报文标准，支持人民币在国际贸易和跨境投资中进行支付和结算，成为人民币跨境支付清算的主渠道。2018年5月，CIPS二期全面上线，实现了对全球各时区金融市场的全覆盖。截至2020年年末，CIPS已吸引1 092家参与者，覆盖全球99个国家和地区。

　　依托SWIFT在全球支付市场的强大影响力，CIPS可以吸引全球更多的参与者和用户，构建起覆盖范围更广、联通交互更便捷的人民币跨境支付网络和通道，进一步提高国内外用户使用CIPS的便利性和可获得性，从而为人民币国际化提供更坚实的基础和助力。

　　目前，全世界仍然普遍使用以美元为主的SWIFT跨境支付服务，而这种货币特权使美国可以对其他国家施行金融制裁。根据国外舆情的分析，中国正在更加深入地参与SWIFT，这是一个有力的信号，表明美国在这些系统中曾经拥有的控制力已经不复存在。

只有自身发展完善，我国才是安全的。SWIFT主动来对接，就是证明。因为我国经济的体量大，重要性增加，资源自然要向我国靠拢。我国经济总量第二（有专家用购买力评价测算，我国经济总量已经是第一）、进出口第一、外资流入第一，而人民币在世界各国外汇储备上只排第五，人民币在全球支付市场和国际储备资产的占比均在2%左右，与中国经济和贸易在全球地位落差很大，十分不相称。现在是时候该数字货币换道超车了。

第4节
IPFS化解美国断网威胁

在数字时代，网络是金融经济的基础，网络安全是金融经济安全的重要保障。

互联网起源于美国，在TCP/IP中，美国控制着IP地址解析的13台根服务器，而且TCP也是由美国公司提供的。美国只要封锁IP域名解析和TCP内容对话，就能让基于互联网的所有应用都断掉。这对于我国已高度依赖互联网的经济社会系统来说是严重威胁。

2018年6月11日，美国废除之前通过的"网络中立原则"决议正式生效。一石激起千层浪，作为互联网创始国的美国拥有强大的互联网技术，类似美国随时可让中国断网的声音越来越多。美国曾用断网打赢了伊拉克战争，也正用断网封锁伊朗。

有人认为，根服务器中存储的内容很少，平时普通用户上网时也基本不会访问根服务器，多数时候只会访问运营商提供的递归服务器。即使根服务器出问题，我们也有许多简单的办法能够解决这个问题，不必杞人忧天。美国只是理论上威胁我们的互联网。何况因为国际互通，美国断网会断掉美国网民访问中国的一些网站，但这并不影响中国网民访问中国网站。雪人计划（Yeti DNS Project）后，IPv4（网际协议版本4）升级到IPv6。2017年11月28日，全球完成25台IPv6根服务器架设，中国部署了其中的4台（当然，也有人质疑这4台服务器）。

我们认为，虽然网民不需要过分担心美国的断网威胁，但俗话说，"害人之心不可有，防人之心不可无"。如果我们想彻底解除危机感，让断网的传言连理论可能都没有，那么我们需要让自己的互联网技术提升、提升、再提升。

"十四五"规划提出，实施国家安全战略，把安全发展贯穿国家发展各领域和全过程，防范和化解影响我国现代化进程的各种风险，筑牢国家安全屏障。

为了彻底克服网络威胁，我们必须从芯片、软件、数据几个维度，在核心技术方面做到自主可控，并有备用方案。例如，在芯片领域，尤其是高端芯片领域，我国还是有求于人；在网络方面，北斗卫星完全做到自主可控；在5G方面，掌握标准也是可控的。但是，我国网络安全在自主可控方面并没有完全做到闭环，理论上如果美国要断网，它还是有很多办法的。

最近，IPFS带给我们一个启示。IPFS是一个基于哈希寻址内容的分布式的新型超媒体传输协议。IPFS对标HTTP基于IP寻址内容并按TCP传输，试图取而代之，旨在使网络更快、更安全、更开放。IPFS是一个分布式文件系统，它的目标是将所有计算设备连接到同一个文件系统，从而成为全球统一的存储系统。IPFS出现后，项目方一直推动不起来。后来，项目方通过Filcoin才使IPFS火起来。

随着Filecoin生态的发展，商业化逻辑进一步落地，Filecoin将拥有真正的与传统存储服务竞争的能力，实现真正的价值存储，作为区块链的底层基础架构，为Web 3.0时代奠定基石。

IPFS有价值的地方是它的分布式存储和传输，除安全度高之外，它可以抛开过往互联网13台根服务器被美国TCP/IP控制的危局。如果业务架构在IPFS上，美国要断网，那么这只能让美国国内设备不能用，丝毫不能妨碍IPFS的运转。在全球多极化的时期，破除互联网垄断十分必要。IPFS提供了一个选择，我们是不是也可以考虑用IPFS搭建一些系统。一旦美国断网，我们不至于全军覆灭。

最近，人民云网利用IPFS技术建设区块链分布式数据中心网，定位于新基建5G边缘计算数据存储中心、智慧城市数据中心。我们希望看到越来越多用IPFS搭建起来的应用，这样我国网络安全就有了更多保障。

总之，作为一个大国，中国必须要有风险防范意识。虽然美国对中国断币、断网只是理论上的，但风险仍然存在。中国还持有1万亿美元的美债，也要承担美国到期不还的风险。宋鸿兵在《货币战争》中曾经提到这种情况，被很多标榜有学问的人提出疑问。特朗普上台后发动了贸易战，拜登上台后对华政策继续加码。如果你认为美国不会做"杀敌一千，自损八百"的事而忽略了美国断币、断网、赖账、贸易战等威胁，你就太善良了。

实力才是安全的最终保障，技术自主可控是实力的组成部分之一。习近平总书记指出："实践反复告诉我们，关键核心技术是要不来、买不来、讨不来的。只有把关键核心技术掌握在自己手中，才能从根本上保障国家经济安全、国防安全和其他安全。"

后　记

在编写本书时，由于时间紧张，而且我们平时工作负荷也很重，书中有些地方难免草率，但还是把我们想表达的主要内容都呈现了出来，我们终于可以松一口气了。

我们要感谢……

感谢习近平总书记多次力举区块链，特别是2019年组织中央政治局集体学习并发表了重要讲话。有了习近平总书记的讲话，区块链被纳入新基建，又被纳入"十四五"规划，我们才有力量呼吁这个目前仍有很多雷区但前景无限光明的链改事业！尽管我们有很多探讨，但如果没有习近平总书记的讲话，那么我们不知道在坚持这个充满泥泞的学术路上还能支撑多久，本书更是无缘出版。

在感谢习近平总书记的同时，我们也感谢这个时代。数字经济时代、区块链时代，正踏着滚滚热浪扑面而来。这个伟大的时代有众多变化的可能，这让我们的思想有海洋般的源泉。我们希望本书能够作为习近平总书记"10·24"讲话精神的辅助读物，为大家提供一点参考！理解习近平总书记的思想不容易，我们要吃透了，贯彻下去，推动数字经济发展，推动社会进步，从而实现中国梦。

经过探索，我们为适合中国国情的链改找到了三条路径，即NFT中国化、消费积分、证股同权。这三条路径是大胆的创新。我们相信跟我们在2018年年初大胆提出链改、2019年习近平总书记"10·24"讲话的加持一样，这三条链改路径也会得到领导的加持及全国人民的支持，因为逻辑对、趋势必然、经济社会强烈需要。

感谢中国通信工业协会区块链专委会、央链全球和物链芯工程技术研究院。如果它们不提出写这样一本书，没有将本书选为链改行动的工作内容，那么我们也不一定有动力来做这件事。

感谢中信出版社，感谢一起编辑出版的伙伴们，感谢大家的辛勤付出！

感谢相识多年的学术朋友们。如果说本书还有一些观点，那一定是从你们那里学来的。由于人太多了，我们就不一一列举名字了。

感谢我们的家人！

最后，最应该感谢读到本书的读者。如果你坚持看到这句话，那么你一定是最懂我们的人。因为我们是讲财富的，如果坚持看完本书，那么你可能会积累一定的财富！

参考文献

［1］习近平：加快推动区块链产业发展 [EB/OL].央视新闻网，2019-
　　 10-25[2021-07-01].https://na.mbd.baidu.com/r/qghLwCANfq?f=cp
　　 &u=252313d821bc854a.

［2］唐·塔普斯科特，亚力克斯·塔普斯科特.区块链革命[M].北
　　 京：中信出版社，2016.

［3］弗里德里希·冯·哈耶克.货币的非国家化[M].姚中秋译.新星
　　 出版社，2007.

［4］中本聪.比特币白皮书[EB/OL].子蛙数科杂谈，2020-11-
　　 14[2021-07-01].https://mbd.baidu.com/newspage/data/landingshare
　　 ?context=%7B%22nid%22%3A%22news_9356797652433864771
　　 %22%7D&isBdboxFrom=1&pageType=1&rs=1646229789&ruk=u
　　 yBNtNCvldCwRXloT5GRxg.

［5］中共中央关于制定国民经济和社会发展第十四个五年规划
　　 和二〇三五年远景目标的建议[EB/OL].中国政府网，2020-
　　 11-03[2021-07-01].http://www.gov.cn/xinwen/2020-11/03/
　　 content_5556991.htm.

［6］中国人民银行、中央网信办、工信部、工商总局、银监会、证监会、保监会关于防范代币发行融资风险的公告[EB/OL]. 中国人民银行官网,2017-09-04[2021-07-01].http://www.pbc.gov.cn/goutongjiaoliu/113456/113469/3374222/index.html.

［7］工信部、中央网络安全和信息化委员会办公室关于加快推动区块链技术应用和产业发展的指导意见[EB/OL]. 中华人民共和国工信部官网,2021-06-07[2021-07-01].https://www.miit.gov.cn/jgsj/xxjsfzs/wjfb/art/2021/art_aac4af17ec1f4d9fadd5051015e3f42d.html.